哲学美学宗教心理学问答录

陈嘉映　主编

華夏出版社

目　　录

史前人为什么都迷信巫术?

早前,历史学家只研究有文字记载的历史,所以,没有产生文字的人类被称作史前人类。其实,史前人类也有自己的历史。生物的发展尚有它自己的历史,史前人类怎么会没有历史呢?史前人类的历史就是“史前史”,这是一个自相矛盾的用语,但是约定俗成,大家都知道它是什么意思。

通过历史学家、人类学家、考古学家等很多专家的通力工作,我们对史前人类已经有了不少了解。这里我们只谈他们的一个特点,那就是——史前人都非常相信巫术。他们用咒语招魂,靠各种仪式求雨,靠跳大神治病,靠算卦、求签和看星相预测人世吉凶。用今天的话来说,史前人相当迷信。

史前人为什么这么相信巫术呢?我们也许会说,因为他们还太原始。可是,动物比史前人更原始,它们却不相信巫术,不迷信,它们对世界的看法是很“实际”的。

动物不迷信而人倒可能迷信,不是因为人的智力倒退了,而是因为人的智力进步了,人不再满足于应付他身边发生的事情,开始尝试解释整个世界。可是,当时人的知识很少、很窄,依靠那一点点知识无法为世界提供科学的解释,所以,那时对世界的解释主要靠的是想象和神话,在具有科学知识的现代人看来,就好像是荒诞不经的迷信。其实,史前人虽然在解释世界的时候有很多荒诞不经的看法,他们在对付身边事务的时候却是很实际的。

为什么会出现诗哲之争?

史前人相信人和世上万物在精神上是相通的,可以互相感应,人可以通过咒语、仪式来影响自然的进程,自然也会通过各种奇异现象预示人的命运,或通过这些现象直接干预人的活动。因此我们说,人类最早是通过交感方式来理解世界的。

对世界的这种交感式的理解,渐渐形成体系,就是各个民族的神话体系。一个民族的神话体系,通常通过诗歌表达出来,流传下来。

人们的知识增长了,不再满足于通过神话来解释世界,而是尝试通过事实来解释世界,于是形成了哲学。对世界的哲学解释形成之初,不得不和神话式的解释竞争,因为神话是由诗歌表达的,所以,这个争论也叫做“诗哲之争”。

两千多年后的今天,诗歌和哲学都发生了很大的改变,哲学家和诗人不再争执不下了,即使发生争论,那也是另一种性质的争论了。

“爱”与“恨”是自然的本原吗?

希腊哲学家恩培多克勒把火、土、气、水作为构成自然界的四种“根”,就像在我们的积木盒里有四种形状不同的积木,用这四种积木,就可以组合成树木、动物、云彩、大海、人类以及世界上的一切东西。但是,是什么力量把这些积木搭起来,又是谁把它们推倒的呢?

恩培多克勒说,这是由“爱”与“恨”两种力量促成的。爱的力量使四根联合,而恨的力量使四根分散;就像人们因为爱而彼此接近,又会因为恨而相互疏远一样。所以,恩培多克勒把“爱”、“恨”看做是世界的本原,与“四根”一起合称“六本原”。爱会带来新生、美与和谐,恨却带来朽灭、丑恶与冲突。有趣的是,恩培多克勒还提出最早的生物进化的观点。他说,第一代的生物只是分离着的肢体。第二代的生物是肢体的混乱、丑陋的组合,比如“牛头”和“人体”结合在一起,形成“牛头人”之类的怪物;怪物由于身体各部分不适应而绝迹,只剩下肢体和谐的生物,这是第三代生物。第四代生物则不再由四根的直接组合形成,而是通过营养和繁殖产生自己的后代。由于美貌的吸引是繁殖的原因,所以第四代生物不仅肢体和谐,而且相貌美丽。恩培多克勒还想象“爱”的力量会使世界进一步融为一体,当爱支配一切时,世界会成为一个统一的圆球。

我们可以看到,像其他早期的自然哲学家一样,恩培多克勒的自然理论既包含着科学的萌芽,也有不少巫术时代残留的痕迹,有些地方会让人觉得荒诞不经,有些地方却包含着不少天才的预见。

“哲学”这个词是怎么来的?

“哲学”一词首先是希腊人提出来。原词写法是 philosophia,到英语里就变成 philosophy 了。这个词可分做两部分:philo 和 sophia。philo 是“爱”的意思,sophia 是“智慧”的意思,所以,“哲学”就是“爱智慧”。

许多事物、现象都是先已存在了很长时间,后来人们才发明了确定的名称来指称它们。同样,“哲学”这个词的出现也比哲学本身的出现要晚。现存的可靠的材料中,这个词最早出现于赫拉克利特的著作中。他说:“爱智慧的人(也就是哲学家)应当熟悉很多事物。”那时,哲学并没有跟其他知识区别开,天文地理人文社会的各种现象都是哲学家研究的对象。直到亚里士多德,才把哲学与其他智慧、学问区别开来。按照他的定义,“第一哲学”研究“存在本身”,“第二哲学”研究自然、运动的原因、原理。从此以后,哲学才有了确定的含义。

在汉语里,“哲”也具有“智慧”的含义。中国上古时代的历史文献《尚书》中记载着大禹的话说:“知人则哲。”《孔氏传》解释说:“哲,智也。”但中国古代并没有“哲学”这样的提法。19 世纪日本学者西周首次用“哲学”两字来翻译 philosophia,中国晚清学者黄遵宪第一个把这个译法介绍到了中国,后来,中国学界就把这个译名接受下来,并用它来指称古今中外的哲学学说。

第一个哲学家是怎样发财的?

泰勒斯是西方历史上第一个哲学家。他生活在公元前6世纪的伊奥尼亚,最有名的观点是“水是万物的本原”。他的理由是,万物都要靠水来滋养,而且,万物的种子也都是潮湿的,而干枯恰恰是死亡的征兆。他也许还接受了埃及人的观点,认为大地是漂浮在水上的,水的晃动带来了地震,而且,天上也是充满着水的,水从天河上漏下,就形成了雨。天地万物都由水充满,所以不难设想万物都是由水生成的了。时隔几千年,我们今天已经很难看出这些想法有什么妙处了。但关于泰勒斯的其他几件事,也许能让我们看到他确实是个有智慧的人。他曾帮助军队渡河。当时河水太深太急,军队无法通过,泰勒斯建议在河流的上游挖一条月牙形的沟渠,把河水分作两股,这样河水变浅,军队就可以徒步过河了。传说泰勒斯还是欧洲历史上第一个成功预测了日食的人,还专门写文章论述过冬至夏至和春分秋分。

可是,泰勒斯这样子成天沉浸在对天文地理知识的研究里面,钱渐渐花得所剩无几,有一天观察星象,还不慎跌进了井里。一个侍女于是笑话泰勒斯说,他只想知道高天上的东西,却忽视了身边的一切。别人也嘲笑他研究的东西其实毫无价值。泰勒斯以事实回答了他们。他通过观察星象,知道来年将是橄榄的丰收年,因而在冬季时,他就租下了周围地区的所有橄榄榨油作坊。没人和他竞争,所以租金十分便宜。第二年,橄榄果然大丰收,他高价租出油坊,因此赚了一大笔钱。

通过这件事,泰勒斯向轻视哲学的人表明了:对于哲学家来说,如果想要致富的话,富起来其实很容易;只不过这并非哲学家的兴趣所在。

哲学有什么用?

从事哲学研究的人,有时会抱怨现在的人不重视哲学,甚至看不起哲学。其实，自古以来，人们就常常嘲笑哲学家，认为哲学是没用的东西。老子说，虽然有见识的人爱好哲学，老百姓却难免对哲学加以嘲笑，老子甚至说："不笑不足以为道。"庄子也曾听人这样说，庄子承认哲学无用，不过他认为天下的事情并不都要有用。他把哲学比作一棵大树，长在"无何有之乡，广莫之野"，人们无所作为，在大树的阴凉下逍遥寝卧。这不也挺好的吗？

传说，希腊的第一个哲学家泰勒斯曾经依靠自己的天文学知识发了一笔财，向世人证明哲学家并不是无用的人。不过，这只是个传说而已，而且，这最多证明哲学家不一定只懂哲学，他们也可以做点别的事情，并没有证明哲学本身是有用的。但另一方面，世上的人，并不都一心只想发财致富，人们除了追求更好的物质生活，也希望对他所处的世界有更好的理解。把很多精力用于理解世界，难免耽误了升官发财，但真正爱哲学的人，本来就以理解为己任，所以他们并不觉得那算什么损失。

也有哲学家认为哲学有很重要的实际用途。有的认为哲学可以为实证科学奠立基础，有的认为哲学可以指导政治。本世纪，德国哲学家海德格尔就曾认为自己可以教导纳粹走上正确的政治道路，中国哲学家冯友兰也很有成为帝王师的雄心。在柏拉图的理想国里，统治者应该是哲学家。现实世界中真的也有哲学家成为国家元首的，例如意大利的克罗齐和捷克的哈维尔。不过，他们在政治上并不一定成功，有的还导致了严重的指责。即使他们政绩优异，我们也不大清楚这和他们的哲学有什么关系，因为更多优秀的政治家并不怎么熟悉哲学。也许我们可以像斯宾诺莎那样坦然，热爱哲学却并不看重它是不是有用，他甚至不靠教授哲学谋生，而宁愿靠打磨镜片维生。

苏格拉底为什么声称自己无知？

苏格拉底是一位非常著名的古希腊哲学家，他生活在公元前5世纪下半叶的雅典，是另一位著名哲学家柏拉图的老师。苏格拉底探讨哲学问题有他非常独特有趣的风格：他并不像许多哲学家那样，总是待在自己的书房里著书立说，相反，他喜欢在人声喧嚷的市场上和随便碰上的一个人一起谈论哲学，可是并没有留下任何一部自己的著作。我们现在要了解苏格拉底的想法，只能借助他的朋友、学生们关于他的回忆。通过这些回忆，我们知道，苏格拉底是一个特别聪明的人，他曾与很多朋友谈论各种各样的问题，而朋友们最终无不承认，苏格拉底在各种问题上的见识都更为深刻。于是有一个好事的朋友就跑到德尔斐神庙里去问神："还有没有人比苏格拉底更智慧？"而女祭司传下神谕说："没有人比苏格拉底更智慧了。"但苏格拉底听到后，并不因此就以"最智慧的人"自居，他对自己说："我知道我自己的，我远远称不上有多么智慧。可神自然是不会说谎的，那么，神的这句话到底应该如何解释呢？"他想出一个办法：找来雅典城里公认为最为智慧的人，一起谈论他们最熟悉的事情。这样，如果可以找到一个人比苏格拉底更智慧，就可以到神那里去提出异议了。于是他去寻访了很多有名的政治家、诗人，可是最后却发现，关于"什么是最理想的国家"、"什么是美"等等问题，政治家们或者诗人们根本给不出什么有道理的答案。于是苏格拉底终于明白了德尔斐神谕的含义了：人们总是自以为知道什么是真正好、真正美的东西，可是实际上并不知道；而苏格拉底之所以比其他人更有智慧，并不是因为他能知道一般人所不知道的东西。他并不知道答案，他比别人强的地方，在于他知道自己不知道。

所以，苏格拉底在与朋友们讨论哲学时，从不会给出什么问题的最终答案。相反，他总是扮演着提问者的角色，要朋友们帮助他解决面临的疑难。当然，苏格拉底也从不瞎提问题，他的提问总是有的放矢、富于洞见的，他特别善于在人们习焉不察、想当然地认为没有问题的地方发现问题，并且通过提问引导人们进一步思考。比如：他问他的朋友："请告诉我：什么是勇敢？"他的朋友回答："一个坚守岗位、与敌人拼搏而不逃跑的人是勇敢的。"苏格拉底继续问道："有的士兵在作战时不固守在一个地方，而是有时躲闪、有时追击，他们就不是勇敢的吗？"于是他的朋友承认说："他们应该也是勇士。"苏格拉底接着问：

“既然有各种各样的勇敢，那么所有的‘勇敢’中又有没有一种共同的性质呢？”对方回答道：“应该会有一种共同的东西。”……类似这样，苏格拉底可以不断把讨论引向深入，而他的对话者则会发现：每一点结论其实先前已经蕴藏在他们自己的心里了，他们缺乏的只是一种正确有效的方法，可以借此把这些熟知的想法清楚明白地认识和表达出来。

后人把苏格拉底的这种方法叫做“辩证法”，而苏格拉底把自己的方法比做“助产术”。助产婆不是自己产出新生命，相反，在古希腊只有已经绝育的老女人才能担任助产的工作；她的作用是帮助孕妇克服分娩的阵痛，把一直孕育在体内的新生命带到世间来。而苏格拉底以此比喻自己并没有智慧，但却可以启示别人认识新知；他所做的，只是帮助人们把一向具有的知识明明白白地展示出来。区别只在于，助产婆照料的是分娩时的身体，而哲学家照料的是“分娩”时的灵魂。

不妨说，苏格拉底的方法，就是所有真正哲学的方法。

只有自然科学研究自然吗？

“自然”这个词有两个意思，这个词从前的意思是自然而然，后来我们用它来翻译西语的 nature，才出现了“自然界”的意思。西语里 nature 这个词也有两个意思，一个是大自然的意思，一个是本性的意思。所谓本性，和“自然而然”的意思是很接近的。

哲学探讨天下万物的本性，既探讨大自然的本性，也探讨人心、社会的本性。只不过，在希腊哲学中，物理世界和心灵世界不是截然两分的，早期哲学家有很多著作以“论自然”为题目，但他们在这些著作中同样也讨论人的情感、认识、语言等各个领域。所以，最初并没有“自然哲学”这个说法。直到近代，人们才把专门探讨物理世界本性的哲学称作自然哲学。

自然哲学是希腊哲学的最初形态。自然哲学家不接受神话对世界的解释，在他们看来，世界遵循着自身的秩序，依其本性自然而然地变化,他们不承认世界受神秘力量支配,而是运用理性来寻找事物发生变化的自然原因。正是依赖于自然哲学的这一基本态度,近代自然科学才得以兴起。

不过,自然哲学和自然科学虽然都有"自然"两个字,但它们不是同一样东西。自然科学所说的"自然",是把人的思想、感情排除在外的纯物质自然,自然哲学里的"自然",更接近于"本性"这个意义。哲学家一般都认为,天下万事万物的本性都有共通的地方。对于完全与人无关的自然界,哲学家是没什么兴趣的。

哲学是科学之母。一方面,没有哲学,就不可能有近代自然科学的诞生;另一方面,自然科学成长壮大以后,具有了自己的个性。把二者混为一谈,就像把妈妈和儿子当成一个人了。

为什么"自然喜欢隐藏自己"?

我们也许都知道古希腊哲学家赫拉克利特说过"世界是一团永恒的活火"、"一切皆流,万物常新"等哲学命题吧。他把"火"作为万物的本原。一切都像燃烧的火焰,处于变化、诞生与消失的进程中。但是,我们会问,如果一切都是变化的、流逝的,我们又怎么可能有任何拿得准的事情呢?假如我们的同学、父母每天都变一个样,我们还能认出他们到底是谁吗?其实,赫拉克利特已经想到这个问题了。他说:一切变化都不是乱变的,一切变化都依着共同的道理而变化,所以,人也就可以认识变化,认识变化中不变的道理。他把决定着变化的不变的道理叫做"逻各斯"(logos)。"逻各斯"这个希腊词同时有两重意思:形容人的时候,指一个人很讲道理,同时也指一个人依照道理说话;而形容事物,讲的是运动变化的规律、道理。这两层意思,汉语的"道"字也都具有,所以,也有人就把"逻各斯"译成"道"。

赫拉克利特接着就强调说,"逻各斯"可不是人随随便便就能认识的。他有句名言:"自然喜欢隐藏自己。"这里的"自然"应该理解为事物的"本性"。什么是事物的本性?许多人喜欢想当然地做判断,却往往只表现了自己的无知。人们把黄金当做是有价值的好东西，可是驴子却只喜欢草料，黄金对它而言没有任何价值。海水对人来说是不能喝和有害的东西，而生活在海里的鱼却离不开它。人只知道沾上了灰泥要去洗澡，却不知猪和鸟就是在污泥和灰土中洗澡的。

可见，自然本性是很难看清的东西。但在赫拉克利特看来，智慧就在于说出真理，并且按照自然来行事，这才是真正的幸福。那么如何认识自然呢？他说，一方面，“爱智慧的人必须熟悉很多很多东西”，就像淘金者一样，必须先要挖掘了很多土，才能从中找出一点点金子。但是，只停留在可感可见的现象上也是不够的，甚至常常只能得到错误的结论；人必须靠思想才能发现混杂在尘土中的真金，认识到“逻各斯”。所以，另一方面，“博学并不能使人智慧”。最关键的，还是如何对于眼前的现象加以深入地思考。思想是人人共有的，区别只在于，多数人不知好好地培养它、应用它。要成为智慧的人，就在于认识“那善于驾驭一切的思想”。

为什么赫拉克利特说“正义就是战争”？

人们一般都认为，和平是正义的，而战争在某些情况下才是正义的。而赫拉克利特却说：正义就是战争。他认为，和谐是由对立的东西配合而产生的。相反的东西之间，而非同样的东西之间才有和谐。比如生物总是雄与雌相配，画家把不同的色彩混合形成优美的图画，音乐家把高低错落的声音谱成和谐的曲子。人们总是追求正义、追求和谐，但我们为什么会想到追求这些呢？难道不是世间还有不义，还有缺憾吗？他说：“如果没有不义，人们也就不知道正义的名字。”

赫拉克利特虽然认为一切正义都源于战争，但并不赞成人们为了满足各自的欲望而大动干戈。相反，他认为，满足了欲望对于一个人来说是一件不好的事。这根据的是同样的道理。世上有疾病，保持健康才成其为一件幸福的事；有了饥饿，吃饱了才会觉得舒服；而有了疲劳，人才会希望休息一下。好与坏、缺乏与满足，从来都是相反而相成，有对立、有缺憾，世界上才会有和谐、有满足。绝对的满足是不可能的。

赫拉克利特赞成的战争是为了高贵的灵魂的战争。他认为灵魂包含着干与湿这两种属性。干燥的灵魂高贵，更爱思考，更懂得认识真理；潮湿的灵魂卑贱，只知道寻求快乐，满足欲望。这也可以从一个角度来解释：火是世界的本原，是一切运动变化的源泉。干燥的灵魂更符合火的属性，所以更富活力，也更符合灵魂的本性；潮湿的灵魂只会让火焰熄灭，因此更接近死亡。所以，人们应该为灵魂的本性而战斗，这也同样是为了自然的法则而战斗。这是“永恒的活火”，是人真正的幸福所在。

真正的存在是静止不动的吗?

赫拉克利特认为一切都在流变之中，和他同时的哲学家巴门尼德却正相反，认为真正存在的东西是不动的，流变只是假象。这看起来是个荒唐的论断，但巴门尼德自有他的一番道理。

巴门尼德主张，存在的东西都是一直存在着的，因为，如果它从前不存在，那它就必须从不存在中变出来，然而，无中不能生有。而且，如果它来自不存在，它有什么必要不早一点或晚一点产生呢？根据同样的道理，存在也不可能消灭。因为既然存在的生成是不可能的，存在就既不可能在过去产生出来，也不可能在将来产生出来。如果存在是过去，那么它现在已不存在；如果存在是将来，那么它现在还未存在；而这两者都是不可能的。所以，存在全部就是现在，它是不生不灭的。

人们以为事物是在不断发生变化的，那是因为人们的看法来自感觉。感觉到的东西变化不定，说它是这样时，它马上又变成了那样，所以，源于感觉的看法也只能似是而非。反之，恰恰由于真正的存在是永恒不变的，人才可能获得确定不移的知识，才能摆脱掉闪烁变幻的可感物的假象，认识到不生不灭、静止不动的存在。只有确定不移的东西才是知识，所以，知识是关于始终如一者的知识。巴门尼德有句名言,叫做“思想与存在同一”,说的就是这个意思。

巴门尼德把上面所说的归结为两条道路,一条是真理的道路,一条是看法的道路。与许多古希腊哲学家一样,巴门尼德用优美的诗句来讲述哲学。他把通向真理之途描述为一次愉快的巡行:他驾着驷马高车,由少女们引领着,走到了白天与黑夜的路径分界的岔路口。专司报应的正义女神为他打开路口前的城门,亲切地接待了他。女神握着巴门尼德的右手,为他指明了两条道路的区分。一条道路是:存在的东西存在,而且不能不存在,这是真理的道路;另一条是:存在的东西不存在,而不存在的东西必然存在,走这条路,什么也学不到。看法的道路通向黑夜,但却是多数人习惯走的道路,这条道路以茫然的眼睛、轰鸣的耳朵和舌头为准绳。也就是说,走在这条路上的人们只相信感官,只以感觉到的东西作为标准。而感觉却始终处在流动变化中,存在着的东西,转瞬间就变化了,消失了,本来没有的东西,又会层出不穷地涌现出来。所以,依照感觉到的现象作判断的人们,有的只是变来变去、莫衷一是的看法,他们被摇摆不定的念头支配着,像聋子和瞎子一样无所适从。他们找不到真理的所在,因为一开始他们就选择了错误的道路。

要踏上真理的道路,从一开始就得摆脱感觉的假象,学会用理智来裁决一切。在这条道路上得出的结论,与一切感觉都相矛盾。存在的东西从来静止不动,它不从其他的事物中产生,也不会变化为其他事物。而且,存在的东西只有一个,它不可分割,到处连续。存在是不动的一,就像一个巨大的圆球,这个圆球被锁链牢牢捆住,永远不动,也不会发生变化。

巴门尼德把感官与理智彻底地划分开来,把理智而非感官定为得到真理的途径,这开启了理性主义的源头,影响了后世众多的哲学家。巴门尼德的主张听起来有点奇特,不过,此后两千多年的哲学家和科学家的确一直在寻找构成万物的基本元素,通过它们的分化组合,大自然变化万千,然而这些基本元素本身却是不生不灭的。我们不难从这种想法中看到巴门尼德的影子。

为什么飞矢其实静止不动?

我们都知道龟兔赛跑的故事,兔子由于骄傲自满,路上睡了一觉,结果让乌龟先跑到了终点。然而,兔子就是不睡觉,就一定比乌龟跑得快吗?

设想有一只兔子想从后面追上乌龟,这时候,乌龟和兔子之间有一段距离,兔子要追上乌龟,必须先跑完这一段距离,可是当它跑完这段距离到达乌龟最初的出发点时,乌龟也已经向前爬出了一段距离,所以兔子还是落在后面。兔子继续追赶,跑完了它和乌龟之间的第二段距离,可是在它跑完第二段距离的时候,乌龟已经又爬出了一段,它们之间又有了第三段距离……这样,乌龟领先的距离会越来越小,但无论领先的距离多么小,它总能领先,兔子永远也追不上它。

这个论证,是古希腊哲学家芝诺提出来的,他本来说的不是兔子追不上乌龟,而是阿基里斯(古希腊传说中跑得最快的人)追不上乌龟。事实上,阿基里斯跑不了几步就能追上乌龟,但是要从道理上驳倒芝诺的论证却并不容易。

根据相似的论证,芝诺还"证明",阿基里斯不仅追不上乌龟,甚至连一步都迈不出去。因为他每次迈一步,总要先迈出二分之一,要迈出二分之一,总要先迈出二分之一的二分之一,如此类推,以至无穷,竟然没有人能够跨出哪怕一步的距离了。芝诺沿着同样的思路"证明",飞在空中的箭是静止不动的。

"阿基里斯追不上乌龟"、"飞矢不动",这些是哲学史上著名的芝诺悖论。芝诺是巴门尼德的学生和朋友,他赞同巴门尼德提出来的观点,认为存在是不动的和不可分割的一。芝诺悖论可以用来支持这个观点。我们也许会说,世界总是充满着运动变化和多种多样的事物,阿基里斯肯定能追上乌龟,飞矢明明是在运动着。不过,理论上的难题要求从理论上来解答,仅仅依靠"事实表明"是不够的,否则,我们就会说:我们明明看到太阳绕着大地转,所以哥白尼的日心说是错误的。

芝诺是面向我们的理智提问的,除非我们能以论证的方式指出他的错误,否则,这些有趣而难解的问题将仍然留在这里。

构成世界的是哪四种元素?

有一部好莱坞大片,叫做《第五元素》,讲的是布鲁斯·威利斯和“第五元素”——一个世上最完美的女孩子——一起拯救世界的故事。片子里所说的其他四种元素,指的是火、土、气、水,“第五元素”和这四种元素结合在一起,就可以拯救世界。当然,这部电影讲述的不过是一个纯属虚构的幻想故事而已。但你们知道吗——世界是由火、土、气、水四种元素组成的说法,却的确是由古希腊的一位名叫恩培多克勒的哲学家提出来的,在哲学史上,人们一般把他的理论叫做“四根说”。

世界是由什么样的本原构成的,是古希腊的“自然哲学家”们最感兴趣的问题。恩培多克勒就是最早的自然哲学家之一,他的想法却跟他们俩的都不同,他认为,世界是由火、土、气、水这四种元素组成的,这四种元素就是“四根”。这四种“根”有时结合,有时又分离,它们总是处在聚合、分散的过程中,而这些过程就形成了千变万化的世界。但是另一方面,这四种“根”本身却是不生不灭,从来不发生变化的。也许我们可以通过“三元色”来理解恩培多克勒的“四根说”:红、黄、蓝是大自然中三种最基本的颜色,我们通过一定的比例把这三种颜色加以调和,就可以得到了无数种色彩。同样,在恩培多克勒看来,世界也是火、土、气、水这四种基本元素的组合。

四根的合与分是永无休止的循环,因此,世间万物的生成与朽灭也永无止境。而且,这种循环是有序的,各类根的力量随着时间的变更轮流取得优势。于是,火构成的太阳、气构成的太空、水构成的海洋、土构成的大地也会周期性地显示各自的威力。

数是万物的本质吗?

学习几何学的时候,我们都学习过“勾股定理”:直角三角形的两直角边的平方和等于斜边的平方。如果一个直角三角形的两条直边分别是3和4,那么它的斜边一定是5,因为$3^2+4^2=5^2$;这也就是所谓的“勾三股四弦五”。你也许同样知道,在西方历史上这条定理被称为“毕达哥拉斯定理”,这是因为,这条原理是由古希腊哲学家毕达哥拉斯及其门徒提出的。传说当年毕达哥拉斯为了这个发现,杀了一百头牛,大大庆祝了一番。但没过多久,同样因为这条定理,却造成了毕达哥拉斯学派的解体。因为他们发现,当一个直角三角形的两直角边都等于1时,却找不到确定的数字来表示斜边的长度。也许你会说:这有什么难的,斜边的长度不就是$\sqrt{2}$吗?但在毕达哥拉斯的时代,数的概念还只限于自然数,所以$\sqrt{2}$还不能用自然数或分数表示出来。这一事实让毕达哥拉斯学派的人大为恐慌,据传说,因为害怕泄密,他们甚至把发现这个问题的人投到海里淹死了!

可是,一条数学定理,或一个无理数的发现,为什么对于毕达哥拉斯学派有这么至关重要的意义呢?原来,与当时其他哲学家不同,毕达哥拉斯认为数是世界的本原;万事万物,归根结底其实都是数。比如他发现,竖琴之所以能奏出美妙的旋律,是因为琴弦的长度符合一种合理的数学关系,一旦破坏了这种数学关系,音调的和谐也就消失了。也就是说,和谐或不和谐都是由数来决定的。由此,他把现实中不同的属性关系归结为不同的数字,比如他说,静、直、明、善等是由奇数来决定的,而动、曲、暗、恶是由偶数来决定的。他还把数字与几何体对应起来,说点是由数产生的,从点又产生出线,从线产生出面,从面产生出体,从体产生出可感的一切形体事物。而上面讲到的“勾三股四弦五”,恰好从一个角度上印证了他们这方面的观点,因为边长的数字关系决定了它们的几何关系。所以,我们也就能想象,一个直角三角形的斜边竟然不能以自然数表示,这对他们来说是件多么糟糕的事情。

不过，不久之后，另一位哲学家柏拉图就提出了“无理数”的概念，克服了根号2的难题。从那以后，数学又经历了两千多年的发展，到了今天，我们已经可以用数码的方式记录下清晰的影像、声音和各种信息，甚至能够虚拟出一个能够“以假乱真”的世界来。人们说，我们已经开始了“数字化生存”。这是不是又印证了“万物都是数”这句话呢？这也许是毕达哥拉斯留给我们的一个历古弥新的话题吧。

尼采为什么那么推崇酒神精神？

尼采哲学的核心在于强力意志，根据强力意志的价值标准，尼采提出要重估一切价值，包括传统的宗教、道德、哲学、艺术等所表现的一切西方文明的价值，如真、善、美。他认为西方文明的源泉是希腊文化，而后世的西方文明又恰恰是对希腊文化价值的否定。所以，重估并重建一切价值，在尼采那里，在很大程度上就是要回到希腊早期的精神。

他对希腊艺术进行了哲学的概括，并发现，希腊人已经了解了生命的苦难与危险，但这种认识并未使他们否认生命的价值，采取悲观主义的态度，相反，他们敢于面对人生，赋予生活以价值，他们的价值观表达在酒神迪奥尼索斯和太阳神阿波罗所分别代表的两种对立的精神之中。

太阳神的精神是希腊艺术精神中理性的因素，它代表着音乐、艺术、预言和尺度感，是造型和发光之神。在太阳神精神中，神的壮丽形象是显现在梦中的，藉此构造一些美妙的幻象来消除人生的痛苦。太阳神的艺术是歌剧。

尼采更欣赏的是酒神的精神，那是一种醉的精神，是希腊艺术精神中非理性的因素。因为酒神精神象征着生命之流，它冲破一切个体的束缚，而将自己消融在原始的统一之中，它比太阳神更原本，更符合强力意志。它是音乐和悲剧的深沉动源。悲剧不能仅靠太阳神表现，它需要借助酒神深沉的力量。悲剧是在趋向梦的历程中产生的最动人的艺术。

尼采认为真正能表现希腊文化精神的典型是艺术而不是哲学，是酒神的悲剧而不是日神的歌剧。

为什么会出现“图腾”？

俄狄浦斯是古希腊传说中的一个王子，他的父亲预知他会杀父娶母，从小就把他扔掉了。但由于命运的捉弄，他最后还是误杀了自己的父亲，又误娶了自己的母亲。弗洛伊德特别注意这个古希腊故事，他用“俄狄浦斯情结”来指弑父娶母的倾向，认为每一个男孩子在潜意识深处都有这种倾向。

弗洛伊德认为，在史前部落中，父亲是统治大家族的绝对权威，他把所有的妇女都据为己有。他的儿子们在俄狄浦斯情结的驱使下企图与父亲共享本部落的妇女，然而专制的父亲却把抗逆的儿子一个个地驱逐出部落。有一天，忍无可忍的儿子们联合起来，杀死了父亲，并把他吃掉。于是家长统治的部落方式终于结束，兄弟间的联合使他们产生足够的勇气成功地完成他们个人所无法达成的目标。但在此过程中，在满是妒恨父亲的感觉的同时，也产生了对父亲的爱和崇仰。这样，儿子心中产生了犯罪感。正是这种犯罪感驱使他们搞起了图腾崇拜。他们把某种动物当做是父亲的化身，严禁屠杀，而在节日里屠杀它的时候却又变成一种庆典——即图腾被残酷地杀害，然后接受哀悼。在禁止屠杀图腾的同时，还禁止与相同图腾的妇女发生性关系。保护图腾动物不受伤害，暗含着防止杀害父亲的罪恶。禁止与相同图腾的妇女发生性关系，则针对乱伦之罪恶。弗洛伊德指出，正是在第一条禁忌的基础上，萌发了宗教，而第二条禁忌则是“人类道德观念的起源”。我们可以说社会的存在是建筑于大家对某些共同罪恶的认识；宗教则是由罪恶感及附于其上的懊悔心理所产生；关于道德，则一部分是基于社会的需要，一部分出自由罪恶而促成的赎罪心理。

弗洛伊德的“俄狄浦斯情结”在心理分析中还有更广泛的应用。

他的关于史前人图腾起源也广有影响，但多数心理学家和人类学家并不完全相信他对图腾起源的解释。

弗洛伊德的本我、自我、超我是什么？

弗洛伊德把人的心理垂直划分为三个组成部分，即“本我”、“自我”和“超我”。本我是最原始的、无意识的心理结构。在本我中充满着被压抑的本能、欲望和冲动。它力图根据快乐原则而通过自我得到满足。自我受知觉系统影响，对本我中的欲望加以修正。它代表理性和常识，接受外部世界的现实要求。自我进行克制，但不否定本能的要求。超我是根据父母和尊长的教导形成的，它包含了社会行为的标准，是这些标准在人的内部世界中起作用的方式。它以理性和良知的形式严格支配着自我，鼓励和指导自我去压抑本我。

本我、自我、超我之间的相互关系同个人与社会之间的相互关系是一致的。本我追求一种有碍于社会、不利于人类文明的欲望满足，社会则借助超我来压抑个人所特有的本能、欲望。整个社会是一个禁令和限制系统。得不到满足的本能、欲望被排挤到本我领域中以后，以“被压抑的”形式保存着自己的心理能量，总是力图通过迂回的道路得到满足。梦境、白日梦是一条迂回满足欲望的途径。另一条途径是升华，灿烂的文学艺术和深刻的科学技术就是这样被创造出来的。这是本我通过社会所能接受和赞许的方式在表达自身。

为什么“利比多”不仅仅是性欲？

弗洛伊德强调无意识，并把无意识归结为人的基本的本能或内驱力，又把人的基本的本能或内驱力归结为原始性欲。原始性欲的能量，他称之为“利比多”。

弗洛伊德强调，原始性欲是人与生俱来的，它的对象和表现形式则随着年龄的增长而变化。人的机体是一个复杂的能量系统，他的心理能量就是利比多。他在大多数场合把利比多等同于以性爱为目标的爱欲,但在后期著作《超越快乐原则》中,他进一步区别了生命本能的两种力量:爱欲和死欲。爱欲是个体生存和种族繁衍的动力,是创造的力量。它追求欲望的满足和快乐,人的一切求生、求爱和求乐的欲望都出自爱欲的"快乐原则"。与之相反,死欲是仇恨和毁灭的力量,它用强制的力量,追求事物的原初状态,在毁灭中得到新生,他服从的是"强迫重复原则"。死欲指向外部时,表现为攻击,破坏和斗争;指向自身时,表现为自责、自惩,甚至自杀。这两种本能针锋相对,在一定条件下又相互转化。因此,生命表现为创造欲、毁灭欲两种力量的冲突和妥协,我们日常生活中遇到的爱恨交集的感情,根源也在于此。

因此,弗洛伊德的"利比多"包括了我们所说的性欲在内,同时还有死欲,所以,单纯地说利比多是性欲是不恰当的。

为什么"科学主义"不等于"科学精神"?

哲学一开始代表了一种科学精神,用当代著名哲学家伽达默尔的话说:"一开始,哲学就是科学。"只是随着科学实证方法不断地发展和完善,科学才逐一从哲学中剥离出来,形成独立的学科。科学的观念始终存在于哲学之中。

随着实证科学方法的不断发展,科学提出了自己的主张:扩大观察和实验,一切科学理论都要求能得到实验数据的检验。用统一的科学方法来处理一切问题,包括人类社会生活的问题和个人心灵的问题。不能用科学方法来处理的问题,都被斥之为没有意义的问题,例如宗教、艺术等等。这和自古以来贤达思想家所提倡的科学精神已经不一样了,这样的主张,我们不再称作"科学精神",而是称作"科学主义"。在20世纪,科学主义成为一种有广泛影响的思潮,在媒体上,在政府报告里,在人们的日常谈话里,随时都可以听到科学主义的主张。

但是,很多人不认为实证科学有能力解释人类社会的现象,反对用统一的科学方法来探讨和处理人类社会和个人心灵的问题。他们更关注世界的多样性,对科学技术对文化生活的威胁始终抱有警惕。科学精神要求我们实事求是。人类社会是复杂的,多样性本身是一个重要的事实,科学主义无视这一事实,貌似科学,实际上正在失去科学精神的实质。这种与科学主义相反的思想被称作人文主义思潮。人文主义思潮始终有意识地与实证科学保持相当的距离,可以说与科学“志不同,道不合”。属于这一思潮的哲学家更多关注的是人的个性、生命、本能、默会知识等,这对于矫正科学主义的偏颇倾向是有益的。但这一思潮中的有些哲学家有时带有极强的个人色彩,宣称科学也不过是一种意识形态,甚至主张人生的真理是不可言说的。这就走得太远了,反而失去了矫正科学主义的作用。

柏格森为什么要提倡直觉主义?

柏格森认为,哲学家应使用一种直接的方法,不通过任何媒介而直接与实在相接触,而这种直接和实在相接触的方法,就是直觉。

柏格森认为自古以来一切哲学上的纷争,皆产生于我们习惯以空间的观念看世界。哲学孕育了科学,但是后来,实证科学发展壮大,哲学又反过来摹仿科学研究的实证方法,把最深沉、最内在并且最活生生的绝对实在变成了外部空间对象。愈是对它从不同角度作解释、下定义、进行分析,愈是离它的真相遥远。结果是产生了一大堆错综复杂的哲学纠葛。换句话说,我们用文字表达自己,并且用有关空间的字眼进行思维,要求在我们的观念之间如同在物质对象之间一样,树立种种同样明晰而准确的区别,这就把本来不占空间的东西变成为占据空间的东西,反而使哲学问题产生种种无法解决的困难。

为解决这些困难,柏格森提出以时间作为形而上学的对象,而绵延是表示时间流动的本质概念,绵延难以用语言表达,但是我们每个人都在生活里感受、体验着它。而我们恰恰可以通过直觉到达绵延。直觉地思维就是在绵延状态中思维,没有绵延也就没有活的生命,没有运动变化。它是在知性构成的世界背后的真正实在,所以时间又是生命的本质。柏格森抓住这一点,试图建立一种以时间为本质、知觉为方法的新的形而上学。

反对柏格森哲学的人认为,对直觉的提倡是一种非理性的倾向。而柏格森则恰恰认为,直觉是任何哲学的核心问题。

为什么实用主义是“美国精神”?

19 世纪末,美国出现了一种创造性的、生气勃勃的、有深远意义的哲学运动——实用主义运动。美国哲学的黄金时代即以此为标志。美国前国务卿基辛格博士曾说,实用主义就是“美国精神”。

实用主义认为,人的本质是活动,人以自己的事业和达到自己的目的行动为中心,因此,效果、实效、有用性是检验人的思想和行动有无意义的标准,也是认识的目的和正确标准。实用主义是讲究实效的哲学。

从这种基本精神出发,实用主义强调研究和解决与人有关的哲学问题,强调社会生活的实验性质。绝大多数实用主义者都拥护自由民主的政治制度,因为这种制度保障了人能够在社会生活中进行自由的实验。与此相应,突出社会生活中的可能性和相对性。

实用主义的主导精神是重视人,反对把人当做物;重视行动,反对空谈;重实际效果,反对空洞理论;重实用,反对形式虚夸;重相对,反绝对化;重多样性,反机械的一致性;重偶然性,反必然性;重向前看,反对向后看;重探索、实验、求实、进取,反对墨守成规、因循守旧。探索、实验、求实、进取。

我们知道,美国人一向不尚玄谈,求实进取,难怪基辛格会说实用主义哲学体现了一种“美国精神”。

法国国王是秃子吗?

在逻辑里有一条基本法则,叫做“排中律”。根据这条法则,一个问题,如果它的答案不是“是”,那就一定是“不是”。你是男性吗?要么是,要么不是。你上过大学吗?要么是,要么不是。然而,法国现在的国王是秃子吗?这时无论你回答说是或者回答说不是,都好像不对头。因为法国现在没有国王。法国现在根本不是个君主制国家,没有法国国王这回事。这本来是挺清楚的,但仔细一想,却像是违反了排中律这一逻辑基本法则。

为了解决这个问题,英国哲学家罗素发展出了一种理论。根据罗素的理论,有很多句子的意思,我们都要先对它们进行逻辑分析才能确定。“法国国王是秃子吗”就属于这一类。经过分析,我们会看出,这句话不是在问一个问题,而是同时在问两个问题:法国现在有一个国王吗?这个国王是秃子吗?显然,这里第一个问题的答案是否定的:法国现在没有国王。可是像原来那样把两个问题合在一起问,那么回答起来就犯难了。你显然不能回答说“法国现在的国王是秃子”,但即使你回答说“法国现在的国王不是秃子”,你也好像是在说:“法国现在有一个国王,但他不是秃子。”

罗素的这个理论被称做“描述语分析理论”或“摩状词理论”,因为它主要是用来分析名词和描述这个名词的形容词之间的关系的。罗素通过对语言的逻辑分析解决了这个哲学疑难,维护了一条基本逻辑法则的有效性,因此人们把摹状词理论视作罗素在逻辑学上和在哲学上的一个重大贡献。这个理论还可以应用到其他一些重要的哲学问题上去。

维特根斯坦为什么自称是给哲学治病的医生?

维特根斯坦的研究一直带有元哲学的性质,即对哲学本身的探究。在他思想前后期有一样东西是一以贯之的,这就是排除传统哲学的问题,给哲学治病。

在他看来,一个陷入哲学问题的人好像掉入捕蝇瓶的苍蝇,东撞西突,不得其路。我们所需要做的,就是给迷路者指出瓶口,使之飞出。而这条出路是苍蝇先前由于囿于自己的误解、偏见和习惯,所无法发现的。维特根斯坦认为,这一出路非常平凡,那就是:正常使用日常语言。

他认为日常语言是完全正当的,没有必要再去创造一种人为的理想语言。应该做的是仔细回到日常语言的正确用法上来。因为使错误产生的并不是日常语言本身,大部分哲学困惑来源于对日常语言的误解。

维特根斯坦认为,人类有一个根深蒂固的习惯,就是对普遍统一性的追求。而在他看来,事实本身就是乱、变、多的。在日常语言中,人们在提到诸多物的名称时,其含义都是清楚的,即使是“时间”、“空间”这类大名词,也并不会引发歧义。而在哲学家那里,却往往要陷入“什么是时间”、“什么是空间”的困惑中,仿佛有一种不变的东西叫做“时间”或“空间”。问题提得不得法,自然百思不得其解。而日常语言的模糊性、多义性在进入具体语言情景中时,其意义可以得到确定。语言的多义性恰好顺应了环境变化的需求。因此,维特根斯坦的药方就是,遵守日常语言的用法习惯,从实际语言交往中更多地了解语言,而中止对词语的“哲学解释”,这样就可以达到治疗理智上的疾病的目的。

为什么没有“私人语言”?

“语言游戏说”是维特根斯坦后期哲学的一个基本思想。维特根斯坦认为语词只有在使用中,即只有在“语言游戏”中,才能确定其意义。游戏是一种活动,是和人类的其他活动编织在一起的。他说:“我也把语言和行动——两者交织在一起——组成的整体叫做‘语言游戏’”,“‘语言游戏’一词旨在突出如下的事实,说语言是人类活动的一部分。”

作为游戏,语言也有自己的规则。这种规则是公共规则,即共同遵守的规则。因此遵守规则不可能是一个人私下的事,根本没有“私人规则”。既然没有私人遵守的规则,“私人语言”也是不存在的。

私人语言的存在是近代哲学默认的前提。传统上总是认为,个人的经验是每个人的私事,所以,当一个人说“我疼”的时候,既然其他人不能经验到这个人感到的疼痛,他们就无法真正明白这个人在说什么,“我疼”这句话的意思只有说话人自己才真正明白。维特根斯坦则认为,“我疼”这句话是孩子在学语言的时候、在与别人进行语言交流的时候学会的,这些活动像做游戏一样,是大家共同参与的活动,因此,你说“我疼”的时候,凡是说这种语言的人,都能够明白你的意思。

维特根斯坦反对“私人语言”的立场引起巨大争论,很多现代哲学家都参与了这一问题的讨论。

胡塞尔为什么要批判存在主义?

20 世纪的西方哲学有两个最主要的流派,一个是现象学流派,一个是分析哲学流派。现象学流派的创始人是胡塞尔,他的传人海德格尔提出了存在哲学,后来法国哲学家萨特又把存在哲学改造为存在主义。这么说起来,胡塞尔的现象学是存在主义的一个主要思想渊源之一,但是胡塞尔对存在哲学和存在主义的许多见解却持否定态度,尤其在他的晚年,曾对存在哲学进行了激烈的批判。这是为什么呢? 这其中有很多原因,但主要是以下两个方面。

首先,胡塞尔认为哲学的根本任务是理性地认识包括人生和自然在内的整个世界。胡塞尔本人一直在力图把哲学建设为一门严格科学。而存在主义却是要丢弃这个根本任务,企图通过探讨人的恐惧、忧虑、死亡等非理性的问题来启明人生存在的意义,他们丢掉了理性的研究方法。例如,海德格尔就认为哲学是与实证科学完全不同的一种东西。胡塞尔认为海德格尔的存在哲学就具有反科学的性质。

其次,胡塞尔终生的努力在于发现一种完善的方法,建立一个理性的、统一的知识体系。他所建立的现象学方法,是用理性的思维方法认识世界的本源和结构。而海德格尔的存在哲学则认为要领悟存在是没有确定的道路的，只能通过顿悟，通过诗一般的想象。

胡塞尔认为，虽然存在主义与他的现象学都反对实证主义，但现象学主张是以一种完全的理性主义来反对实证主义这种残缺不全的理性主义，而存在哲学却是用一种非理性主义的方法来反对理性主义的，这也是胡塞尔尤其不赞同的一点。

人生的道路分成哪三个阶段？

克尔凯郭尔认为，人在通向上帝的道路上可能经历三个认识自己的存在的阶段。

第一阶段为感性阶段。其特点是人的生活为感觉、冲动和情感所支配，个人沉溺于感性的享乐生活，甚至是粗野的肉欲，其中充满了各种混乱、腐化堕落的行径，但有时也被诗人涂上浪漫的色彩。这种生活是偶然的、暂时的，此时此刻的此种享乐就是一切，既不追求确定的信念，又不追寻固定的和普遍的原则和规范。其结果必然是因不能长久满足或满足后的空虚和厌倦而使人痛苦。

第二阶段为伦理阶段。其特点是人的生活为理性所支配，能倾听理性的呼声，克制自己暂时的情欲，将个人的欲望与社会义务结合起来，遵守具有普遍意义的道德准则和义务，赞美善良、政治和仁爱等美德，趋善避恶、崇尚理想。但这个阶段常常出现矛盾，主要是道德义务与个人的履行之间常常脱节。

第三阶段为宗教阶段。宗教阶段的生活为信仰所支配。人在此阶段是作为他自己而存在，他所面对的只是上帝。宗教的要求具有绝对性，因为这是上帝的要求。

这三个阶段是一个由低级到高级的上升过程。感性境界是直接性的境界，伦理境界是过渡境界，宗教则是最高境界。人只有在宗教境界中才达到真正的存在。在克尔凯郭尔眼里，信仰和宗教不但高于感性生活，而且高于理性和伦理。

非理性主义为什么会成为现代西方哲学的一个主流思潮?

现代西方思想中盛行非理性主义。非理性主义的兴起有着非常深刻的原因。首先,这和宗教的衰微有关系。宗教在近代的衰微不仅意味着宗教不再是人的生活不可争辩的中心和统治者,同时意味着失去整个一套象征物,例如偶像、信条和礼拜仪式。人失去了与超验领域的联系,就可以毫无约束地同这个世界的全部无理性的客观现实直接接触。同时,在社会中,同在精神领域中一样,人的没有归宿的感觉、异化的感觉已经在官僚机器以及与个人无关的群体社会中加剧了。科学技术在不断进步,这种进步是一柄双刃剑,一方面为人类带来了种种便利和享受,另一方面给这个时代造成一套缺乏个性的标准化生活方式。在这种情况下,非理性主义似乎更能够让人表现个性。最糟糕的是人的自我异化,社会只要求每一个人高效率地履行其特定的社会职能,在这样一种"理性秩序"里,每一个人似乎都等同于一种职能。难怪有好多人希望通过非理性的帮助逃脱这种秩序,获得个人的真正生活。

其实,自康德以来,现代的理性主义者差不多都承认理性的限度,也看到了现代社会对个性的潜在危害,只不过,理性主义者希望通过对理性适用范围的限制来克服泛理性主义的危害,希望通过理性和感性的更好结合来保证人的更丰富的生活。

为什么"自由先于本质"?

每种事物都有它的本质,人也不应当例外。可是存在主义哲学家萨特却说:人的本质是人自己创造出来的。在萨特看来,人和自然物有根本的区别。自然的物体总是消极被动的,没有自由,不能自己造就自己。它们作为自在的存在本身没有意义,没有价值,也就是没有本质。它们的本质是当它们作为人的对象而存在的时候由人赋予的,而人却具有自由，而且，自由不是人的某个特点，而是人的整个存在本身——人就是自由。人的本质出于人的自由的创造，“人的自由先于人的本质，并使其本质成为可能”。

萨特在此所谓人的本质，泛指人的各种特征，包括人的才能、专长、职业、地位等等。说自由先于本质，意思就是说人一开始只是作为纯粹的主观虚无而存在，至于人的各种规定性，则是出于这种纯粹主观性，虚无的创造。人的一切特性都不是与生俱有的或上帝之类给予的，而是作为自由的人按照自己的意愿造就的。

萨特自己宣称，“自由先于本质”这一主张表明存在主义是一种强调人的能动性和创造性、鼓励人们不断积极向上的行动哲学。

为什么把萨特叫做咖啡馆哲学家？

萨特生活在巴黎，巴黎有许多咖啡馆，有一些是知识分子经常出入于其中的场所。萨特在巴黎高等师范学校读书的时候起，就经常同朋友们一起在咖啡馆中谈论哲学，而且，这样的情况随着他对社会生活的介入而变得更加普遍。巴黎的咖啡馆成了萨特形成、公布自己的新思想的地方。同时，萨特还在咖啡馆里写作，他的很多重要作品都是在巴黎的咖啡馆里完成的，所以，咖啡馆也就成为他最为直接的生活经验，成为他的作品中人物的来源。

也许正是因为萨特的身影经常出现在巴黎街头的咖啡馆里，所以，才有人称他为咖啡馆哲学家。

其实，不只萨特经常出入咖啡馆，法国知识分子和艺术家多半都与咖啡馆有缘。咖啡馆在欧洲近代知识分子的历史演变中起着非常重要的作用，它是第一个提供给知识分子的真正的自由的聚会场所。不同于以前的贵族沙龙，咖啡馆铲平了等级，建构了新的整合形式。观点不同的人走进咖啡馆，互相争论，每个人都在与他人的争论中学会评价自己，也学会了遵守在相互交往和讨论中逐渐形成的标准，最后可能达成共识，众多的个人观点凝结成一种公共观点。所以，咖啡馆在欧洲知识分子的生活中扮演着非常重要的角色。

萨特为什么说“他人即地狱”?

萨特宣扬个人具有绝对自由,这一理论表现出了极端的个人主义特征。按照萨特的观点,每一个人都是从自己的主观性出发来看待他人的,总是把自己当做具有自由能动性的主体,把他人当做自己的对象,当做缺乏能动性的东西。这等于说,在我的眼光中,他人被降级成了物体,因为缺乏了自由能动性,人就成了和物体一样的东西了。然而每一个人都不难察觉,他人也是作为主体而存在的,同我一样具有主观性,所以,在我把他人视作对象的时候,他人也把我视作了对象。每个人彼此都把自己当做主体,把他人当做物体。萨特由此认为人与人之间的关系是一种“主奴关系”,即每一个人都力图维持自己的主体性,把他人当做随自己的意向转移的对象。在自己的目光中,他人是自己的奴隶,在他人的目光中,自己就被变成奴隶了。这意味着个人自由总是与他人自由处于对立地位。

人与人之间的关系注定是一种对立和冲突关系。不管个人对他人抱什么态度,都改变不了这种局面。如果我主张谦让、忍耐,这无异于让他人放弃自信和斗争。如我热情帮助他人,那就会妨碍他人自立。因此,尊重别人自由无非是一句空话,即使我打算尊重别人的自由,我对别人所采取的态度也会是对别人自由的侵犯。正是出于这种观点,萨特提出了“他人即地狱”的说法。

萨特的这种理论从一个侧面反映了现代社会中,个人主义理念笼罩下的社会生活中人与人之间的关系。

萨特为什么不和他的“终身伴侣”结婚?

萨特和他的同学、著名的女哲学家西蒙·波伏娃是终生情侣,但始终没有结婚,他们两人这种有点奇怪的关系和萨特对自我与他人关系的悲观理论不无关系。

萨特认为,在每一个人的目光中,他人都会被降级成为物体,而不是和自己一样自由的人。但是在现实生活中,我既不能完全把他人当做物理对象,又不能完全把我自己当做他人目光的对象。这是一种两难处境。这种纠缠产生两种矛盾的心理倾向:一是把我作为注视他人的主体,把他人彻底对象化;一是把他人作为注视我的主体,把我彻底对象化。

这些理论上的看法和爱情有什么关系呢?萨特恰恰从这种角度来看待爱情,并且认为爱情包含着一种两难处境:当他人把我当做对象时,我可以自由地投入到他人的自由中去,但这时候,爱情是不完整的,因为爱情所追求的是一个自由人,而不是一个物件:“恋爱者不想象占有一个物件那样占有被爱者,他祈求一种特殊的方式化归己有,他想占有一个作为自由的自由。”但若我保持自己的自由和独立性,我就不可能成为他人的完整对象了,我所爱的人若保持他的自由和独立性,也不可能成为我的完整对象。因此,爱情不可避免地伴随着摩擦,正如萨特和波伏娃一生所经历的那样。

只有在一种情况下,我可以把他人视做物件,这时候我可以自由地成为和他一样的物件——这就是情欲。在情欲中,“我变成了他人的肉体,以便把他人的肉体化归己有”。但这显然不是真正的爱情。

总之,在萨特看来,爱情和自由不可能珠联璧合,所以,他虽然同波伏娃是终身伴侣,却没有结婚。

孩子什么时候能在镜子里看到自己?

拉康的“镜像阶段”是对弗洛伊德的利比多学说的新解释。按照弗洛伊德的里比多理论,婴儿最初的性爱对象是他自己,即“自恋”,以后发展为俄狄浦斯情结。拉康在不改变弗洛伊德的基本原理的基础上,作了少许改动,他在俄狄浦斯情结之外,提出了“镜像阶段”。拉康认为,婴儿从 6 个月到 8 个月之间,从镜子中看到自己,感到非常快乐。在这个时候,婴儿认识到他自己是一个生物,认识到自己与别人以及与别的东西是有联系的。在婴儿能够说话,或对这种经验有所知的时候,他就开始成为一个对人的自我的内在世界与事物的外在世界有复杂的情感和认识的东西了。拉康说,通过镜子对外界的认识,就揭示出利比多的精神活动。

镜像阶段是婴儿对外界事物的一种识别活动。从这个时候开始,婴儿总是对外界保持一种疑问的状态,通过想象和对幻想的事物的反省,形成他对世界的了解,形成婴儿对世界的看法。拉康的镜像阶段与弗洛伊德的不同在于他把婴儿认识外界的过程更具体化了。弗洛伊德的自恋与俄狄浦斯情结是一种神秘的说法,拉康用婴儿从镜子里对自己、他人和其他事物的识别使弗洛伊德理论变得更加具体了,说明了儿童认识如何逐渐产生的过程。

法兰克福学派为什么从德国迁至美国?

法兰克福学派是西方马克思主义的主要流派之一,它的历史是与法兰克福社会研究所的兴衰分不开的。"一战"之后,马克思主义在欧洲风靡一时,一个大谷商的儿子服利克斯·威尔组织了一系列关于马克思主义的研讨会,在此基础上,成立了法兰克福社会研究所作为研究马克思主义的中心。1923 年 2 月 3 日,德国教育部批准成立这个附属于法兰克福大学的研究所。

1923 年至 1931 年是该所创建的初期,由经济学家和社会历史学家卡尔·格隆伯格任所长,他强调马克思主义是一门社会科学。1930 年 7 月,霍克海默担任所长。他强调社会哲学,而不是经济学史的研究。1933 年,纳粹政权上台以后,法兰克福研究所被迫解散,多数成员流亡美国。这些成员受黑格尔哲学影响较深,他们用辩证法取代实证主义的方法,同时,把弗洛伊德的精神分析与马克思主义结合在一起。他们面临的中心问题是法西斯主义的起源和实质。该学派的一些重要的理论著作完成于流亡期间。

我们为什么无法证实,只能“证伪”?

我们怎么判断一种理论正确与否?很多人认为,如果一种理论能被事实证实,它就是正确的,如果不能被事实证实,它就不是正确的。

然而,英国哲学家波普尔对这种“可证实性原则”作了公开的批评,认为理论的检验不在于试图证实它,而在于试图否证它,试图找出它的弱点。换句话说,我们无法证实一个理论,但我们有可能证明它是错的,即“证伪”。

“证伪原则”在波普尔的哲学体系中有着十分广泛的作用。一是用于解决科学分界问题。在波普尔看来,凡属于科学的理论,原则上都可以反驳,都可以否证;反之凡不具有可否证性的陈述或体系都在科学的界限之外。二是被用于解决归纳问题。波普尔认为,对归纳问题的解决要以对分界问题的解决为依据,而科学分界的标准就是可否证性,否证的方法不必以任何归纳推理为前提,因此从可否证性出发就可以导致休谟的“归纳问题”的解决。

“归纳问题的这种解决引起了一种新的科学方法理论,引起了对批判方法,对试错法的一种分析”。关于试错法波普尔作了这样的描述:提出大胆的假说,使它们面临最严格的批判,以便觉察我们犯错误之所在。而科学方法的最主要特点在于:科学努力从各方面对所提出的试探性理论进行批判,以便找出其错误和弱点,在这里突出的仍然是反驳或否证。因此,在波普尔看来科学方法的实质就是否证性。

为什么前人说“知识就是力量”,福柯却说“知识就是权力”?

身体与力量是不可分割的,与身体不可分割的强力有两种,一种是加诸身体的“权力”,一是身体自身的“强力”。身体是权力与强力较量的战场。身体是社会的真正基础,这不是因为它统摄一切,而是因为一切都来源于它。这就是福柯的理论。

福柯认为力量和知识有不可分割的联系,他使用"力量/知识"的概念表示两者的相互作用。知识与力量的密切联系在于,一方面,知识来源于力量,被力量所驱动;另一方面,知识又是一个生产、规范、配置、循环、操作力量的有序的体系。知识的作用是保持权力与强力在身体内部的平衡。当身体自身的强力的扩张冲破了加诸身体的权力的压制时,知识就要塑造出"正常人"的形象,代表权力监管,约束身体。当权力过分压制、摧残身体时,知识又会为身体的强力重新创造和规定灵魂,包括意识、个性、主观性、个体、良心等,以灵魂的名义抵制加诸身体的权力。知识对权力的压力和强力的释放进行有节奏的干预和管理,并使之成为科学研究对象,从而保持身体内部力量的平衡,为社会关系、人与自然关系的平衡提供了基础。

培根曾说:"知识就是力量。"福柯会补充说,知识既是力量的工具,又是力量的结果,知识同时就是权力。

后现代主义为什么会大行其道?

后现代主义进入哲学领域的标志是利奥塔于 1970 年发表的《后现代的知识状况》。利奥塔指出,后工业或后现代社会是以计算机产业为基础的信息社会。知识已经成为生产力和权力,谁生产、储存和掌握了输入的信息,谁就决定了知识的内容和生产力的发展方向。他对欧洲 1966 年"五月风暴"后知识界的分析是:青年学生和知识分子已经不再是关心人类命运和解放的社会精英,他们已经技术化、职业化。知识已成为知识分子争夺权力的战场;但是没有一个人或集团能够掌握全部信息,知识的争夺同时也是对话与分享,必须遵循共同的规则。利奥塔说,科学和叙事是规则不同的两门知识,不能用一方来否定另一方。但现在的问题是,哲学的叙事在违反规则的情况下帮助科学取得统治地位。科学借助的哲学叙事有两类:一是关于人性解放的神话,一是关于所有知识统一性的神话;前者是法国启蒙主义的传统,后者是德国唯心主义的传统,这两个国家神话共同构成了以科学主义为主导的现代主义。利奥塔说:我所谓的现代,指的是使用元话语来使自身合法化的科学,这样的元话语明显地诉诸宏大叙事。他并把相反的后现代定义为“对宏大叙事的不信任”。60年代人类已经进入了后现代社会,后现代主义大行其道也就不足为奇了。

为什么会出现“西方马克思主义”?

1917年的十月革命对于西方的知识分子来说,是一件划时代的大事。对于那些从“一战”的硝烟中走出来的激进艺术家和知识分子来说,世界早已临近末日,令人难以忍受,就像《圣经》中写的那样,在一场大决战后,一个“新天新地”将诞生在人间。十月革命带来了“东方的曙光”,而1918年欧洲革命的失败,更加重了西方知识分子对红色苏联的仰慕之情。但是他们和苏联的蜜月期并不长久,越来越多信奉马克思主义的西方知识分子和苏联的马克思主义发生了龃龉。人们一般把匈牙利哲学家卢卡奇发表于1923年的《历史与阶级意识》一书视为这场争论的起点,后来,法国哲学家梅洛—庞蒂把卢卡奇等人称作西方马克思主义,从而和苏联官方的马克思主义区别开来。

西方马克思主义有各种流派,其中最为著名的是法兰克福学派和萨特的存在主义。法兰克福学派形成于20年代末的德国,该学派以法兰克福社会研究所为中心,后来,因受纳粹威胁,这个研究所的很多主要成员辗转迁往美国,其核心人物马尔库塞的著作在美国60年代抗议资本主义的学生运动中大受欢迎,红极一时。萨特的存在主义的马克思主义影响了法国战后整整一代青年人,甚至跨越国界,成为世界各国革命青年的精神支柱。

苏联官方的马克思主义越来越成为教条主义,让人感到厌倦,结果,倒是西方马克思主义重新唤起了人们阅读马克思的热情。西方马克思主义大旗下集合了大量认同或同情马克思主义的西方自由知识分子,他们对现代社会及其文化进行反省和批判,既不站在西方资本主义一边,也不站在苏联阵营一边。

爱欲为什么会成为造反的动力？

在法国 1968 年的“五月风暴”期间，学生和工人起来造反，反对资本主义制度，但他们的有些口号很奇怪，例如，“永不工作！”“我越谈恋爱，我就越要造反，因而我也越要谈恋爱”。恋爱怎么会和造反连在一起呢？

马克思曾设想，随着生产的发展、自动化程度的提高，人们的劳动时间会逐渐减少，闲暇会越来越多，最后，人类就可以从强制性劳动中解脱出来。可是，在私有制社会里，尽管有一天我们其实不需要拼命劳动生产更多的东西了，可资本出于本性还是会要求扩大生产，这样盲目增加生产，只会带来生产过剩和经济危机，从而导致失业的工人起而造反。

可是，西方马克思主义者马尔库塞（1898 ~ 1979 年）却认为，在二次大战以后，资本主义已经发展到了生产过剩的“富裕社会”阶段，可是却没有出现马克思所预言的那种摧枯拉朽的社会振荡。这是为什么呢？马尔库塞认为一个重要的原因在于资本主义加深了对大众的精神控制，用各种不必要的“需求”操纵大众，使得他们忙碌终日，生活得麻木而且满足。因此，在物质高度繁荣的“发达资本主义社会”中，工人不再是革命的主力军，连工会代表也成了旧秩序的代表。那么该由谁来摧毁资本主义的精神控制呢？马尔库塞认为是知识分子、科技人员以及出于本能而反抗社会的年轻人。

为此，马尔库塞借鉴弗洛伊德的心理学和历史哲学，提出了一套爱欲解放学说，奉劝现代人放弃过度的生产和消费，从功利中解脱出来，回归到充满爱欲的快乐自在的生活。马尔库塞把爱欲视做造资本主义反的动力，西方的年轻人乐得响应，所以，在“五月风暴”期间，青年造反派就喊出了“永不工作！”和“我要恋爱，要造反！”这样的口号。

参与纳粹运动的群众是因为性压抑吗?

很多人说,我们这个时代是群众的时代。早在一百多年前,就有人预见到了群众时代的到来,并且从心理学角度来对群众运动进行了研究。法国人勒庞(1841 ~ 1931 年)写的《乌合之众——大众心理研究》,是这一领域最出名的著作之一。

勒庞说:"当我们悠久的信仰崩塌消亡之时,当古老的社会柱石一根又一根倾倒之时,群体的势力便成为唯一无可匹敌的力量,而且它的声势还会不断壮大。我们就要进入的时代,千真万确将是一个群体的时代。"勒庞对群众基本采取敌视的态度,他认为,群众心理和个体心理有很大差异,一个人置身于自发聚集起来的群体之中,会不知不觉改变自己的行事方式,变得更加情绪化,更加非理性,更加具有暴力倾向。例如,孤立的个人很清楚,在孤身一人时,他不能焚烧宫殿或洗劫商店,即使受到这样做的诱惑,他也很容易抵制这种诱惑。但是在成为群体的一员时,他就会意识到人数众多赋予他的力量,容易生出杀人劫掠的念头,也容易屈从于这种诱惑。

据说,希特勒从勒庞的书里获得了不少启发。反正,后世不少研究者把对犹太人实行种族灭绝的纳粹运动是一场典型的群众运动。赖希(1897 ~ 1957 年)的《法西斯主义群众心理学》(1946 年)一书就持这种看法。赖希是弗洛伊德的学生,信奉弗洛伊德关于性的学说,并且把它用来创立了"性经济社会学"。赖希认为,性不仅仅是个人的事情,而是一个和社会、政治密切相关的问题。在父权制家庭中,男性家长对儿童和妇女实施性压抑,由此造就的人格为"权威主义国家"提供了心理基础。在权威主义国家中,群众和领袖之间的关系,就好比是儿子们和父亲的关系,儿子们一方面敬畏父亲,以服从为天职;另一方面,却又暗自摹仿父亲,被压抑的性欲往往以暴力的形式宣泄出来。赖希认为,很多普通人卷入了法西斯主义,就是因为他们在长期的性压抑中形成了一种权威主义的性格结构。赖希断言,法西斯的种族意识形态乃是“性高潮无能的人的性格结构的纯粹生物病态表现”，医治这种疾病的办法，是在群众中树立健康的性观念，破除关于性的神秘主义观念。赖希的“性政治运动”在其生前遭到各种压制和打击，却在20世纪60年代的学生运动中得到了热烈响应，学生们对资本主义制度的抗议很大程度上都集中在对传统家庭观念和“父权制社会”的抨击上，集中在对“性解放”的推崇上。

持有类似观点的人中间有很多自视为马克思主义者，但他们的看法其实和马克思相去甚远。马克思比勒庞更早看到了一个群众时代的到来，但他对于那些被视为文明破坏者的“粗野的工人”非但没有恐惧之心，反而寄予了深切的期望。

萨特为什么要向马克思主义靠拢?

萨特是个人绝对自由的鼓吹者。他最欣赏的一句话是：“如果上帝不存在，什么事情都是允许的。”他宣称，人没有固有的本质，人变成什么样，归根结底是由自己造就的。不管人相信的是上帝也好，是道德也好，是共产主义也好，临到要行动的时候，还是得靠自己来做决断。即使自己不做决定而任由他人替自己做决定，这也是一种决定，就是决定做一个随波逐流的人。萨特把人所面临的这个无依无靠的处境称之为人的“自由”，这种自由是被迫的，是人一生下来就摆脱不掉的。

80年代初的年轻人对当时宣扬的那种集体主义普遍有一种怀疑情绪，萨特的存在主义宣扬个人的自由，自然会赢得他们的好感。那时候，萨特成了中国学生无人不晓的人物。

萨特所讲的自由是脱离了社会环境的绝对自由，这和马克思所讲的自由有很大的区别，因为马克思所讲的自由来自对历史必然性的认识。

尽管如此，二战以后，萨特日渐关心社会事务，开始努力向马克思主义靠拢，并把自己称作“共产党的同路人”。萨特认为，马克思主义是这个时代不可超越的哲学，存在主义并不反对马克思主义，而只是对马克思主义的有益补充。马克思主义需要补充什么呢？萨特认为，马克思主义只注意从事生产的人,但是,我们应该"在凡是人所在的地方——在他的劳动中,在他的家里,在马路上,到处去寻找人"。他一方面肯定了马克思对于社会历史的宏观研究,另一方面提出要注意对于人的微观研究。这就是萨特把存在主义和马克思主义结合在一起的理由。

为什么有人会研究梦想?

20世纪30年代,苏联在文艺领域里确立起了"社会主义现实主义"原则,对艺术家的梦想和想象力严加禁锢。信仰马克思主义的西方艺术家和理论家有很多都对这种文艺标准十分反感,起而为梦想辩护。其中最为主要的有德国思想家布洛赫和法国的超现实主义诗人布勒东。布勒东认为夜梦和白日梦(梦想)不仅是文艺创作的源泉,而且也是革命和创新的源泉,而那些固守现实主义教条的人才是"最为货真价实的反革命分子"。与超现实主义诗人的激情申辩相比,恩斯特·布洛赫(Ernst Bloch,1885~1977年)为梦想所做的辩护要显得有条理和系统化得多。实际上,布洛赫是第一位把梦想选为终生课题的哲学家,他的任务就是找到梦想中的积极因素。布洛赫推崇乌托邦精神,也即"朝前看"而不是"向后看"。希望或期盼是人生的动力,人们最不堪忍受的,是没有希望、没有未来的生活。尽管梦想和希望如此重要,却从来没有哲学家或科学家系统地研究过它们。梦想在现实生活中常常遭到排斥,它们被看成是无用的、荒唐的东西,而布洛赫则特别强调梦想与理性、现实、行动乃至共产主义的动态联系。

布洛赫指出,梦想不只是梦想,梦想有时具有重大的现实意义。这是对的,但是,推崇诗意人生的德国浪漫主义曾经提出更进一步的问题,这就是:无法实现的梦想难道就没有意义吗?

现代人为什么要"逃避自由"?

人们自古以来就向往自由。很多古希腊城邦拥有民主的政府,而当时波斯等东方国家还是专制政府，所以，希腊人为自己拥有自由而感到十分骄傲。不过，在古希腊，只有自由公民是自由的，他们所说的自由人并不包括奴隶在内。所以，那时有自由，但没有平等，所谓自由只是一部分人的自由。

18世纪，卢梭（1712～1778年）在他著名的《社会契约论》中表达了天赋人权的观念：人生而自由，人生而平等，“放弃自己的自由，就是放弃自己做人的资格”。国家只能是人民自由协议的产物，如果自由被强力所剥夺，则被剥夺了自由的人民有革命的权利。后来，1789年的法国大革命把“自由、平等、博爱”的口号写在革命的旗帜上。

法国大革命是建立资产阶级社会的革命。虽然这场革命以自由为旗帜，但后来马克思指出，取代封建社会的资本主义并未真正实现人类的自由。从事奴役性的劳动，是和“人”的本质（也即“自由自觉”）不相配的。资本主义制度不过是一种隐蔽的奴隶制。

后来发展起来的西方马克思主义也不承认现代资本主义社会是自由社会，不过，他们往往是从另一个角度来看待这一点的。弗洛姆（1900～1980年）在《逃避自由》这本著名著作中提出，资本主义生产方式一方面使人们摆脱了传统的出身、门第、地域、体制等束缚，使个人获得了前所未有的自由，另一方面，也必然会给人带来一种孤独、陌生和不安全的感受，造成心理上普遍的焦虑感。自由使人陷入焦虑，于是人们便设法逃避自由。逃避自由的方式，简而言之就是放弃小我，加入大我，例如加入某个强大的组织使自己变得强大。在和平时期，人们以大众为大我，以各式各样流行的东西作为自己的标准。在纳粹运动这种非常时期，逃避自由的结果很可能是参与集体暴行。弗洛姆认为，现代人的这种心理状态为极权主义的兴起提供了条件，给民主制度带来了深刻的危机。

高雅文化也应当被批判吗?

阿多诺（1903～1969年）和马尔库塞（1898～1979年）是法兰克福

学派的两员干将。他们认为,文化工业也即大众文化会消磨人们的斗志,用一种虚幻的满足来取代人们对资本主义的不满。所以,他们一直在对大众文化进行批判。我们会想,这两个人一定会赞扬高雅文化。可是不然,他们在批判大众文化的同时也不断批判高雅文化。这是为什么呢?

在马尔库塞看来,对高雅文化的宣传无非就是试图在现实生活中建立一块与现实无关的世外桃源,在这个世外桃源中,人们沉浸在"高雅"的艺术享受中,看着大师的画,听着大师的音乐,进行着一种"审美"的非功利性的教育,而一旦他们走出这个世外桃源,又会若无其事地从事与美或艺术毫无关系的事情。这样一种精神"升华"实际上是一种逃避,是资本主义要弄的文化阴谋:人们本应去"抓取真实的花朵",然而在"无利害"的审美观照中,人们不再寻求真实的满足,而是陶醉于一种虚幻的满足。我们这个社会中最高雅的文化场所,如音乐厅、博物馆、学院,被他们视为文化渣滓。马尔库塞曾以一种明显讥讽的口吻谈及德国社会民主党提出的"提高国民物质、精神和伦理的文化水平"的纲领。

为了改变这种状况,马尔库塞提供了自己的建议,那就是逆转从感性升华为审美的传统路线,把审美还原为感性,把感性从文明的压抑中解放出来。

阿多诺和马尔库塞一样都强烈地反对作为高雅文化代表的博物馆艺术,阿多诺说,"作品刚刚问世是极具批判力的,过后它就变得中立起来,一旦送进博物馆,其真实内容就消退了。"把艺术品当做高雅的经典来"欣赏",其实是门外汉的做法,因为艺术作品的本质在于它的批判性,在于艺术和现实之间的冲突,所以,歌功颂德的艺术一概是虚伪的。

为什么进化论曾在中国风靡一时?

1898 年,严复翻译出版了赫胥黎的《天演论》,这是中国人引进西方思想的一件大事。从此,人人谈论进化论,谈论“物竞天择,适者生存”的法则。一位革命者曾言:此书一出,物竞天择之理深入人心,中国民气为之一变。

这是一本什么样的书呢?1895年,达尔文(1809~1882年)在《物种起源》中提出“物竞天择,适者生存”的生物进化论,认为地球上的生物是通过自然淘汰、适者生存演化而来的。在同一个时期,英国社会学家、哲学家斯宾塞(1820~1903年)也提出了关于社会进化的理论,认为生存竞争原则同样支配了社会进化过程。英国作家赫胥黎(1894~1963年)写了一本《进化论与伦理学》,宣扬这些学说。严复的《天演论》,就是这本书的节译本。

这样一本理论书为什么会在中国引起这么大反响呢?原来,鸦片战争以后,清朝政府丧权辱国、任人宰割,中国人的自信心严重受创,迫切希望社会变革,严复为中国带来的“进化论”,为近代中国的发愤变革、竞争图强提供了重要的思想资源,所以,才有人人争读《天演论》的盛况。事实上,《天演论》出版之际正值维新变法关键之时,而严复翻译此书的一个重要意图就是要使民众认识到在优胜劣汰的残酷法则下,变革图强是中华民族摆脱悲惨命运的唯一出路。

为什么康有为借助儒家思想宣扬革命?

在五四运动之后,作为意识形态的儒家学说地位动摇了,而由政府来推广“孔教”更是被视为反动之举。人们常常把儒家思想视为“保守的”,20世纪出现的现代新儒家在90年代曾被冠之以“新保守主义”的名号。但是,人们常常忘记,所谓保守与革命,只是一组相对的概念,在这一时刻是保守的东西,在那一时刻可能是革命的,反之亦然。先秦以降的儒家思想并非铁板一块,不仅存在着不同的流派,而且在历史上扮演的角色也多有不同。在儒学典籍中,其实不乏肯定变易、革新的字句,如《易经》革卦的彖辞曰:“汤武革命,顺乎天而应乎人”,类似这样一些字句常常被心仪“改制”的人所利用。如梁启超和孙中山，都曾在“汤武革命”这个意义上倡导过革命的理念，而日本人用以翻译 revolution 的“革命”一词，本来就出自中文。

以儒学作为革命依据的近代思想家，当首推康有为（1858～1927年），他所编撰的《新学伪经考》和《孔子改制考》是这方面的代表作。和中国近现代的许多知识分子一样，康有为一生始终徘徊在政治与学术之间。甲午之败促使他倾力挽救国家于危亡，力主维新变法，并为此流亡数年。康有为是介于新旧之间的一位人物，中年后虽受到不少西方科学和哲学的影响，骨子里却一直遵循着儒家的传统。事实上，康有为是以儒学为体来铸造他的变法理论的。

康有为之所以用儒家思想作为变法的理论依据，一是因为儒家学说与佛道不同，儒家的理想就是经邦济世，这一本土资源本身就含有革命思想；二是因为保全中国的文化传统（儒学）和维护中国的政治独立（帝国）在他看来是同等重要的。康有为虽心仪西学，但从不认为中国在精神上不如物质力量强大的西方。他相信儒学比世界上任何其他学说都优越，正是因为这个传统，中华民族才值得和可以保存。

辜鸿铭为什么坚持留辫子?

清军入关后，强令天下男子按满人习俗蓄辫，稍有不从，即杀头问罪，长期以来，辫子和头颅是同等重要的。辛亥革命推翻了清朝的统治，作为清朝标志的辫子自然成为“革命”的对象。在新派人士看来，男子蓄辫、女子缠足等皆为封建陋习，他们把男子剪辫、女子放足视为新生活建设的一部分。

不过，已经养成的习惯是很难彻底改变的。几百年前，很多人对抗蓄辫，现在又有很多人对抗剪辫。不过，不愿剪辫子的人，多数是文化层次较低的人。可是，其中偏偏有一个大名鼎鼎的学者。辛亥革命以后的十七个年头里，知名学者辜鸿铭始终拖着辫子，穿着清装，并拥护帝制。辜鸿铭自出生起就被一对英国夫妇收为养子，他少年时代游学欧洲，精通英、德、法诸门外语，后回到中国，跟随湖广总督张之洞，在翻译及外交事业上均有所建树。身受西方教育,谙熟西学的辜鸿铭在成人后才开始真正接触和学习中国传统文化。可是,在他的心目中,东方文化优于欧洲文明,唯有中国文化方可体现人类共同的自由、平等、博爱精神。可以说,辜鸿铭脑后的发辫代表着他对于中国文化的强烈信念。他拖辫子、着清装的古怪习惯和新时代显得格格不入,常被人笑骂。但他能够坚持自己的信念,特立独行,这还是难能可贵的。

为什么北京大学成为新文化运动的策源地?

北京大学的前身是京师大学堂,成立于1898年,是中国近代第一所国立综合性大学。甲午战争失败后,康有为、梁启超等人提出,维新变法须从废科举、兴学校开始。戊戌变法失败,新政措施几乎全部被废止,但京师大学堂却作为仅存的硕果得以保留。很多人已经接受了"中学为体,西学为用,中西并用,观其会通"的信条。

1912年京师大学堂改名为北京大学,其学科设置、教师聘用、学分体制、论文写作,均采纳西方大学建制,为新思想的输入提供了必不可少的制度环境。从第一任校长严复到1917年任职的蔡元培,北京大学的历任校长均为中国近代思想界的重要人物。"囊括大典,网罗众家,思想自由,兼容并包",是蔡元培任北京大学校长时提出的大学理念。他认为大学的性质在于研究高深学问,广纳各种学术思想流派,让其互相争鸣,自由发展。蔡元培一上任就开始对北京大学进行整顿和改革,一改原京师大学堂的官衙习气。他聘请陈独秀担任文科学长,李大钊为图书馆主任,胡适、鲁迅等一大批国内一流学者先后来北京大学任教。这些受中西方文化双重熏陶的新型知识分子为中国的青年学子不断输入鲜活的思想。所以,北京大学不久就成为新文化运动的策源地。

值得一提的是,陈独秀1917年来到北京大学时,从上海带来了由他创办的《新青年》。以《新青年》为阵地的知识人高举"德先生"(民主）和“赛先生”（科学）的旗帜，抨击帝制，打倒孔家店，倡导白话文和新诗，传播西方文化，提倡人权与自由，从政治、学术、伦理道德、文学艺术等方面向陈腐的守旧势力发起了最猛烈的进攻。《新青年》的加入，无疑提高和巩固了北京大学在全国的文化领导地位。当然，新文化运动并不仅限于北京大学，当时全国各地均有新思潮、新生活的传播点，据不完全统计，各地成立的社团大约有三四百个，新出版的刊物有四百多种，一时间引进和传播西方文化蔚然成风。

新文化运动和五四运动是一回事吗?

新文化运动是一场以自由和人权为旗帜的思想启蒙运动，其主要的宗旨是“反对旧文化，提倡新文化”。新文化运动所提倡的“新文化”，主要指西方文化，与以往的维新派相比，新文化运动的积极参与者更为注重从精神层面向西方学习，陈独秀等左翼知识分子创办的《新青年》被视为新文化运动的旗帜。但新文化运动本身并不是一场步调统一的运动，其中既包括激烈反传统的思想，也包括主张继承和发扬传统的思想，既包括自由主义思想，也包括无政府主义和马克思主义思想。

严格地说，新文化运动不是一场运动，五四运动才是一次集示威游行罢课罢工于一身的“运动”。第一次世界大战之后召开了巴黎和会，身为战胜国的中国在和会上不但没有得到任何利益，帝国主义列强反而进一步欺凌中国，这成了五四运动的导火线。北京大学的学生率先走上街头游行抗议，青年学生的爱国热情激发起了各阶层的民众，在几天的时间内，大规模的游行从校园扩大到整个社会，全国范围的罢工、罢课、罢市，影响波及海外。这场斗争取得了空前的胜利，极大地鼓舞了学生和知识分子直接干预政治的热情。

新文化运动作为知识阶层的一场思想启蒙与价值重估运动，在思想上为五四爱国运动做了多方面的准备，例如培养了一大批具有现代意识的大学生和知识分子，但这两个运动的侧重点有所不同，前者侧重“启蒙”，弘扬自由、民主与科学，后者侧重“救亡”，以爱国主义和民族主义为核心。

国家可以“无政府”吗？

无政府主义认为，国家、教堂、首脑等等具有等级意义的权威集团对人类生活都是天然有害的，人具备自我管理的能力，我们可以建立一个没有等级、分散管理和大众参与的社会。

无政府主义在20世纪初传入中国，曾成为一种具有广泛影响的思潮，代表人物有吴稚晖、朱谦之等人。辛亥革命前，信仰无政府主义的人们言辞激烈，甚至模仿俄国“虚无党”自制炸弹，从事暗杀活动。民国建立后，据粗略统计，新文化运动中先后有六十多种无政府主义的刊物出版，相应有一大批无政府主义的小团体出现。不过，这一时期的无政府主义者变得比较温和，就拿刘师复为代表的晦明学舍来说，这是当时力量最强的一个无政府主义团体，但他们除了印发一些宣传资料外，没有任何反抗强权的实际行动。

马克思主义在中国社会占据主导之后，仍然有很多人信奉无政府主义。在“文化大革命”中，大量政府机构瘫痪，有一段时间，国家好像真的成了无政府主义的状态。不过，无政府主义始终没有成为中国近代历史的主流。这是因为，无政府主义并没有为社会变革提供具体的办法，而在很多时候，它更容易导致无视社会基本规则的过激言行。而且，虽然无政府主义者反对强权，但他们忽视了对社会矛盾的根本分析，使得它较为适合表达人们的不满，却无法真正切入社会变革的实践，更无法与一个国家具体的国情相结合。

现实世界中的政府总是有这样那样的弊端，所以我们需要加强对政府的监督，并且不断改革这些弊端，然而，彻底取消一切等级制的政府恐怕只是不切实际的想法。

科学和人生观是互相冲突的吗?

中国近现代的历史进程同时也是中国人探索国家昌盛道路的过程。从政治体制、法律制度到教育制度,人们逐步向西方学习各种有利于社会发展的改革途径。在新文化运动影响下,民主和科学在广大民众尤其是青年一代的心目中获得了无上的尊严,崇尚科学成为整个社会的风尚。

正值“科学万能”得到更多中国人认可的时候,从西方传来了“科学破产论”。这其中有多方面的原因。19 世纪末 20 世纪初,物理学、数学等基本学科都遭遇了所谓“原理危机”,这个时期,许多哲学家和科学家注意到,尽管自然科学仍在蓬勃发展,但它们的基本原理却越来越暴露出缺陷,或者是未经证明的,或者是明显不合理的。此外,科学得出的很多结论和传统宗教和道德发生了严重的冲突,考古学表明圣经故事子虚乌有,心理学表明很多所谓“不道德的行为态度”实际上是心理病症。最后,科学技术的发展还带来了更直接的危害:西方人靠先进的科技制造出了现代武器,它们帮西方人征服了世界,但在第一次世界大战中,它们同样使西方国家饱受战乱之苦,大战过后,很多西方知识分子将这次战争的残酷性归咎于科学。这些原因使人们对科学的高度发展产生怀疑,提出了“科学破产论”。

科学破产论通过一些中国知识分子介绍到国内来,对刚刚建立起来的崇尚科学的信念造成了冲击。1923 年 2 月 14 日,张君劢在清华大学发表题为《人生观》的讲演,认为科学无论如何发达,也不能解决人生问题,而唯有中国传统的心学方可提高关乎人的内心修养。随即,丁文江于 1923 年 4 月 12 日的《努力周刊》上发表《玄学与科学——评张君劢〈人生观〉》一文,主张科学万能,可以支配人生观,针锋相对地提出“打玄学鬼”的口号。中国近现代史上著名的“科玄之战”从此揭开序幕。张君劢、梁启超等人是“玄学派”的主将,丁文江、胡适、唐鉞、吴稚晖成为“科学派”的代言人。此外还有第三种声音:马克思主义者陈独秀、瞿秋白提出，科学的唯物史观才是解决人生观问题的正确方法。所以，科学和人生观并不是冲突的，而是对立统一的。

为什么胡适要主张全盘西化？

中国近现代历史上的中西文化之争在20世纪20～30年代演变为全盘西化与中国本位文化的争论。1929年，胡适用英文写了一篇论文，题目是《中国今日的文化冲突》。他在这篇论文里用了两个词表述他的西化主张：一个是Wholesale Westernization，可译作“全盘西化”；另一个是Wholehearted modernization，可译为“全心全意的现代化”。胡适说，“我主张全盘的西化，一心一意地走上世界化的路。”1935年，王新命、何炳松、萨孟武等十位教授发表了一个“中国本位的文化建设宣言”，主张今后的文化建设应以中国为本位，反对全盘西化论。宣言引起了很大的反响，也引起了胡适等人的反对。

胡适指出，“全盘”的意思不过是“充分”而已，所谓“全盘西化”其实是指“充分世界化”，并没有彻底抛弃传统文化的意思。遵从“取法其上，仅得乎中；取法其中，而得乎下”的古训，他提出全盘西化这一极端的主张，因为文化的惰性自然会把结果拖到折中调和上去，文化本身有其保守性，完全西化在实际上并不能真正实现，中国文化强大的生命力在漫长的历史进程中已经得到证实，而文化心理的惰性已经足以把西方化打上好多折扣了。而一味强调中西文化的中和，看似有理，事实上只是变相的保守论。在充分考察了中国文化特质之后，胡适从文化策略的角度提出了“全盘西化”，以期一个较为理想的社会结果。

做学问的境界有哪三种？

“境界说”是中国近代学者王国维的著名词学理论。王国维以“境界”为评判诗词的依据。而且，他还引用古人词句，说明古今成大事业、大学问者所必然经历的三大境界。

王国维先引用了晏殊《蝶恋花》中的一句词:“昨夜西风凋碧树,独上高楼,望尽天涯路”,认为这是第一境界;引用柳永《凤栖梧》的“衣带渐宽终不悔,为伊消得人憔悴”,认为这是第二境界;他最后引用辛弃疾《青玉案·元夕》中的“众里寻他千百度,蓦然回首,那人却在,灯火阑珊处”,认为这是第三境界,也是做学问的最高境界。一般人只看到这些诗词的言辞之美,唯有苦学之人才能体会这些词句中的意境。

人生境界有哪四层?

冯友兰先生在其著作《新原人》(1943 年)提出,人生境界大致可分为四种:自然境界、功利境界、道德境界和天地境界。

在自然境界中,人的行为只是顺着他的本能或其社会的风俗习惯,就像幼儿和原始人那样,他对所做的事并无觉解或不甚觉解。功利境界的特征是:对于“自己”和“利”有清楚的觉解,其行为的明确目的在于增加财产、发展事业或增进荣誉。处于道德境界中的人了解到社会是一个整体,他是这个整体的一部分,他为社会的利益做各种事,其行为以“贡献”为目的。天地境界则更高一层,是人生的最高境界,在这一境界中,人不仅了解社会的存在,而且了解更大的整体即宇宙的存在,他为宇宙的利益做各种事并自同于宇宙,这种觉解也叫“同天”或“天人合一”。

维特根斯坦是何时译成中文的?

鸦片战争,中国惨败,有志之士认识到,我们必须学习西方,才能抵抗西方。最初,多数人看到的是西方的“船坚炮利”,但一步一步,中国人学习和追赶西方的努力从器物层面发展到制度层面,又从制度层面发展到思想文化层面。从古希腊哲学直到近、现代哲学,纷纷进入了中国思想界的视野。不过,在不同的时期,人们关注的思想和人物有所不同。

最初引起重大反响的是进化论与星云假说。严复翻译的《天演论》用进化论阐明了变革的时代主题，一时间，有识之士莫不谈论进化图强，以期自立于世界民族之林。星云假说的介绍虽然粗浅，却为中国人带来了对于宇宙天体起源的新认识，并为社会变革提供了科学上的支持。接着，洛克、卢梭、孟德斯鸠的作品得到广泛介绍，这些著作为英国、法国、美国等国的现代政治提供了理论基础，中国人希望效仿这些强国，建立民主自由的新社会，自然而然对它们产生了强烈的兴趣。同时，王国维等人把叔本华和尼采的唯意志哲学介绍到中国。当时，很多锐意改革的人士感到中国古文明因积久而变得纤弱，深恨中国国民萎靡麻木、苟且自安，他们在叔本华和尼采的学说中看到了一种重新激发本能的力量。

20 世纪 20 年代初，杜威和罗素分别来华演讲，他们学识博学，思想缜密，同时体现了现代思想开放开明的风范。当代大哲现身说法，让众多听讲者耳目一新。杜威代表的实用主义精神和罗素代表的哲学分析精神，激发了人们经久不息的兴趣，极大地冲击了中国人的传统思想方法。

此外受到国内学界重视的还有康德的认识论，康德哲学体现了一种与中国思想传统不同的接近科学精神的哲学。柏格森的生命哲学也受到很多人的青睐。总之，不同思潮的流行都反映了国人的某种需要。但纯学理的兴趣也在慢慢增长。30 年代以后，从古希腊哲学到中世纪哲学直到近现代西方哲学，得到了较为系统的翻译、介绍和研究。维特根斯坦的《逻辑哲学论》是一次大战之后出版的，几年后就由张申府译出中文本，这时候，除了英德对照本包含的英译本外，还没有其他任何文字的译本。这本著作是 20 世纪最有影响的哲学著作之一，这么早就被译成中文，我们不能不佩服中国学人在介绍西方哲学时表现出来的锐利眼光。

改革开放后为什么流行存在主义?

新中国成立以后,崇尚的人生观、价值观是集体主义的。个人是人民大海洋中的一滴水,是镶嵌在社会机器上的"永不生锈的螺丝钉",这类观念长期以来被视为理所当然、不容怀疑的。文革后期,意识形态控制上出现了很多缺口,一部分"知青"对从小所接受的价值观逐渐产生了怀疑。可以说,对个人价值的思考,早在文革后期就在一些知青中悄悄开始了,不过这都是地下的、分散的、无名的。

1980 年 5 月,《中国青年》杂志上发表了署名潘晓的一封来信,这封信如一石入水,在全国青年中激起轩然大波。这封信题名为《人生的路啊,怎么越走越窄……》,就说这个题目,在当时已经十分富有挑战性。这封信讨论的问题是:人生意义何在? 信中写道:"如说为革命,显得太空,不着边际,况且我对那些说教再也不想听了;如说为名吧,未免离一般人太远,流芳百世和遗臭万年者并不多;如说为人类吧,却又和现实联系不起来,为了几个工分打破了头,为了一点小事骂碎了街,何能奢谈为人类?"

这封来信表达了那一代人普遍的困惑,道出了横贯 20 世纪 80 年代的一个主题:寻求个人尊严,捍卫个人权利。80 年代学界对"人道主义和异化"、"主体性"、"价值哲学"等问题的探讨,都和这一主题或明或暗地相连。存在主义引进中国,恰好迎合了这一时代潮流。存在主义在当时主要是指法国现代哲学家萨特的学说。80 年代的思想界刚刚从一元化格局中走出来,与马克思主义沾边但又不同于正统马克思主义的话语是最有力量的。萨特恰好是一个合适的人选。他信奉马克思主义,认为马克思主义是我们这个时代不可超越的哲学,同时又偏离了苏联官方的马克思主义,强调要对个体和微观进行研究。萨特的"存在主义"是在他靠近马克思主义之前形成的,带有几分青春的迷茫和无家可归的焦灼,这和 80 年代年轻人的心态有某些相通之处,再加上萨特所带有的那种"介入型知识分子"的魅力,存在主义风靡

80 年代也就十分容易理解了。

为什么"生命科学"不是科学?

20 世纪 80 年代是一个民主、科学和理想主义高歌猛进的时代，同时也是一个鱼龙混杂的时代。80 年代最具代表性的诗人海子同时也是一位气功的痴迷者，这在今天看来多少有点不伦不类，但当时的地摊上和书店里的确充斥着大量神秘兮兮的货色，飞碟、百慕大神秘三角、特异功能、经络、周易、河图洛书、秘传武术，这类耸人听闻的东西不断使轻信的中国人信之不疑。人们并不关心周易作为历史文献的意义，而主要关心如何用它来预测人生，各种功法的流行也不仅仅是为了锻炼身体，而是为了练就某种"特异功能"，如穿墙、隐身、遥感、远距离控制，等等。

有趣的是，所有这些前现代的迷信都披着一件科学的外衣，不仅气功师言之凿凿地谈论信息论、量子力学什么的，连一些科学家和国家干部也对"特异功能"产生了浓厚兴趣，所谓的"生命科学"正是在这一背景下产生的。这种所谓"生命科学"根本不是什么科学，和作为一个学科的生命科学了不相干。

对气功和特异功能的信仰，直到法轮功事件后才遭到彻底的毁灭。这究竟是出于无知，还是出于更深的社会原因，迄今为止还缺乏深入的研究。但可以肯定的是，在 21 世纪的今天，中国人正在逐渐淡忘这段集体的癫狂经历。现在的年轻一代有不少人喜欢谈论血型和星象命占，但他们并不像他们的父兄辈那样把这些预测当真。

中国还有几位国学大师健在?

1993 年 8 月 16 日，《人民日报》以整版的篇幅发表了一篇题为《国学，在燕园又悄然兴起》的长篇报道。这篇文章记叙了北京大学校园内"传统文化热"的概况，并且呼唤新一代"国学大师"的诞生。两天之后,北京《人民日报》再次在头版刊登了《久违了,国学》的长文。其后在11月14日,北京中央电视台“东方时空·焦点时刻”节目又以《国学热的启示》为话题,对这一文化现象作了报道,引起了广泛的注意。这一年,北京大学出版了大型学术刊物《国学研究》,北大的中国传统文化研究中心制作了《中华文化讲座》的电视系列节目,北大学生发起组织“国学月”,举办一连串的文化活动如学术报告、讨论会、展览会等等。翌年,主管教育的副总理李岚清针对北大的“国学热”发言,说:“弘扬中国优秀传统文化,是社会主义精神文明建设的一项急迫任务,北大在这方面做了大量工作,应该肯定。”

在多股力量的作用下,“国学”和“国学大师”成为热门话题。这一次,北京大学又站在了时代的前列。从历史上来讲,曾在北大任教的国学大师的数量是其他院校无法比肩的,包括熊十力、梁漱溟、汤用彤、冯友兰、宗白华、张岱年、季羡林、汤一介等。汤用彤死于1964年,熊十力死于1968年,宗白华死于1986年,梁漱溟死于1988年,冯友兰死于1990年。宗白华、梁漱溟和冯友兰这几位老先生并没有被历次政治运动彻底摧残掉,他们在80年代依然发挥着积极的影响。宗白华和朱光潜这两位安徽学人为北大确立了一个值得夸耀的美学传统,梁漱溟和冯友兰则成为中国文化书院(1984年创建于北大)的主要发起人之一。1984年,91岁高龄的梁漱溟坚持登上书院讲坛,向年轻一代学子讲述中国文化,令在座的听众感到脉脉涌动的传统并没有彻底中断。随着世纪老人逐一告别人世,张岱年、季羡林和汤一介这些现存的“国学大师”也就愈显珍贵。张岱年生于1909年,是著名哲学家张申府(1893~1993年)的弟弟,主攻方向为中国哲学史,著有《中国哲学大纲》(1958年)、《中国哲学史方法论发凡》(1983年)等,出有全集8卷。经常在电视上抛头露面的季羡林先生严格地说不是国学大师,而是东方学大师,他生于1911年,精通梵文、巴利文和吐火罗文等东方语言,主攻方向为佛教史和中印文化关系史,是北大东语系的创始人。季羡林的著作已汇编成《季羡林文集》,共24卷,内容包括印度古代语言、中印文化关系、印度历史与文化、中国文化和东方文化、佛教、比较文学与民间文学、唐史及东方文学作品的翻译等。相对来说年纪较轻的汤一介是著名学者汤用彤的儿子，他生于1927年，曾任中国文化书院院长，在上世纪80、90年代的文化论争中曾发挥较大影响，著有《郭象与魏晋玄学》（1983年）、《魏晋南北朝时期的道教》（1988年）、《儒道释与内在超越问题》（1991年）等著作。

人们为何如此关注马克思早年的手稿？

马克思生前就发表了很多文著，他的思想有巨大的影响。马克思死后，他生前发表过的和很多没发表过的文著被后人编辑为各种版本的文集和全集，但是，这些集子仍然没有收集马克思的全部文著。在未发表的手稿中，最重要的一部是《1844年经济学哲学手稿》（见《马克思恩格斯全集》第42卷）。这部书稿写于巴黎，是一部未完成的手稿，直到1932年才全文刊发。这部手稿刊发以后，在国际上引起了广泛的争论。通过它，人们似乎看到了另一个马克思，一个以人为本而不是以阶级斗争为纲的马克思，一个只谈重新回到人的本质的而不谈经济决定论的马克思。一开始，对马克思主义采取教条主义态度的苏联御用哲学家群起驳斥对手稿的这种理解，甚至贬低手稿的重要性。但是，西欧各国特别是法国的左翼知识分子仍然十分重视这份手稿，而且，就连苏联和东欧的哲学工作者们也越来越为这部手稿所吸引，对它进行了大量研究。

我国学者对手稿的研究始于20世纪50、60年代，但真正热起来是在20世纪70年代末、80年代初。当时的思想界不像现在这样多元，学者和知识青年张口就得引经据典，也即引述马恩列斯毛等革命领袖的言论，马克思的这部手稿无疑为捍卫人权、追求自由的知识分子提供了一个凭据。为反对四人帮时代的"封建专制"，争取人民当家做主的权利和个人自主的权利，以王若水、高尔泰为首的知识分子以"1844年手稿"为凭，大谈人道主义和异化问题，他们宣称，人是马克思主义的出发点，社会主义应该尊重人，而不应该压迫人，他们甚至认为，不仅资本主义社会存在异化现象，社会主义社会里也存在异化现象，也就是说，社会主义本来伸张的是人民的权力，但这种权力可能被少数人剥夺，反转过来压迫人民。围绕手稿的这些热烈讨论虽然不够深入，在很多时候只是借题发挥，但在当时的确起到了解放思想的作用。

哲学该热还是该冷？

新中国成立以来，几乎每个历史时期都有一个论争的哲学主题，掀起了一场又一场哲学热。从 1949 年到 80 年代大致有以下几个阶段的哲学热：

新中国成立初期，为巩固新政权，为奠定新型意识形态的基础，急需将马克思主义普及到广大民众的思想中去。这一阶段的焦点集中在从上至下地批判一切非马克思主义的哲学。

七届二中全会确定了从新民主主义到社会主义过渡时期的性质。此时的哲学讨论集中在经济基础和上层建筑的关系这个问题上，表现了社会主义改造的现实和躁动。

1958 年展开社会主义建设的全民“大跃进”运动，急于向共产主义过渡的激情不切实际地夸大了人的主观能动性，“大跃进哲学”和“思维与存在的同一性”成为当时哲学的主流。

20 世纪 60 年代初，中央重新确定“以阶级斗争为纲”的路线，在哲学界的反映是“一分为二”与“合二为一”的争论，持“合二为一”论的人物遭受到政治性的处罚。

此后的“无产阶级文化大革命”盲目奉行“打倒一切”的斗争哲学，严重地遏制了人们的独立思考，这一时期的思想几乎处于停滞状态。

“十年浩劫”结束后，党内党外开始对“文革”进行反思，展开了大规模的关于实践是检验真理唯一标准的大讨论。到了 20 世纪 80 年代，人道主义与社会主义意识形态关系的争论乃至“文化热”陆续成为焦点，这是中国现代化实践在理论上的反映和人们摆脱长期思想束缚的开始。西方思想重新进入中国人的视野，新时期的思想启蒙运动风起云涌。

以上这些争论都与当时的社会、政治、经济情况紧密相连，有着深刻的历史背景和意识形态背景，但正是由于这个缘故，这些争论在学理上的探讨都远不够充分。20 世纪 90 年代，中国进入了市场化的阶段，哲学渐渐了冷下来，不少学者认为，哲学本来就该冷不该热，另一些人则对此产生怀疑：学院哲学固然比较冷静，但会不会因此离开现实生活越来越远呢？

北京大学哲学系的“最强地位”是怎么来的？

北京大学哲学系始建于 1914 年，是我国高等学府中最早成立的哲学系。创建之初称为北京大学文科哲学门，亦称“中国哲学门”，1919 年更名为哲学系。中国近代以来很多著名学者、思想家都曾在这里执教和学习，如蔡元培、马叙伦、胡适、陈独秀、李大钊等。北京大学哲学系见证和参与了中国近现代历史的风云变幻，在中国哲学、西方哲学、论理学、逻辑学诸方面对中国近现代思想史都极富建树。

1949 年，新中国成立，那一年年底召开了全国教育工作会议，旨在建立与新政权相匹配的教育格局，会议确定了实现这一目标的四大步骤：学习苏联的经验，以苏联模式作为教育改革和全局设计的样板；在全国范围进行院系调整，以培养工业建设人才和师资为重点；发展专门学院；整顿和加强综合大学。

1952 年，根据这一原则进行全国院系调整，北京大学逐渐成为一所侧重于基础科学教学和研究的文理科综合大学。北京大学的医、工、农学院以及其他部分学科独立成为高等学校，或并入其他大学。清华大学、燕京大学的文、理、法各院系以及其他一些大学的有关系科并入北京大学。经过这样的调整，北京大学哲学系成为当时唯一的哲学系，而中国仅存的哲学精英，几乎都集中到了一起，包括张颐、汤用彤、冯友兰、宗白华、洪谦、熊伟、张岱年等。

然而经验证明，这种由行政命令造就的“强大”哲学系并没有什么生命力，在此后的几十年里，北京大学哲学系并没有为哲学做出什么可观的贡献。倒是像今天这样，有北京大学哲学系、复旦哲学系、清华哲学系这些优秀哲学系并存，各展所长，哲学研究才有望做出成就。

所有的铅笔都是“一个模子刻出来的”吗？

我们每一次去商店时，都会见到五色缤纷、各式各样的铅笔，可是无论每支铅笔如何地不同，我们只要看上一眼，就会特别肯定地说：“这是一支铅笔！”而且从来不会认错！我们至少不会把一支铅笔错认成一棵大葱或者一辆吉普车。可我们想过没有，这是为什么呢？——是因为所有的铅笔都具有一个共同点吗？可如果说有这个共同点，那共同点在哪儿？如果说没有，我们又是凭着什么把这些长短、粗细、颜色、贵贱都各不相同的铅笔都叫做“铅笔”呢？

两千多年前，在古希腊的雅典城里，有个大哲学家叫柏拉图，他就曾经很认真地思考过这类问题。他给出的答案是：尽管天底下的铅笔都各不相同，但所有的铅笔却分享着同一个模本，即一支最完美的铅笔。这支最完美的铅笔是天下所有铅笔的模型，就像做小熊饼干的模子是所有小熊饼干的模型一样。用同一个模子可以做出无数个饼干，但每一块饼干却可能又有所不同。比如这块小熊饼干可能薄一点，那一块的耳朵上缺了个小口。但如果我们不去仔细分辨，就会把它们看成是一模一样的小熊饼干。同样，所有铅笔也可以说是由同一个“模子扣出来的”，尽管每一支铅笔都有所不同，但在它们“都是铅笔”这一点上，却是共同的。这个使所有铅笔成其为“铅笔”的模子，柏拉图将之称为铅笔的“理念”。我们之所以能够从不出错地把各色各样的铅笔辨认出来，就是因为我们都认识到了铅笔的“理念”。不仅铅笔有铅笔的“理念”，而且各种动植物、器具、自然物等等，也都有它们各自的理念。这些理念构成了理念世界，现实世界中存在着什么样的事物，在理念世界中就会有相对应的理念。

我们吃小熊饼干的时候,并看不到制作小熊饼干的模子。同样,我们看得见各式各样的铅笔,铅笔的“理念”却是用眼睛看不到,用手摸不着的。柏拉图解释说,这是因为铅笔的“理念”根本就不存在于我们眼睛所见到的这个“感性世界”里。在我们通过五官能够认识的“感性世界”之外,还存在着另外一个世界,这就是万事万物的“理念”存在于其中的“理念世界”。我们身处的这个感性世界里面,一切都处在不断的变化之中,理念世界中却不存在着任何变化。每一支具体的铅笔会用旧、折断、压碎,昨天的木头会变成今天的铅笔,今天的铅笔又会变成明天的一堆碎木屑。可是铅笔的理念却不会因为这一支、那一支铅笔的变化而变化。这就像饼干会被吃掉、或者被挤碎,而制作饼干的模子却会保持不变一样。但说到底,存在于感性世界中的饼干模子用得时间长了,也会用旧。但一切事物的“模子”,也即事物的“理念”,却不会发生变化。我们想想看,如果什么是铅笔、什么是汽车的标准总是每天变一个样,或者随着每一支铅笔、每一辆汽车的损坏而损坏,那世界还不全乱了套?柏拉图关于这些不变的“理念”的理论,就是哲学史上著名的“理念论”。

人可以学会他完全不知道的东西吗?

我们一般讲“学习一种知识”的时候,讲的当然是学习一种先前并不知道的知识。但苏格拉底却在两千多年前提出一种不同的见解。他说:“一个人既不可能去寻找他所知道的东西,也不可能去寻找他不知道的东西。这就是说,他不能寻找他所知道的东西,因为他已经知道了,因此就不需要为此再去寻找;他也无法寻找他不知道的东西,因为他不知道他要寻找的是什么。”苏格拉底的这句话在历史上又被称为“苏格拉底悖论”,因为按照他的说法,一个人似乎就不可能学会任何知识了。其实,苏格拉底的这句话也不是完全无法理解。让我们从两个方面来理解他的这句话:

第一,我们学习一门知识,如果这门知识我们已经知道了,当然也就谈不上再去学习了。比如我们已经学会了加减法,从“1 + 1 = ?”,一直到成千上万的数目之间的相加、相减,都已经完全掌握了,那么,我们还需要再回到小学的一年级重新学习加减法吗?当然不需要了。就算我们和小孩子一起去听上一堂初级算术课,我们也不可能在课堂学习到任何东西,充其量只不过把早就知道的知识再“温习”或者“复习”一遍而已。所以,我们不可能学习已经知道的东西。

第二,苏格拉底又强调说:如果一门知识我们压根一点都不知道,那么我们也不可能学会它。这是因为:“如果我们不知道这门知识到底是什么,也就不可能知道我们在学习什么了。”比如,我们在学习加法的时候,假使连什么是“两个数目相加”都搞不明白,又怎么可能学习加法呢?当然就不可能学会了。又比如,我们学会了加减法之后,还可以继续学习乘除法,继续学习代数、几何、微积分、矩阵等各种各样的数学知识。可是我们家里的小狗再聪明,却不可能教它学会微积分。可见,虽然在没有学习微积分之前,可以说我们对微积分一无所知,可与小狗小猫比起来,我们似乎又知道更多的东西,正是这样一些东西,使得我们可以努力一下就能学会微积分,而小狗再怎么努力也不可能学会任何一门高深的科学知识。

苏格拉底在这里想要强调的其实是,学习不存在“无知”与“已知”这两种极端的状态。我们有可能不知道很多知识,但我们学习这些知识的可能性,却已经潜藏在我们的灵魂中了。我们学习做一个有德行的人,更是这样:我们要学习遇到困难时沉着冷静,遇到诱惑时要节制自己的欲望等等,而我们学习这些德行,也就是把这些先前已经蕴藏在我们心里的这些德行更好地发扬出来。所以,苏格拉底认为,学习的过程也是我们完成“自我认识”的过程。

学习是一种回忆吗?

苏格拉底论证说,我们不可能学会自己完全不知道的东西,因为真理并没有在自己的脸上写着“真理”两个字,或者说,脸上写着“真理”两个字的并不都是真理,所以,如果你事先不知道何为真理,那么即使你碰巧遇见了真理,你也不知道它是真理。那么,我们要掌握真理,就必定在某种意义上已经知道何为真理了。

柏拉图是苏格拉底的学生,他相信老师的论断。柏拉图认为,我们本来就有真理的知识,所谓学习,并不是从完全茫然无知开始的,而是回忆起我们曾经知道的东西。柏拉图讲述了一个这样的故事:在人诞生之前,灵魂原本是生活在“理念世界”里,可是有一天,灵魂乘坐着驽马拉的天车,由天路上堕入了人间,并且折断了翅膀,不能再返回它的故乡“理念世界”了。于是,灵魂便附在人的肉体上,使人类具有了理智。但是,正所谓“五色令人目盲,五音令人耳聋”,灵魂受到了声色感观的干扰,渐渐迷失了本性,以至于忘记了自己本来已经认识的那些“理念”了。只有通过学习和训练,人才能帮助自己的灵魂“回忆”起关于理念的知识。因此,后人就把柏拉图的这个说法总结为一句话:“学习是灵魂的回忆。”

在柏拉图那里,有一个感性世界,有一个理念世界,我们生活在感性世界里面,但真理属于理念世界。那么,我们这些感性的人怎么可能理念世界的真理呢?“回忆说”为解答这个难题提供了一条可能的道路。

我们是始终生活在洞穴里吗?

当看到一样东西的模模糊糊的影子时,我们都会自然而然去寻找投射出影子的真实物体。同样,在柏拉图看来,感性世界的事物也只不过是理念的一些模糊的投影而已,而且一旦人们认识到这一点,就会不满足于生活在理念的影子里,而想要去直接的认识理念。柏拉图为此讲了一个寓言故事,这就是著名的“洞穴比喻”——

有一群奴隶被结实的绳索捆缚着,背朝着洞口关在一个黑暗的山洞里面。在洞口外还有一堵高墙,墙后面有一些人手举着不同形状的木偶走来走去,因为木偶高过墙头,在墙与洞口之间还燃烧着一堆火,于是那些木偶就会在洞里的墙壁上投下明明灭灭的影子。我们假设这群奴隶从出生就被关在山洞里,整天看到的就是这些"皮影戏",所以,他们就想当然地认为,世界上唯一存在的就是这些影子了。直到有一天,有一个奴隶挣脱了绳索,转过身来,看到了在墙头上移动的木偶。木偶的鲜明形状让他大为惊讶,而墙头的火光也让他睁不开眼睛。他也许会领悟到,以前见到的模糊影像其实只是这些木偶的投影而已。进而他也许还会想法爬过墙头,走进阳光下的世界里,生平头一次见到了阳光下栩栩如生的一切。他会更加惊讶和好奇!但是亮光太强了,他一时无法睁开眼睛,于是,他先试着观看真实事物的影子,然后试着观看事物本身,直到最后,他终于可以直视天空中的太阳,并且他醒悟到原来它就是使真实的事物得以呈现出来的源头,就像火光造就出洞穴中的影子一般。

这个先知先觉的人本来可以从此自由自在地在阳光下生活,但他想到还困在洞里的同伴们,于是他重返到洞中,试图说服同伴相信洞壁里的那些影子只不过是真实事物的幻象罢了。然而那些洞穴里的人却不相信他,却宁愿一辈子待在洞里,把所见的影子当做所有的一切。最后,他们把那个人杀了。

柏拉图借这个关于洞穴的比喻,说明哲学家是怎么从影子般的幻象出发,一步步认识到自然现象背后的真实理念的。故事里的洞穴世界象征着人们所处的感性世界,而洞穴以外的世界象征着真实的理念世界,而真实世界中的太阳象征着最高的理念——善。柏拉图想说的是,与理念世界中的清晰明亮相比,一般人认作唯一真实的感性世界其实不过是理念的一些模糊的投影罢了。而那个返回洞穴中的人,也许就是他最崇敬的恩师苏格拉底的化身,他为了给人们指明认识真理的道路,付出了生命的代价。

亚里士多德为什么说"吾爱吾师,吾更爱真理"?

亚里士多德是柏拉图的学生,他在柏拉图的学园学习过二十年,但是,他的想法却跟老师很不一样。柏拉图对于我们生活于其中的感性世界不感兴趣,他的理想是逃离感官的"洞穴",在"理念世界"里遨游。亚里士多德却恰恰相反,他的目光一直集中在生生不息、变幻无穷的大自然中。柏拉图像一位才思泉涌的诗人和循循善诱的演说家,而亚里士多德则更像一位严谨细致的科学家,他花了很大力气来观察动物的习性、植物的荣枯、人类的情感,从这些具体而细微的观察中得出自己的结论。现代科学的各个基本学科,比如物理学、生物学、心理学、政治学等等,在亚里士多德那里大都具有了雏形。

在亚里士多德看来,他的老师柏拉图把现实与理念的关系整个弄反了。他也同意一匹具体的马永远是处在变化之中的,没有一匹马可以长生不老。他也同样认为马的形式(或柏拉图意义上的"理念")是永恒不变的。但他认为马的"理念"或"形式"本身是并不存在的,更不是先有了马的理念,然后才会有具体的马照着这个理念制造出来。在亚里士多德看来,马的形式其实就是所有马共同具有的特征。也就是说,马的形式并不像饼干模子那样可以独立于这一块那一块的饼干而存在,它其实就存在于每一匹具体的马之中,因为所谓形式就是事物的特征。

亚里士多德批评他的老师柏拉图说,如果在具体的事物之外再假设有独立的理念或形式存在,这就让我们的研究对象多了一倍,因为有多少类具体事物,就要有多少个理念。而且,我们还更要说明这些理念是如何存在的,理念与个体事物、理念与理念之间又是什么样的关系。比如,柏拉图说具体事物只是对理念的不完美的模仿,可是,具体事物又是如何模仿理念的呢?会不会在理念与事物之间又另有一种东西,成为两者之间沟通的中介?可是,如果在这个中介与理念和事物之间又需要一个新的中介,那又怎么办?以此类推,中介的数目不会变成无限多了吗?

可是,绕了这样一个大圈子之后,我们认识、讨论马的理念的根据,不仍然是这一匹、那一匹的具体、个别的马吗?既然我们从来只能根据具体的马来谈论马,那么,我们为什么还要在马之外另外假设一个所谓马的理念呢?亚里士多德说,理念其实只是一种无用的设定罢了。

亚里士多德非常尊重、热爱他的老师柏拉图,但他本来是因为柏拉图坚定地追求真理而热爱他的,所以,在观点发生分歧的时候,亚里士多德敢于对自己的老师提出严厉的批评,并且说:“吾爱吾师,但吾更爱真理。”正是因为坚持了这样一种“智性的诚实”,才让亚里士多德最好地继承了柏拉图和苏格拉底抛开世俗成见、勇于追求真理的哲学精神。如果柏拉图能够看到他的学生亚里士多德日后的成就,也许他不但不会怪罪亚里士多德的批评,反而会满意地微笑吧!

苏格拉底为什么饮鸩自尽?

苏格拉底是古希腊的著名哲学家,也是柏拉图的老师。他善于在与人们的论辩中启发人去思考,让人们在习焉不察之处开始有意义的发问。他自称是针砭时弊的“牛虻”,通过刺痛人们的灵魂,把他们从自大无知的迷梦中唤醒。

但是,他这样的做法却得罪了一些心胸狭隘的庸人。他们控告苏格拉底犯有“亵渎神明”和“腐化青年”两条罪名,把他告上了雅典的法庭。在审判中,苏格拉底被说成是“一个作恶者,是一个怪异的人,他窥探天上地下的事物;把坏的说成是好的,并且以这一切去教导别人”。尽管苏格拉底在雅典法庭上发表了义正词严的申辩,但仍被判处死判。按照雅典的法律,如果苏格拉底愿意缴纳一笔大数额的罚金,法庭可以赦免他。但苏格拉底提出对自己的惩罚是“30 米尼的罚金”,这是一个很小的数字,表明苏格拉底并不乞求免刑,果然,法官觉得苏格拉底提议的这个小小的数额简直是对法庭的嘲弄,于是在第二次审判时，有更多的人投票赞成了对他施以死刑。苏格拉底有很多学生，在审判之后，他的学生安排了机会，劝苏格拉底逃走，但同样被苏格拉底拒绝了。在牢中，他照常与探望他的学生们心平气和地谈论哲学，从容地饮下毒酒，安然死去。

我们也许会觉得奇怪：为什么苏格拉底要这样心甘情愿地为自己选择了饮鸩自尽，而不是缴纳罚金或者逃走呢？难道他真的不怕死吗？其实，这是苏格拉底以亲身的实践对他所主张的“美德就是知识”的最好注释。这是因为，为逃避死亡而向不义和无知的法官乞怜，甚至于在法庭宣判后逃跑，这都是不光彩、不正义的行为。在苏格拉底看来，无论在何种情况下，人都只能按照他认定为善的准则来行事，他人对自己施加的不义，并不能成为自己做不义之事的借口，即使因此而赴死也在所不惜。基于这样的理由，苏格拉底为了笃行自己信奉的真理和善的原则，牺牲了自己的生命。

知道得越多就越有德吗?

我们一般都会认为，一个人知道得多，并不等于他就格外地有德行。而古希腊的哲学家苏格拉底却提醒人们，在“知识”与“美德”之间，其实有着非常紧密的联系。用他自己的话来说：“美德就是知识。”

苏格拉底说，一个人要具备勇敢、节制等美德，就必须具备关于这些美德的知识。因为一个不知道在何时何处节制的人，常常会表现得过分苛责或者吝啬；一个不知道在什么情况下表现自己的勇敢的人，其实只是一个鲁莽的人。所以，要做一个真正勇敢的人，就必须清楚地了解危险的处境，并且懂得克服困难的技艺。可以说，勇敢其实就是知道什么可怕、什么不可怕的知识。人们常说的“艺高人胆大”也就是这个道理。一个愚蠢的人也会对危险的处境无所畏惧，但这只会更加暴露出他的愚蠢，而不能真正表现出他的勇敢。苏格拉底认为，没有知识的人不懂得合理地控制自己的情感，而只有懂得合理控制情感的人，才能在行动中弃恶扬善。

但是,接下来的问题是:一个懂得很多知识的人,不也一样会去作恶吗? 而苏格拉底指出:如果一个人自以为知道了什么事是好事,却又不去做它,这恰恰表明,他实际上并未真正理解这件事的意义,并没有真正具备关于这件事的知识。相反,一个人如果真正知道什么是善,就必定会去行善的。同样,知道一件事是坏事,却去做它,也是因为对这件事情的坏处没有真正的认识,只是出于无知。在苏格拉底看来,这就像每个人都会自然而然地避免身体的伤害一样,人们更不会愿意让自己最贵重的东西——自己的灵魂——受到损害。一个人想要得到邪恶,就像他自愿去吞吃毒药,那是只有愚蠢无知的人才会做的事。每一个人在本性上都是要去求善、求好,自愿去做一个坏人,这简直是自相矛盾的。

所以,在苏格拉底看来,美德是可教的。也就是说,要做一个真正有德的人,可以而且必须借助于对自己内心的反省和对各种各样知识的学习。更进一步,要表明自己是一个能够明辨是非善恶的人,就必须身体力行地抑恶扬善。苏格拉底自己就是这样:他努力地追求真理,从不贪恋显赫的权势与奢华的生活,是一个把知识与美德合为一体的典范。可是,对于我们自己来说,真的可以从来不去做明知是错的事情吗? 这也许不仅需要我们用脑去思考,而且需要用心去体会了吧!

我们需要"哲学王"吗?

《理想国》是柏拉图最有名的著作,在这本对话录里,柏拉图得出一个这样的结论:最理想的国家是要由哲学家来统治的。这是为什么呢?

柏拉图认为,人的身体由头、胸、腹构成,同样,人的灵魂也要分成三个层次:和头部相对应的是理智,和胸部对应的是激情,和腹部对应的是欲望。理智追求的是智慧,激情追求的是勇敢,而对欲望则必须加以限制,以做到节制。对于一个人来说,能够在这三种德行之间达到一种和谐,就可以成为一个正义的人。这样,三种德行加上"正义",

就是古希腊人认为最重要的四种德行，又叫做“四主德”。而要做到德行之间的和谐，就必须把智慧作为最高原则，让激情与欲望都服从理智的支配，因为只有让情感与欲望都合乎理性，才能做到勇敢和节制。

要建立一个最理想的国家，与做一个最有德的人，道理是相通的。在一个国家里，与理智相对应的人应该是统治者，与激情相对应的人是武士，与欲望相对应的是生产者。武士和生产者必须服从统治者，才能使所有人都各就其位、和谐统一，从而实现一个国家的正义。也正因为如此，人们应该让一个最有理智的人来做统治者，正像人体要由头部来掌管一样。既然哲学家是最智慧、最合乎理性的人，所以哲学家也就应该当仁不让，成为“理想国”中的国王。

我们看到，柏拉图无论在分析人性还是在探讨社会制度时，都是把理性作为最高原则的。这种倾向，后人称之为“理性主义”。

历史上，有不少哲学家积极从政，例如著名哲学家克罗齐在第二次世界大战前任意大利教育部部长，战后又任不管部部长。有的还真的当上了国家元首，例如哲学家哈维尔当选为苏东政治剧变之后捷克的第一任总统。然而，像别的政治家一样，“哲学王”们的政治业绩有好有坏，大多数表现平平。这也许是因为我们人类毕竟还没有进化到足以建立理想国的程度，也许是因为柏拉图的政治理想本来就不可能在现实世界中实现吧。

为什么哲学是最高的知识？

“哲学”（philosophia）这个词虽然最早在赫拉克利特的著作中就出现了，但历史上第一个明确提出“哲学”这一学科的定义的，却是亚里士多德。

在亚里士多德之前，哲学并没有与其他学科明确地区分开来。直到亚里士多德，才对“哲学”做出了宽、狭两种意义的区分。在广义上，亚里士多德把所有以追求知识为目的的学问都称为“哲学”。在这层意义上，“哲学”就是“知识”，和“看法”相区别。“看法”是属于个人的，张三可以有张三的看法，李四可以有李四的看法，这样那样的看法常常相互矛盾，孰对孰错，没有什么根本的保证。而"知识"或"哲学"在古希腊人看来，就跟个人的看法有根本的不同了。在知识的领域里面，从不容许有一点模糊和矛盾，任何一种知识都必须要经过系统、严格的论证，知识一旦诞生，就是属于全人类的财富。比如，三角形内角和到底是多少度？张三看着像是185度，而李四觉得应该是175度，这些都不过是他们的看法而已。而数学家经过论证得出结论：三角形内角和不多不少就是180度，这就成为了属于全人类的知识。哲学家，在广义上，就是以研究这样的"知识"为己任的人。

亚里士多德进一步区分了三类知识：理论知识、实践知识和技艺知识。其中实践知识和技艺知识都具有实用的目的，而理论知识却不是为了实用，而纯粹是为了满足人们对知识的好奇和渴求。在理论知识中，又以"第一哲学"（后人又称之"形而上学"）最为纯粹。所谓"第一哲学"，也就是我们今天意义上的哲学。它以世界万物的最初原因和根本原则为研究对象，具体来说，第一哲学研究的不是任何一种具体的存在物，而是"存在本身"。人们研究这门学问，不是为了追求别的好处，只是为求知而求知，这些知识也不可能成为任何实用的手段。

亚里士多德把（狭义的）哲学当做唯一一门自由的学问，因为哲学只是为了它自己而存在的。就像一个自由的人是为自己而活的，只有奴隶才会为伺候别人而活；哲学只为自己而活，因此，亚里士多德认为哲学是最自由、最高级的知识，研究哲学需要最高的智慧，所以它甚至是接近于神的一门知识了。

有几种"为什么"？

求知是人类的本性。而要真正认识清楚一种事物，就不能只知其然而不知其所以然，就必须懂得关于事物的"为什么"。为此，亚里士多德认真思考了这个问题：我们平时问起"为什么"的时候，都有哪些方式？或者说，我们会用哪些方式来回答关于"为什么"的问题？

让我们设想，一个雕塑家把一块巨石雕成了一匹骏马，如果我们看到不久前还顽冥不灵的大石头变成了栩栩如生的雕像，肯定心里会大为惊讶，生出很多“为什么”的问题来。比如：这块石头为什么发生了这么大的变化，而且恰恰不多不少变成了这个样子？答案是：因为雕塑家的工作。这里，我们问的是：使事物发生变化的“动力”是什么。而亚里士多德把这类“为什么”的理由叫做“目的因”。

接下来，我们可能又会问：雕塑家为什么要雕刻石头呢？答案也很简单：因为他要雕成一座骏马的雕像。这个问题问的是雕塑家这样做的“目的”，于是亚里士多德把对这类问题的答案叫做“动力因”。

除此以外，亚里士多德认为还有两类“原因”对于解释事物的发展变化也非常重要，这就是“形式因”和“质料因”。质料因回答的是：构成事物的基本材料是什么？比如对于一座石像来说，它的质料因就是石头。而形式因要回答的是：事物为什么会以一种特定的方式来运动变化？比如：鸡蛋里为什么孵出的是小鸡，而不是小鸭子？为什么小鸡“叽叽”叫，而不是“呷呷”叫？我们可以解释说：这是由鸡这个物种所特有的属性决定的。这些特性，就是亚里士多德所说的形式因。换句话说，形式因要回答的就是：使一个事物成其为它自身、而不与其他事物混同的本质特征是什么。

到这里，亚里士多德认为已经把所有关于“为什么”的提问方式都举出来了。概括来说，人们可以从四个角度来对事物的运动变化提问，而对这四种提问的回答就是“形式因”、“质料因”、“动力因”和“目的因”。哲学史上，这被称为亚里士多德的“四因说”。

为什么要用“三段论”来推理？

我们先来看一个推理：

凡人都有死。（大前提）

所有希腊人都是人。（小前提）

所以：所有希腊人都有死。（结论）

我们看到,这个推理是由三句话构成的。前两句话是推论的前提,最后一句是从前两句话中推出的结论。亚里士多德认为,不仅这个推理包含三个命题,其他推理也是一样,这就是亚里士多德逻辑学中的“三段论”。

然而,推理虽然都包含三个命题,但这些命题的性质有所不同,所以会产生多种多样的三段论。在上面这个例子里,每一个句子都是“全称肯定命题”,也就是说,这些句子是对一个集合中的所有个体(如“所有人”、“所有希腊人”)所做的肯定性的判断。逻辑学家们用A来表示全称肯定命题,所以上面的三段论就可以直接用(AAA)来表示。

再看下面的一组句子:

凡人都有理性。(A)

有些动物是人。(I)

所以有些动物是有理性的。(I)

这也是一个三段论。但与上面的那个三段论不同的是:只有第一个句子属于全称肯定命题,而第二个和第三个句子则属于“特称肯定命题”,也就是说,这两个句子是对一个集合中的某些个体(如“有些动物”)做出的肯定性的判断。

总起来讲,人们可以把三段论中的命题分成四类:

全称肯定命题(A)。如:所有人都有死。

全称否定命题(E)。如:所有希腊人都不是黑皮肤。

特称肯定命题(I)。如:有些动物是人。

特称否定命题(O)。如:有些动物不是人。

而这些命题任意组合,就可以形成4×4×4=64种可能的方式,如(AAA)、(AAE)、(AEO)等等。而这每一种组合方式里面,又会有多种变化的形式。例如我们用S来表示“希腊人”,用M来表示“人”,用P来表示“有死”,那么上面第一个例子就可以表示为:

所有S是M。(所有希腊人都是人。)

所有M是P。(所有人是有死的。)

所以:所有S是P。(所以:所有希腊人都是有死的。)

在结论不变的情况下,S、M、P 在前提中的位置又可能会有不同的变化,比如,把位置稍作变化就成了:

所有 S 是 M。(所有希腊人都是人。)

所有 P 是 M。(所有有死的都是人。)

所以:所有 S 是 P。(所以:所有希腊人都是有死的。)

这样,(AAA)这种形式的三段论就又会具有 4 种不同的变化形式。以此类推,三段论就会有 64 × 4 = 256 种变化。当然,在这 256 种变化里面,很多三段论的推理是不能成立的,辨别哪些三段论的形式是正确的,哪些是错误的,并探讨其中的规律,就成为了亚里士多德在逻辑学中所研究的问题。在 19 世纪现代逻辑学出现以前,传统的逻辑学一直是以三段论为中心来展开研究的,所以,传统逻辑又被称为“三段论逻辑”。

为什么说运动是“潜在”与“现实”的统一?

怎样解释“运动”的本质,是古希腊哲学家们一直非常头痛的问题。一个重要的原因是:运动中的事物总是不能够被明确地确定下来。比如当你问我:“一条流动的河流到底是个什么样子?”我就指着眼前的一条河流说:“就是现在的这个样子。”可是,河流在这一刻的样子马上就变化了,再也找不到了。也就是说,运动中的事物无时无刻不在改变着它的样子,那么,我们又怎样来描述这样一个不断变化着的东西呢?

亚里士多德认为:人们之所以对“运动”一直困惑不已,就是因为没有看到,运动其实是“潜在”与“现实”的统一。他这么说是什么意思呢?举例来说吧,我们有两块大小、质地、形状等等都一模一样的大石头,我们把它们叫做 A 和 B。其中石头 A 在雕塑家的手里变成了一座石像,而石头 B 则保持原样。可是,我们不是也可以设想 B 变成了石像,而 A 却保持原样吗?我们的确可以这样设想,因为 B 虽然没有变成石像,可和 A 一样具有变成石像的“潜在”可能性。因此我们可以说:石头 A 变成石像的过程,也就是一座“潜在”的石像逐渐变成一座“现实”的石像的过程。石头 B 在潜在的意义上,也可以是一座石像,但它却没有 A 那样把这种潜在变为现实。换句话来说,石头 B 没有像 A 那样发生运动变化。

亚里士多德总结说:运动就是事物不断地把“潜在”转变为“现实”的过程。一滴水珠在潜在的意义上可以是一团水蒸气,而一团水蒸气在潜在的意义上也可以是一滴水珠。所以,水珠变为水蒸气——或者相反——水蒸气变为水珠,都是把潜在变为现实的过程。所有的自然物都具有变化为某种其他东西的潜在,所以,所有的自然物也就都包含着运动的可能。

运动既不能片面地归结为现实,也不能片面地归结为潜在,它是现实与潜在的统一。亚里士多德认为,恰恰因为在这一点上犯了错误,才导致了以前的哲学家都无法完满地解释运动。比如,同学们也许还记得,我们在前面曾提到巴门尼德的观点:运动是不存在的,存在是“不动的一”。巴门尼德的一个理由就是:“存在”的东西是不可能从“虚无”中一下子蹦出来的,所以,从“不存在”到“存在”的变化过程是不存在的。而亚里士多德认为:巴门尼德在这里犯的错误就在于,他没有看到一样东西从不存在到存在,经历了一个不断从潜在到现实的转化过程。而巴门尼德只从现实的角度来看待运动,于是,前一时刻的现实是:石像还不存在;而后一刻的现实是:石像存在了。这样,当然就无法解释从不存在到存在的跳跃是怎样完成的了。而事实是,一座石像并不是从虚无中一下子跳到现实中来的,它是由雕塑家一锤一锤地从石头里凿出来的;石像从不存在到存在的过程,就是雕塑家把“潜在的石像”变为“现实的石像”的过程,从而,也就是一块石头运动变化的过程。

自然从来不做无目的之事吗?

自然界充满着各种运动变化,运动变化中又具有着秩序。比如,太阳照耀使植物生长,植物结出果实可供人们食用,而人们又会种植出更多的植物。我们时常会有这种感觉:大自然充满着一种内在的和谐。也许正是由这种感觉出发,亚里士多德说:自然界的变化其实都是有目的的,自然甚至从来不会做出没有目的的无用之事来。

当我们说一个人是"有目的"地做某件事情时,似乎意味着这个人是在有意识地做出各种计较和选择。而这并不是亚里士多德的意思。他说:"有目的"不一定意味着去有意识地做出选择,一个走路的人对走路本身可能没有什么考虑,但并不意味着他走路就是没有目的的。亚里士多德说自然有目的,也就不是简单地把自然比作一个人,而是把"目的"归结为事物的自然本性。从鸡蛋里会孵出小鸡,却不会孵出小鸭子。于是,鸡蛋似乎是按照一种特定的目的来发生变化的。而这个预定了的目的,也就是鸡蛋区别于鸭蛋的自然本性。人会出于一定的目的造出木船,而"人要去造船"这件事却是由人的本性决定的,因此,人造船的活动也可以看成自然完成自身目的的一个环节。亚里士多德解释说,假如造船的本性是包含在木材里面,那么,就像鸡蛋会自己变成小鸡一样,木材也会自己变成一只木船的。

亚里士多德也同样注意到自然界中会出现一些以自然的目的或本性很难解释的现象。比如会有"人面牛"这样奇怪的生物诞生出来。亚里士多德解释说,目的只是事物变化的一个固定的倾向,而在具体的变化中,目的也会受到阻碍,产生偏差。那么,这不意味着自然也会偶尔做出"无目的之事"吗?这仍然不是亚里士多德的意思。"自然"在他那里并不是一切事物的总和,自发的、偶然的现象就不在自然的范围内——人面牛多不自然,怎么能算作自然的结果呢?但说到底,自然的目的仍然是事物存在的根本原因。人面牛虽然会出现,但因为它并不自然,不合自然的目的,无法适应自然,所以终归还是会消亡。

为什么"中道"是德性的标准?

怎样才能做一个有德行的人?亚里士多德的答案是:那就必须让

自己的行动符合“中道”。什么是“中道”呢？在希腊文中，这和数学中的“中值”是一个词。中值表示数量上的适中，中道则是行为上的适中。举例来说，自信就是合中道的一种德行，过分自信就成了固执和骄傲，自信不足就成了自卑。再比如，勇敢这种美德也合乎中道，间于鲁莽和怯懦之间。

亚里士多德的这种看法，和孔子的中庸之道非常相似。孔子曾说：“过犹不及。”而亚里士多德认为，“恶”其实就是由走极端、不合中道而来的。“过分”是一种主动的恶，而“不足”是一种被动的恶。“善”则处在这两个极端的中间。可以说，美德的实现就在于一种兼顾和均衡，就在于从各种倾向中把握一种合适的分寸感。当然，所谓的善恶是以有意的行为为前提的，无意的行为在亚里士多德看来，是根本不涉及善恶的。人总是会有各种各样的欲望，而在有意的行为里面，有德的人应该将欲望置于理性的控制之下，这样，才能使自己的行为始终符合中道的标准。但是，这并不意味着人时时刻刻都要通过思虑和选择来控制自己的行为，这既不可能，也不必要。因为在更多的时候，人们是通过良好习惯的培养来达到道德的完善的，“习惯成自然”：只有自然而然、不假思索地做到符合道德的行为，才是遵行中道的最佳状态。

人如何“按照自然来生活”？

在亚里士多德之后，西方的历史进入了所谓的“希腊化时期”，希腊文化的影响随着马其顿帝国的扩张而波及东方，但希腊人生机勃勃、好奇善思的传统却随着希腊城邦无可挽回的没落而消沉了下去。同时，希腊哲学也进入了一个新的阶段。在这个阶段里，哲学家特别关注这样一个问题：如何按照自然来生活？当时有两个主要的流派：犬儒派和斯多葛派。这两派哲学家都主张“回归自然”、“按照自然来生活”，但说到怎样才能按照自然生活，两派的看法却有很大的不同。

犬儒派中最有名的哲学家叫第欧根尼，他决心像狗一样地生活，

“犬儒派”也因此得名。第欧根尼的生活方式是他哲学的最好体现。传说他以行乞为生,平常就住在埋葬死人用的大桶里面。有一次亚历山大大帝慕名去拜访他,问他想要什么样的恩赐,而他只懒洋洋地说:“我要你别挡住我面前的阳光。”犬儒派把物质享受、名誉地位以至身体健康都看得无足轻重,但他们并不是主张醉生梦死,恰恰相反,第欧根尼对于德行有着热烈的感情。他认为恰恰是太多的世俗享乐让人迷失了“自然”,抛弃这些物质上的累赘,才会让人重新回复到自然的本性中来,具有真正的德行。只要像狗一样无拘无束地生活,每个人都可以获得幸福。所以,他根本不羡慕亚历山大大帝的权势和名声,当他倚在大桶边晒太阳的时候,就已经是最幸福的人了。顺便应该说到,亚历山大大帝是历史上最强大的帝王,他征服了当时西方已知的整个世界,马其顿帝国的疆域一直推展到印度,而他死的时候才27岁。他听了第欧根尼的回答,说道:“如果我不是亚历山大,我就愿意成为第欧根尼。”

斯多葛派对自然的理解的哲学和犬儒派很不一样。在斯多葛派看来,世上根本不存在偶然的东西,一切都被自然律牢牢地掌握着。无论对自然顺应也好,不顺应也好,都无法摆脱自然。有个比喻可以很形象地表达斯多葛派哲学的自然观:人与自然的关系就好比一条狗被套在一架车上,它情愿遵从时,它拉车;它不情愿时,车来拉它。既然自然律无处不在,与自然对抗是毫无意义的,那么,人就应该努力与自然律达成和谐。要做到这一点,最重要的就是对于命运的忍耐和内心的宁静。与犬儒派相似,斯多葛派同样认为世俗享乐是不值得羡慕的,但他们的理由是即使身陷囹圄、疾病缠身,仍然不会妨碍他们追求内心的德行,而真正的幸福只同德行相关。

没有痛苦是最高的快乐吗?

伊壁鸠鲁是一位生活在“希腊化时期”的哲学家,像同时代的斯多葛派、犬儒派的哲学家们一样,他最关心的也是人的道德伦理问题。

他的观点是:快乐就是善。传说他建立了一个与世隔绝的花园,与他的信徒住在一起。花园入口处有块牌子写着:"陌生人,你将在这里过上舒适的生活。在这里快乐乃是至善的事物。"我们也许会想象,伊壁鸠鲁一定把这座花园建得像一个大游乐场,和他的伙伴们成天在里面放纵享乐。而实际上伊壁鸠鲁以出奇的清心寡欲著称,他每天只以面包和水过活,整个花园的生活也特别朴素宁静。这是怎么回事呢?

原来,这是与伊壁鸠鲁对于快乐的思考紧密相连的。他说,当我们享受快乐的时候,必须同时看到快乐可能带来的副作用。比如我们可以尽情地大吃大喝上一番,这在当时肯定是挺快乐的一件事。可我们付出的代价可能是花完了所有的钱,剩下的日子只有喝西北风了;或者我们把胃给撑坏了,这样就成了"快乐一时,胃痛一世"。所以,人追求快乐时,就得把快乐"计算"一下,去追求最大、最持久的快乐。

即使我们有花不完的钱,撑不坏的胃,沉迷于吃喝享乐仍然不是最佳选择。吃喝享乐的确满足了欲望,欲望却总是和痛苦联系在一起的。比如我们可以满足大吃一顿的欲望,但在这个欲望没有得到满足时,我们却必须忍受饿肚子流口水的折磨。况且,我们吃得再饱,过半天还是会饿,所以,与欲望结合在一起的快乐很难持久,还有承受痛苦的风险。因此,能完全地消除痛苦,才是更大的快乐。比如身体的健康、心灵的宁静,就属于这种类型的快乐。据此,伊壁鸠鲁分出两种快乐:动态快乐和静态快乐。前者指的是欲望的满足,后者指的是痛苦的消除。而他认为,健康和宁静这些"静态的快乐"才是最高级的快乐。当然,只有吃饱饭、活下来,才谈得上其他一切的快乐。所以,伊壁鸠鲁也说过:"胃的快乐是一切善的根源。"后人误解了伊壁鸠鲁这句话的意思,直到今天,英语里还把饕餮无度的人称作"伊壁鸠鲁信徒"。

其实,伊壁鸠鲁认为的"最高快乐"与其说是快乐,不如说是人既不快乐、也不痛苦的持衡状态,是一种超然的平静;而这就是最高的善。

为什么"不动心"是最高的善?

希腊化时期另一个重要的哲学流派就是怀疑派。顾名思义,这一派主张世上一切东西都是值得怀疑的,因而不承认有任何判别真理的标准。他们甚至主张不说"是"这个词,而只说"好像"。比如不说"蜜是甜的",而只能说"蜜好像甜"。他们的理由是,我们只能通过感觉观察到事物的现象,而事物本身我们却是不知道的。蜜只是表现为甜的,而蜜本身到底甜不甜,从没人知道。人们总把蜜认作是甜的,只不过是由于人们共同达成的约定而已。同样,"好"与"坏"、"对"与"错"也是人们约定的结果。所以,怀疑派主张在任何事情上都不做任何判断,对一切抱着听之任之的态度。他们把这种状态叫做"不动心"。

斯多葛派和伊壁鸠鲁都主张心灵的宁静才是最高的善,而这个主张实际上最早是由怀疑派提出来的。在他们看来,对一切不做判断,才能"无动于心",就会免于任何烦恼的滋扰,获得心灵上彻底的宁静。因此,他们把不作判断作为最高的善。皮浪是怀疑派中的代表人物。传说他有一次坐船出海,遇上了海啸,船上所有人都紧张得要命,而他指着船上仍在埋头吃食的猪说:像它这样不动心,才是最高的善。怀疑派还主张,对"怀疑"本身也不必坚持,或者说,对怀疑也要抱着一种怀疑的态度。所以,尽管在他们看来所谓"真理"、"道德"的标准都只是人们的约定,但他们认为不妨按照这些约定的原则来生活。因为在他们看来,这种百无挑剔的态度才是真正的不动心。

为什么恶不存在,但会起作用?

在古罗马帝国,兴起了一个重要的哲学流派,叫做"新柏拉图派"。这一派中最重要的哲学家叫做普罗提诺(或译作"柏罗丁"),他的学说来自柏拉图,但增添了不少宗教色彩。普罗提诺认为世界是由两极构成的,一极是他称之为"上帝"的神圣之光,而另一极则是罪恶的黑暗。但是,“光明”与“黑暗”不具有同样真实的存在,“黑暗”或者“恶”实际上是不存在的。

用一个比喻来说吧:我们知道整个太阳系最初都是由一团物质分离而形成的,现在围绕着太阳旋转的行星其实原本都是太阳的一部分。而普罗提诺眼中的世界正像是一个太阳系。他说上帝是世界上唯一真实的存在,一切都统一在上帝之中。所以,他把上帝称之为“太一”。太一是纯善的,而且因为它充盈了善,所以就像瓶子里装满了水注定要流溢出来一样,太一中的善也会“流溢”出来。我们所具有的理智和灵魂正是由太一流溢出来的。于是,太一就像太阳一样,把光明播撒到由它产生出的世界的各个角落。然而,正像有阳光的地方就有阴影一样,太一的光芒也会有照耀不到的地方,这些阴影就是像石头、泥土、肉体这样的“质料”。而与太一的“善”相对立的“恶”正源自于这些黑暗的质料之中。我们会想到,阴影其实并不是真实存在的,它只是一块光没有照亮的地方而已。普罗提诺于是认为,恶并不真正存在,它只是光明的“缺乏”。人有灵魂和肉体两面,所以也就具有向善和向恶的可能。当人面向着太阳、面向着上帝的神圣之光时,就会得到善的引导;而人只对着阴影看的时候,就有可能忘记了神圣之光,服从肉体的诱惑,陷入到肉体的恶里面。所以,普罗提诺说:恶本身并不存在,但却会起到坏的作用。

“文艺复兴”只是“文艺”的“复兴”吗?

大家在世界历史课上也许学到过“文艺复兴(renaissance)”这个词,它的原意是“重生、复兴”的意思,指的是14~16世纪在欧洲许多国家进行的一场声势浩大的思想、文化、艺术的变革运动,人们也把这段时期称为“文艺复兴时期”。我们虽然沿用旧的翻译称之为“文艺复兴”,但严格地讲,这场运动不单单只发生在“文艺”的领域,也不单单只是一场“复兴”而已。

在漫长的中世纪,基督教会垄断了文化、教育、权力和财富,虽然也出现了一些哲学家，但他们探讨的主题、立论都被严格限制在服从教会和教义的框框里面，也就是说，一切思想的前提都必须认定基督教义是绝对的真理。古希腊人好学思辨的传统不仅失了传，而且大量的文化典籍也都遗失了。而到“文艺复兴”时期，思想自由的空气重又弥漫开来，学习希腊语、发掘古代典籍成为了非常时髦的事情，因此，可以说古代的文化重又得到了复兴。但这只是一个表面现象。首先，这场复兴不仅局限在“文学艺术”上，而且涉及社会、自然科学的各类学科以至宗教社会生活的方方面面，朱光潜早就指出，“文艺复兴”甚至是一种错误的译法，因为人们本来是用 renaissance 来指“古典学术的复兴”的。而更严格地讲，复兴其实只是一个旗号而已，根本性的内容是思想、精神的大解放。时代精神由“神本”转变为“人本”，也就是说，由以上帝为中心，成为了以人自身为中心。现在我们常说的人道主义，本来指的就是这种变化。这一时期，人们在思想文化上被压抑了一千多年的创造活力迅速绽放出来，出现了一大批“巨人”式的学问家、艺术家。比如画“蒙娜丽莎”的达·芬奇，不仅是个大画家，而且是大数学家、力学家和工程师。他设计过纺织机，兴修过水利、军事工程，研究过解剖学、透视学，而且设计过飞机和降落伞。我们所说的“近代哲学”和“近代科学”也是以这个时期为开端逐渐发展起来。

有哪四种假相迷惑人心，妨碍科学？

培根是生活在 16、17 世纪的英国哲学家，人们一般把他作为“经验论”传统的创始人。他认为旧的科学是“不能生育的科学”，因为它充满了争论，却没有任何实效。因此，他号召在科学中进行一场伟大的复兴，新的科学应该成为人制服自然使之为自己服务的有力工具。他最有名的口号就是：“知识就是力量。”他这么说，是因为人只有拥有了知识才能在自然面前具有力量，“要命令自然必须先服从自然”；而能够帮助人们完成这项任务的知识也才是真正的知识。他给自己的著作起名为“新工具”，就是希望他的学说能成为人类探索未知、增强力量的有力工具。但是,培根指出,要完成这场“伟大的复兴”,首先就必须警惕四种假相对人认识的干扰。

第一种假相是“族类假相”。人类运用自己的感官认识事物,具有先天的局限性。这种局限性根植于人类的“族类”天性之中。培根把人类的理智比喻为不平的镜子,镜子上的映像中,事物本身的性质和镜子的性质混合在一起,相互干扰。人的感情、意志和感官的迟钝,都会影响到对事物的正确认识。

第二种假相被称为“洞穴假相”。这个名字是从柏拉图的“洞穴比喻”中化出来的,培根在这里是指每个人的天性、教育、权威、先见等也都会妨碍人的认识,受这些个人因素影响的人就像被绑缚在洞穴中的奴隶一样,无法看清事物的本来面目。

第三种假相叫做“市场假相”。这是指人们在交际的过程中,由于语词的误用而造成的假相。语言具有统治人理智的力量,言辞的滥用自然会大大妨碍人的认识,让人们停留在空洞的争辩和无聊的幻想中。

最后一种假相叫做“剧场假相”。培根以此比喻错误的哲学教条对人们的蒙蔽。他说这就像戏剧在人们面前造出了一个虚拟的现实世界,人们只顾着看戏,反而会把真正的现实给遗忘了。

培根以他的“四假相说”告诉人们,要获得真理,就要首先摆脱开假相的迷惑。大家不妨自己开动脑筋想一想,培根列举的四种假相有没有道理?还有没有其他类型的假相呢?

人类的自然状态是“一切人对一切人的战争”吗?

霍布斯是继培根之后的一位英国哲学家。他有这样一个观点,在一切政治还不存在的自然状态下,有的只是“一切人对一切人的战争”,人对人都像狼一样,而武力和欺诈是在这种状态下的两大美德。可是我们会问,人真有他说得那样恐怖吗?

霍布斯解释说,在一切人性中,以“自保”(保全自己)的冲动最为根本。人天生都是以自我为中心,都想得到自己所要的,而避开自己所厌恶的。人性中一切其他因素,都可以根据人的欲望/厌恶得到说明。比如,符合自己欲望的,人们就称之为“好”的,人们所厌恶的,就称之为“坏”的。那么,如果张三喜欢吃萝卜讨厌吃白菜,因此认为萝卜是好的,白菜是坏的,而李四恰恰相反,喜欢吃白菜,却讨厌吃萝卜,那么萝卜和白菜,哪个好,哪个坏?霍布斯认为,“好”和“坏”本来就是按人的欲望来定义的,好恶各不相同的人,关于好坏的观点根本无法调和——除非他们的喜好又变得一致了。但是,如果张三李四都喜欢吃萝卜,却只有一个萝卜,那怎么办呢?霍布斯说,那就必须依靠两人的竞争来解决问题了。而在没有政治力量干预的情况下,每个人天生都对一切东西——包括别人的生命——拥有平等的权利,于是人人都想方设法地满足自己最大限度的欲望,同时希望获得尽可能多的支配旁人的权力。这难道不正是一场“一切人对一切人的战争”吗?而因为谁的力量大、心眼多,谁就能占有更多的好东西,武力和欺诈在这种情况下也就成为最高的美德了。

可是,我们也许会问,人自然都想满足自己,但也应该取之有道,不做坏事啊!但按霍布斯的理论,趋利避害,自我保全,这就是最根本的道理,就是最根本的“好”;“利人损己”,才是真正的坏事呢。但霍布斯接着又指出了事情的另一面:虽然好利争强是人的天性,但假如每个人都毫无顾忌地巧取豪夺,那么整个世界就会变得特别险恶,最终每个人的利益都会遭到极大的损害。所以,人的理性在这时发挥了作用。人们决定签订一份契约,每个人都放弃一部分自己的权利,以和平的方式来解决争端,但霍布斯认为,这样的契约只是个人之间签订的,还不能保证整个社会的稳定。因此,理性的最佳方案是所有个人把自己的一切权利都交给国家来管理,这样就可以保证所有人的利益最大化了。这样,国家就集中了一切权利,霍布斯将之比喻为“利维坦”,也就是传说中一头巨大而残忍的海中巨兽,而每个人只是这头巨兽的一个细胞而已。霍布斯认为,这样就可以避免“一切人对一切人的战争”了。

霍布斯的这种集权政治观点自然招来很多哲学家的反对。我们现在需要自己独立地思考一下:霍布斯关于“人的自然状态”的描述符合实际吗?他的解决方法又有没有道理呢?

为什么“我思故我在”?

也许有不少人听说过“我思故我在”这句话,它是由一位名叫笛卡尔的法国哲学家说的。笛卡尔可说是一位少有的天才,他被公认为近代哲学的始祖,而且还是“解析几何”的创始人,在天文、生物、医学等方面也都有过很深的思考,但他最富盛名的还是“我思故我在”这句话。要解释这句话的意思,还得从笛卡尔的一个不值得模仿的生活习惯说起,那就是爱睡懒觉。其实严格地说,他只是习惯很晚起床而已,他醒来以来,就喜欢躲在被窝里思考各类有趣的问题。有一天早上,他突然想到一个问题——

我现在真的正躺在被窝里思考吗?我时常会梦见自己正在舒舒服服地躺着思考问题,可梦醒之后才发觉只是一场梦而已。因此,又有什么能保证我现在拥有的不是一种幻觉呢?不也可能是我正在做梦,却在梦里确信自己在醒着?或者我只是穿着晨衣坐在火炉旁打瞌睡呢?好,即使我可以分清是在做梦或者醒着,在其他的事情上,又怎么能确定我不是像在梦中一样被蒙蔽呢?比如本来2+2应该等于5,但每次我做这个运算时,上帝就叫我出错,于是我才总是认定2+2=4。当然,这样来想象上帝的所作所为,有渎神之嫌;但是难保没有一个既神通广大又狡猾无比的恶魔,在他的蒙骗之下,说不定我所见的一切事物都不过是错觉呢!

笛卡尔的这番沉思,并称作“笛卡尔式的怀疑”。电影《黑客帝国》就是从这个“笛卡尔式的怀疑”中获得了灵感的!

但笛卡尔接下来想到:我虽然可以怀疑一切,但“我在怀疑”这个事实本身却是不能怀疑的。当然,我看到的自己的肉体可能只是假象,我甚至可能根本没有"肉体",一切肉体的影像可能都是恶魔制造出的幻觉。但我的肉体可能不存在,我的思维却必须存在。因为在我怀疑我的肉体是否存在的时候,我的怀疑恰恰证明了我的怀疑、我的思维是存在的,或者说,正在如此这般地思想着的"我"是肯定存在的。于是,笛卡尔把这个想法表述为:我思想,所以我存在。

也许我们会问,笛卡尔这样子怀疑来、证明去的,到底有什么意义呢?笛卡尔的目的,是要为一切思想奠定一个绝对不容怀疑的、最为确定自明的基础。基础不牢,再宏伟的建筑也要倒塌,笛卡尔把"我思故我在"作为所有思想的基础,是一件非常重要的事。

肉体与精神是两台走时永远一致的时钟吗?

有一种看法,认为世界上存在着两大类实体:一类是物质,一类是精神,这两类实体在性质上完全不相同,所以,物质现象只能以物质来解释,精神现象也只能以精神来解释,心与物是两个独立平行的系列。这种看法被称作"灵肉二元论",或干脆称作"二元论"。

笛卡尔是最有名的"二元论"者。心与物这两个序列,笛卡尔一般称之为"思想"和"广延"。一切物质,包括人和动物的肉体,都属于广延。实际上,笛卡尔认为所有动物都是机器,也就是说,所有动物都不具有精神或灵魂,它们的活动完全由物理定律决定。只有人是肉体与精神的复合体。笛卡尔引用当时的生理学,说人的精神包藏在一个叫做"松果腺"的地方,灵魂与"生命精气"在这里发生接触,从而灵魂和肉体之间产生相互作用。但能够起相互作用并不意味着二者就可以融为一体,肉体只遵守物质的物理定律,精神不能对肉体产生影响。

我们可以更形象地来理解笛卡尔的二元论。在他那里,肉体和精神更像是两台走时准确的时钟,两台时钟完全同步,但各自独立。也许我们更应该说其中一台是电子表,而另一台是机械表,因为肉体和精神所遵守的规律也绝不相同。当肉体干渴时,精神也会觉得不舒服,这并不是因为二者原为一体,而是因为二者显示出了相对应的表征。这就像机械表指向整点时,电子表也会奏出整点的铃声一样。

斯宾诺莎的思想为什么被教会认为大逆不道?

斯宾诺莎是继笛卡尔之后的一位荷兰哲学家,他的思想受到了笛卡尔的很大影响,但又与笛卡尔的有明显的不同。然而,他独树一帜的思想招来了教会的敌视,他被驱逐出教不说,连他的家人都声明和他断绝关系。但斯宾诺莎生性平和,他靠磨眼镜糊口,度过了宁静而祥和的一生。斯宾诺莎的思想到底有什么“大逆不道”之处呢?

在我们一般人的眼里,世界是由数以亿计、形形色色的存在物组成的,每一个人各自按照自己的想法行事,并对自己的行为负责。而我们要理解斯宾诺莎的思想,就必须换一个角度来看待这个世界。斯宾诺莎把这叫做从“永恒的观点”来看待每一件事情。所谓从永恒的观点看,首先意味着人应该时时刻刻把自己当做全体宇宙中的一分子来看待。星移斗转,沧海桑田,天地日月,走兽飞禽,这些在时间、空间、特性上都相距甚远的东西,假如都看做是整个宇宙的一种“样态”,或者特殊表现形式,那么就都像一片大海中的一滴水珠而已。

斯宾诺莎把这整个宇宙,即一切时间和空间中的存在,看做是唯一的一个实体,从一个角度,可以把它看做是“大自然”,而从另一个角度,也可以把它看做是“上帝”。也就是说,在他看来,上帝与大自然是不分彼此、全然一体的。上帝并不是高高在上的存在,自然界也不是在我之外的客体,相反,我们每一个个体都应该看做是上帝机体之中的一个细胞。简而言之,上帝不在我们之外,我们却在上帝之中。可以说,斯宾诺莎的理论具有浓厚的“泛神论”色彩,而基督教则是典型的一神教。因此,可以想见,斯宾诺莎这种“上帝”的观点自然是与正统教义格格不入的。

我们能理智地爱上帝吗?

斯宾诺莎的思想虽然被基督教会斥为异端,但在他自己的学说里面,提倡对上帝的爱实际上居于核心。他把这种爱视为一切感情中最为崇高、同时又最为理性的情感,并称之为“理智爱”。这种理智爱与一般的爱有什么不同呢?

斯宾诺莎是从一个貌似矛盾的前提开始的。他说,自保也就是爱自己,是人的本性。人性中有情感与理智两个方面,因此,对自己的爱在情感和理智上的表现也就有所不同。从情感出发的自保往往表现为“炽情”,人为了保护自己现在和将来的利益,受痛苦、得意、欲望、焦虑等情感的摆布,实际上不得自由。到此为止,斯宾诺莎的观点与霍布斯颇有类似之处。但他提出的“理性”解决则完全是“斯宾诺莎式”的。他说,假如理性地,或者“从永恒观点”来看事物,那么每个人其实都是整个自然的一部分,所以最根本的“自保”实际上是使自己融入到最广大的自然之中去。以情感来看,每个人有生有死,有得有失,有善有恶,但以理性看,生死得失善恶其实都没有根本的差别。从另一方面来讲,个人的“炽情”也没有什么意义,因为时空中的一切存在都无不在自然法则的掌握之中。所以,基于个人的“自由意志”其实是不存在的,融入到最大的自然法则之中,才称得上是获得了真正的自由。而这时,人自然而然会摆脱掉炽情的束缚,而试着像神那样去理解自然的全体,去理解自身。于是,人“自保”的本性就与对神的理智爱合而为一了。把这种爱叫做理智爱,因为这种爱更多出于理智,而非出于感情。

读了上面的描述,我们不禁会想到佛教中的一些观念。事实上,的确有不少人把斯宾诺莎与佛陀的思想放在一起比较。斯宾诺莎同样是践行自己理论的楷模,“理智之爱”在他的身上得到了最好的体现。罗素在他的哲学史里面就称赞斯宾诺莎“在伟大哲学家当中人格最为高尚,性情最为温厚可亲”。

我们为什么能闻到紫罗兰的香气?

讲到物体的属性时,我们就会想到物体的形状、大小、颜色、气味等等,但是,我们想到过给这些各种各样的属性分类吗?17 世纪的英国哲学家洛克就提出了一种分类的方法,他把所有这些性质分成两类:一类包括体积、形状、运动或静止、数目,这些性质称为“第一性质”;而其他的属性,如颜色、滋味、声音等,则被列入“第二属性”。我们会想,把所有这些性质分成两类,其实是可以有许多种方法的,比如按“看得见的”和“看不见的”,“摸得出来的”和“摸不出来的”等作标准都是可以的,这就像把一块圆蛋糕切成两半,选择不同的角度,就会有不同的切法。那么,重要的是洛克这样分类所选取的角度或者所依据的道理是什么?

洛克说,物质实体的属性里面,有些是为物质所固有的,而有些则不是。比如阳光下五颜六色的事物,在黑暗中却会看不见任何颜色。同一只苹果,健康的人尝起来是甜的,但患病的人尝起来却可能没什么味道。把闹钟放到抽成真空的玻璃罩里面,人就会听不到它的声音。而对于盲人、聋人来说,色彩、声音更是没有任何意义。所以,洛克把颜色、滋味、声音等性质都归结到人的感官上,认为它们都并非事物所固有的性质。

而像大小、形状、数目等这些性质就不同了,洛克说,物体无论怎样分割、变形,发生怎样的改变,这些性质都是不可能消失的。他举例说,把一粒麦子分为两半,它的大小、形状、数目虽然都变化了,但这些属性本身并不消失。换句话说,物体的大小、形状、数目再怎么变,它总会“有”个大小,“有”个形状,“有”个数目。

那么,“第一性质”与“第二性质”之间又是什么关系呢?洛克说,第二性质归根结底是由第一性质带来的,严格地讲,第二性质并不是物体的一种“性质”,而是一种“能力”,即物体可以作用于我们的感官,引发我们相应感觉的能力。物体的“大小”、“形状”这些属性又是怎样带来了“颜色”、“气味”这些属性的？洛克解释说，我们之所以会产生各种各样的感觉，是无数“不可见的微粒”作用于我们感官的结果。而这些微粒的大小、形状和数目，决定了它们会带给我们什么样的感觉。比如一朵紫罗兰之所以会有香气，就是因为由花朵散发出的许多微粒进入了我们的鼻子，这种微粒越多，我们闻到的香气就越强烈。

其实，对于两类性质的区分并非洛克的独创。在他之前，物理学家刻卡勒、伽利略、牛顿都提出过相似的说法，洛克的贡献在于把这种区分与他的整个哲学理论结合了起来。主张声音、颜色、温度等性质属于人类感官的建构，最终起作用的是物质微粒（分子、原子、电子起至夸克）的物理特性，这成为了以后自然科学的主流。而与此相应的，也有不少哲学家提出了与洛克一脉相承的观点，主张真正存在的并非我们眼中这个五光十色的世界，而是一堆电子、夸克的物理运动。如何理解科学理论与日常理解的关系，在今天仍然是哲学家要解决的一个难题。

心灵最初是一张白板吗？

人的一生中要学习很多新鲜的东西，但在学习这一切之前，人的心灵中有没有与生俱来的知识呢？可能的答案当然只有两个：有，或者没有。而认为答案是“没有”的哲学家中，表达得最明确的就是洛克了。他把心灵比喻成一张空无一字的白板，白板上所有的内容都是后来写上去的。人们后来把这个观点就叫做“心灵白板说”。

与心灵白板说针锋相对的就是“天赋观念说”，苏格拉底、柏拉图、笛卡尔，都或多或少地采用这种观点。而洛克反驳他们说，“天赋观念”与“天然能力”是全然不同的。人们凭借着天然的认识能力来学习、获得一切知识，但并不能据此认为人天生就具有某些知识和观念。还有的哲学家把一些得到大家普遍同意的原则当做天赋观念的例证，洛克同样反驳道：第一，一些原则能得到普遍同意，并不意味着这些原则就一定是天赋的；第二，在洛克看来，事实上也根本没有全人类普遍同意的原则。比如,常被引为普遍原则的两个命题:“存在的东西存在”,和“同一个东西不可能既存在又不存在”,同样并非得到“普遍同意”:比如白痴和儿童就并不知道这两个命题。这里,洛克料想到会有人反对说,这两个命题仍然是印在白痴和儿童的心灵中的,他们只不过没有意识到而已。对此洛克反驳道,说有东西印在心灵中,却又说心灵并没有意识到它,这简直是自相矛盾。这就像说:“一个人的形象已经深深地印在了我的心里,”而同时又说,“这个人到底长什么样,我从来没见到过。”于是洛克说道:既然承认心灵并没有意识到这些观念,那么就等于把天赋观念的说法一笔勾销了。

假如心灵是一块白板,那么白板上的字迹——也就是我们所具有的知识——又是如何写上去的呢?洛克回答得很干脆:所有的字迹都是由经验写上去的。换句话来说:经验是一切知识的来源。人从外界得来的经验叫做“感觉”,比如物体的色彩、冷热、酸甜等都是通过感觉得来的。人反观内心得来的经验叫做“反省”,反省得来的观念包括相信、怀疑、推知、意愿等等。这些简单的观念又经过人心灵的进一步构造,形成了更复杂的观念,进而形成了我们庞大复杂的知识系统。

洛克把经验作为知识的来源,他的观点被人们相应地称为“经验主义”、或“经验论”。而那些把理性看做是知识的根据的理论,人们称之为“理性主义”、或“唯理论”。理性主义与经验主义之间的争论贯穿近代哲学的始终,是我们理解近代哲学的一条重要线索。

“单子”为什么没有广延?

近代哲学分成两大传统:唯理论和经验论。经验论的代表人物有培根、洛克、休谟等人,唯理论哲学家有笛卡尔、斯宾诺莎、莱布尼茨等人。莱布尼兹和笛卡尔、斯宾诺莎同属于唯理论传统,但他的思想又与这两位先行者有诸多的不同。

莱布尼兹有一个独特的概念,叫做“单子”。单子被定义为最单纯的东西,它本身不可再分,世界上一切事物都是由单子作最基本单位而组成的。这个定义也许会让我们想起古希腊哲学家德谟克利特所讲的“原子”，但是，单子与原子相比，有一个重要的不同，就是单子根本没有广延。

广延是近代哲学家们常用的一个词，它表述的是物之为物的一个最基本的性质，就是物体总会延展在一定的空间里，总会具有一定的长、宽、高。而莱布尼兹说“单子没有广延”，也就是说“单子根本不占据任何空间”。这肯定让人挺难想象的。可莱布尼兹这样讲，自有他的道理。我们这样来想：任何一个具有广延的物体，总可以被无穷无尽地分割下去，这就像庄子所说的：“一尺之棰，日取其半，万世不竭。”一根一尺长的木棍可以被分作两半，而每一半木棍又可以分作两半，这样，无论分割多少次，余下的那截小木棍总还具有一定的长度，因此仍然可以继续被分下去。用分数来表示的话，我们每分得木棍的长度就是1/2，1/4，1/8……直到1/2n尺，而n在这里是可以无穷大的。可见，“广延”和“不可再分”注定是两个不可共存的东西。莱布尼兹说，无论人类发现了再怎么小的物理单位，都仍然称不上是“不可再分、最为单纯的东西”，因为它仍然具有广延。在这个意义上，莱布尼兹把单子定义为“最为单纯的东西”，就已经蕴含了“单子无广延”的规定了。我们看到，莱布尼兹的这番理由是典型唯理论的模式，他的论证所依据的根本不是日常的感觉经验，而是理性上的严格推理。

斯宾诺莎在整个宇宙的范围上定义为实体，认为实体只有一个，那就是整个大自然。而莱布尼兹说，自然界中并不存在两个完全一样的东西，把这些充满着差异的个体全看成是一个实体，不足以说明大自然的本性。因此，他把每一个单子都看做一个实体，而每一个单子也都是不同的。斯宾诺莎认为实体至少具有“思想”和“广延”这两种属性，而莱布尼兹根据前面的理由认为，单子不具有广延，而只具有精神性。可以说，每一个单子都是一个最小的灵魂。我们只有把实体归结为这样各不相同而绝对单纯的小小灵魂上，才能为五彩斑斓的大千世界找到一个最确定的根基。

每一个“单子”都是一个小宇宙吗?

莱布尼兹的“单子”是一种不可再分的精神性实体,世界就是由无数个这样的单子构成的。那么,不同的单子之间是怎样相互交流,相互联系的呢?

莱布尼兹的答案也许又要让我们吃上一惊了(特别是我们了解了洛克的学说之后)。他说,单子之间其实根本不存在相互感知、相互交流,单子和单子之间的通路完全是封闭的。莱布尼兹把每一个单子比喻为不透光的小房间,“没有窗口”,甚至连一条门缝也没有。那么,我们又如何感知到外界的事情呢?莱布尼兹的想法可以用一个比喻来描述:我们知道,一张普通的照片假如被撕成两半,每一半照片就只是看到一半的画面,而如果照片被撕得粉碎,我们就简直无从知晓整体画面的样子了。可“全息照片”就有所不同,一张全息照片无论被撕成多少张碎片,每张碎片都仍然可以全景式地反映出整张照片所拍摄到的画面。而单子就像是宇宙这张全息照片上最小的一张碎片。也就是说,宇宙中任何角落、任何时刻发生的事情,都可以在单子中得到“全息式”的反映。每个单子可以说就是一个“全息”的小宇宙,它不必由外而内地获取信息,只要内观自身,它就可以看到宇宙中发生的一切。

单子之所以可以不假外物就“内观”到一切,最重要的原因是,世界上发生的一切都是由严格的必然性决定着的。莱布尼兹说,一切单子都是由上帝在最短的一瞬间一举创造出来的,也将由上帝在一瞬之间全数毁灭,而在上帝创造一切单子的一瞬间,单子从生到灭将要经历的一切变化就都已经由上帝安排妥当了。这是莱布尼茨的“钟表比喻”:在莱布尼茨眼里,上帝是一个优秀的钟表匠,而每一个单子都是一只走时准确的小闹钟。上帝把所有的闹钟都调定好以后就隐退了,而每只闹钟走快走慢,何时闹响,何时停摆,都是已经由上帝决定好了的,和其他闹钟没有一点关系。因此,每只闹钟都不可能自行其是,每只闹钟无时无刻不在遵守着统一的秩序。每个单子只要把自己的“运行状况”看清楚了,也就可以洞观到全宇宙的奥秘了。

可是,我们为什么一般都无法了解到宇宙里发生的各种事情呢?莱布尼兹说,不同的单子由于理性的程度不同,所以在感知的清晰程度上会有很大的差别。人类知觉的清晰度在动物与天使之间,动物之下还有植物、无机物,天使之上又有上帝。只有在上帝那里,整个宇宙才会最清晰地呈现出来。

为什么我们的世界是最美好的?

在莱布尼兹各种古怪的说法里面,有一个特别地有趣,那就是:他认为“我们的世界是所有可能世界中最好的一个”。先解释一下“可能世界”这个概念。我们可以把一件真实发生的事情看做多种可能性中的一种。比方说今天早晨下雨,因为路滑我摔了一跤,但我们同样可以想象今天晴空万里,而我在路上走得好好的,这虽然不是现实,但同样是可能的。但莱布尼兹所说的“可能世界”范围就更宽了,他说我们所处的整个世界——包括宇宙诞生到毁灭的一切——其实也只是可能存在的世界中的一个而已。全能的上帝在创造我们这个世界的时候,完全清楚还可以通过无限多种方式创造出截然不同的世界出来,因此,可能被上帝创造出来的世界是无限多的,而上帝之所以只把我们现在所处的世界创造了出来,就是因为这个世界是一切可能性中最好的一个。也就是说,我们的世界是上帝选中的“最佳方案”。

可是,我们每个人都知道,在现在的世界上还存在着数不胜数的坏人和恶行,我们甚至都能想象出一个更美好的世界。莱布尼兹是不是太书呆子气,或者太过乐观了呢?

莱布尼兹当然不会蠢到看不到世界上还存在着“恶”。他的观点是,只有在“善”与“恶”的制衡与较量中,我们才会达到一种最佳的和谐。在追求至善的过程中,人们才会体会最高的快乐,而世界一旦百无挑剔,一切可做的事情都没有了,世界反而会变得死气沉沉了。可见,莱布尼兹认为"活力"对于一个美好和谐的世界来说是不可或缺的。他说,上帝在创造单子时,就把"能动性"赋予了每个单子,只不过每个单子的能动性强弱各有不同。构成无机物的单子几乎没有什么能动性,而动物又比植物的能动性高,人又高过动物。总而言之,单子的"能动性"和"知觉的清晰程度"就是一码事,而二者又都源自"对上帝的模仿"。

莱布尼兹像许多西方哲学家一样,把上帝界定为全知全能的存在。"全知",因为上帝可以知觉一切;"全能",因为上帝可以促动一切。也就是说,宇宙中发生的一切无不在上帝的了解和控制之中。而上帝所造的单子不仅是"全息的宇宙",而且就像一个"小小的上帝"。如有可能,每个单子总是追求尽量清晰的知觉,并促成更为美好的事情。所以,单子越足以模仿上帝,它的知觉能力和能动性也就越强。而上帝创造出一个物有差等、心有善恶的世界,也就给每个单子发挥自己的活力留下了充分的余地。而这正是上帝创世的苦心所在。

"存在"就是"被感知"吗?

在洛克之后,英国出现了另一个著名的经验主义哲学家,他就是贝克莱。他最为著名的哲学命题是:"存在就是被感知。"这句话是什么意思呢?

贝克莱继承了洛克感知经验是一切知识起源的观点,但他比洛克走得更远。贝克莱说,我们稍一留心反思一下就会发现,所有物体都是各种"观念"的集合体。这里,贝克莱以观念来指称人的心灵中所具有的一切感觉印象。比如,我们说一只又大又红的苹果放在面前,其实是我们把一个红色圆球状物体的观念、甜味与清香的观念以及一定硬度的观念结合在了一起。同样,一块石头、一本书,以至一切物体,都可以看做是颜色、滋味、气味、形状和硬度等特定观念的结合。所以,我们说一个东西存在,也就是等于说:我们感知到了一系列特定观念的集合体。比如我说房间里有一张桌子,那就等于说我在房间里可以看到它、摸到它,我可以伏在上面写字,一句话——我可以在房间里感知到关于这张桌子的各种观念。贝克莱把以上的观点总结为:存在就是被感知。

贝克莱进一步对“物质”这个概念提出了质疑。他说,我们可以看到颜色,听到声音,闻到气味,可是,有谁见到过所有这些观念背后隐藏的“物质”本身呢?我们可以把桌子敲得咚咚作响,可是这仍然无法证明在我们的心灵之外还存在着“桌子”本身,我们只是多了一些硬度和声响的观念而已。所以,所谓独立于心灵而存在的“物质本身”,只不过是我们的假想罢了。后人据此把贝克莱视作唯心主义的一个主要代表。

我们大概很难接受贝克莱的理论,不过,要指出他错在哪里却并不是一件容易的事情。

我闭上眼睛时,世界就不存在了吗?

贝克莱提出了“存在就是被感知”,引起了很多人的质疑。有人问他:那些长在深山里的千年古树也许从来没有被人见到过,可难道它们就根本不存在吗?当我闭上眼睛,世界难道就不再存在了?当我睁开眼睛时,世界难道又重新诞生了吗?

贝克莱对此回答道:如果一样东西真的从来没有被任何心灵感知到过,那么我们又如何知道它存在呢?“被感知”不一定只是被我一个人感知。当我睡着了的时候,可能有人还清醒着,于是存在着的东西仍然可以被人感知到。而当所有人都睡着了的时候,世界万物的存在仍然被一颗伟大的心灵所感知着,那就是上帝。所以,上帝的存在是宇宙万物存在的根本保证。

可是,现在问题又变成:上帝是如何存在的?我们可不能像感知到一张桌子那样感知到上帝啊!贝克莱的论证是这样的:他把我们的观念分成两类:感觉和想象。感觉到的观念是我们的心灵被动地接收到的,而想象的观念则是由我们自己能动地创造出来的。当面前有一匹真正的马时,我们有的是对这匹马的感觉。但尽管我们从来没有看到过一匹带翼的飞马,我们却可以通过想象创造出它的形象来。与我们直接的感觉相比,我们的想象显得远为模糊、无序和不连贯。贝克莱解释说,人类的精神只能创造出一些不清晰的观念,因此,我们所感觉到的观念必然是由某种比我们更为有力的精神创造出来的。贝克莱断言道,这个更为有力的精神就是上帝,是上帝创造出了后来由我们感觉到的观念,并把它们印在了我们的心灵之中。

提出"上帝"的概念,使贝克莱避免了两个在他看来非常危险的理论:唯我论和不可知论。一方面,尽管不同的人处在不同的时空之下,会感知到截然不同的观念,但由于所有观念归根到底都是由上帝一手创造的,所以,不同的人之间可以得到很好的沟通;另一方面,尽管有许多存在没有任何人可以直接感知到,但上帝却自始至终是一切存在的创造者和感知者,所以,人们也不必担心世界会突然消失,或者突然面目全非。总之,上帝保证了人类观念的井井有条、合情合理。

我们可以看到,在"上帝存在"的论证上,贝克莱已经跳出了"存在就是被感知"的经验论教条,而取了与笛卡尔多少有些类似的论证方式。上帝的存在不是被贝克莱直接感知到的,而是他经过理性的推断而得出的结论。在此我们也许必须补充上一点:贝克莱一生都是一个虔诚的教徒,还做过好多年的主教。他总是自表心迹说,他哲学研究的旨趣其实在于"传播天主福音"。因此,他理论中的某种不一致之处,也许多多少少变得可以理解了吧。

休谟为什么认为心和物都不存在?

在经验论的传统里,休谟的理论最为极端。洛克认为物(物质实体)和心(精神实体)都存在,贝克莱认为物不存在,只有心存在,而休谟却认为:无论物,还是心,都是不存在的。

像他的前辈洛克和贝克莱一样,休谟也认为人类的知识起源于感觉经验。但在他看来,洛克和贝克莱的经验论仍然不够彻底。洛克认为观念可以按来源分作两类：一类来源于外物，一类来源于内心，而休谟指出，既然我们拥有的只有观念和印象而已，那么跳出观念本身，再设定一个观念背后的“来源”，显然是有失考虑的。洛克提出物质发散出“不可见微粒”，刺激人类感官而引发感觉，休谟认为这也只是把自然科学的一种假说不经批判地接受下来而已。

贝克莱指出“物质”是一个假设出的概念，这一点上休谟与他想法一致；但贝克莱同时又设定“精神”作为感觉经验的承担者，甚至还想当然地推出“上帝”来作为一切观念的起源，休谟对此就不能同意了。休谟说，我们能够看到的只是自己一连串此起彼伏的感觉印象，通过这些印象本身，并不能证明“物质”的存在，也同样不能证明“自我”和“上帝”的存在。同样，洛克提出“心灵是一块白板”，可如果我们所见到的是空白一片，又为什么不直接说空无一物，而说这是一张空白的“板”呢？总之，超出经验本身的一切假设都是没有意义的。

休谟总是把理论的首尾一贯性放到第一位，而不避讳结论听起来有多荒唐。很少有人相信休谟的结论，但后人对他能够坚持理论的一致性还是加以肯定。康德曾对休谟大加批判，但他还是感谢休谟，说正是休谟把他从独断论的迷梦中唤醒的。

我们能断定明天太阳会照样升起来吗？

假设有人认真地问你：“明天太阳还会升起来吗？”你会怎么回答？你也许会认为这是个太无聊的问题：太阳每天都会从东方升起来，这种事情还有什么怀疑的？可休谟却回答说：“明天太阳可能会升起，可能不会，这一点我们根本不可能知道。”他为什么这么认为呢？

我们已经说过，休谟是一个极端的经验论者，他认为任何超出经验的判断都是没有意义的。具体到眼下的问题上，他会说，明天的事情，我们在今天是谁也无法经验到的，所以，在真真切切地看到明天的太阳升起之前，我们谁都无法断言太阳明天会照常升起。也许有人会想：由于地球的公转和自转，所以我们总会看到太阳从东方升起来，这难道不是自然固有的规律吗？那么休谟会回答：我们的确经验到过无数次日出，我们却从没有经验到过“自然规律”本身。以前每天太阳会升起，并不意味着以后每天太阳也会升起啊。

休谟指出，之所以人们总会想当然地认为自然界中存在着因果联系，存在着亘古不变的规律，只是由于“习惯”使然。休谟举例子说：我们玩台球的时候，看到球 A 撞到球 B，球 B 就滚动起来，于是我们就把球 A 的撞击当做是球 B 滚动的原因。但我们其实只是看到“球 A 对球 B 的撞击”和“球 B 的滚动”这两个事实，却从来看不到前一个事实“导致”了后一个事实，我们只是多次看到这两个事实总是连在一起出现，于是看到球 A 撞击球 B 时，就会习惯性地期待着球 B 会发生移动。这就像在一个下雨天，你考试考砸了，又到一个下雨天，你的考试成绩又很差，连续几次都是这样，于是再到下雨时，你肯定会想：今天千万不要考试啊！但很可能这一次下雨时，你的成绩却是全班第一。于是你才发现下雨和考试成绩其实没有什么联系。同样，“球之间的撞击”和“球的移动”、“新一天的开始”和“太阳升起”，不也有可能并没有什么联系吗？它们只不过是一同出现的次数更多罢了。

当然，休谟并不是认定“太阳每天都会升起”这个想法是错误的，他只不过认为对此无法下断言。他的这种想法被称为“怀疑论”或“不可知论”。但他并不是要人们时时处处都去怀疑。相反，他认为一个地道的怀疑论者既应该善于怀疑，同样要善于怀疑自己的“怀疑”。他并不赞成人们成天总是提心吊胆地怀疑太阳会突然消失，或者怀疑地面会突然塌陷，他强调，习惯才是我们人生中的伟大指南。因为虽然习惯不能提供最终的保证，但抛开习惯我们却肯定会寸步难行。

为什么休谟认为理性与道德无关？

苏格拉底曾说过：“知识即美德。”而休谟认为，一个人知道得多少和他是否会做出有道德的行为，根本是两码事。依据理性，我们无法判断不应该杀一个无辜的人。甚至在有些时候，为了达到某种目的，杀掉一个人竟会是更合理性的一种选择。人的道德与理性无关，道德是由情感驱使的。我们反对滥杀无辜，这不是在理性上推断出来的，而是因为我们本有怜悯之情。

休谟认为，促成道德的基本情感就是同情。我们会想到，另外一个人会像我们自己一样渴望生、畏惧死，于是将心比心，他便会感到杀人是一件不道德的事情。而在理性上，从“别人也想活”，却是推不出“别人也应该活”的。休谟指出，我们绝不能从“是不是”的语句中，推论出“该不该”的结论。我们知道很多人都买盗版盘，但这推论不出他们就应该买盗版盘。

情感不由严格的逻辑决定，所以，在道德的问题上，是没有绝对的对、错的。人做好事不是出自理性上的逻辑推理，而是出于情感，因为喜欢快乐、避免痛苦是情感的本性，而人做善事心情愉快，做恶事难免心有不安。这不仅是为善为恶的结果，而且就是善、恶的定义。换句话说，让人快乐的，就是善的，让人痛苦的，就是恶的。人追求快乐的本性，决定了人的道德。

人是机器吗？

拉美特里是18世纪法国启蒙运动中的一位哲学家，他最有名的一本书叫做《人是机器》。他这样说，可没有一点要贬低人性的意思，而是想强调一种机械唯物论的主张。

另一位法国哲学家笛卡尔曾经说过，动物是机器，而人是由肉体和精神这二元来构成的。这种“二元论”的主张为拉美特里所反对。他说，人和动物其实都是机器，两者之间只有量上的差别。只是由于物质结构的细微区分造成了我们所看到的人与动物的不同。他认为自然界中只存在着唯一一种东西，那就是物质，而所谓灵魂、精神只不过是一些机械物理过程而已。他把组成万物的基本成分叫做“面粉团子”，面粉团子有种种不同的变化，从而使事物呈现出不同的面目。人类的身体也是由这种面粉团子构成的，只是变化了不同的“酵料”而已。"心灵"并不是与"肉体"相对立的一个概念,而只是用来指人体中主管思维的物质器官——大脑的。哲学家们所讨论的各种心灵现象,如感觉、判断、推理、想象等,在拉美特里看来,也统统属于对于物质刺激的一种生理反应,因为纯粹是一种机械物理的过程。简单来说,他总是把理性归为感性,而感性又归结为生理反应,而生理反应又归为机械物理过程。

拉美特里的想法在哲学上深度不够,影响也不大,但他的想法特别突出地反映了启蒙时代的时代气氛。反对天赋观念,重视科学,进而尝试以科学来解释一切,以科学精神来革除蒙昧,推动进步,是弥漫在当时文化界的一股新潮。我们所熟悉的梅利叶、孟德斯鸠、伏尔泰都是这个时代的文化英雄。与以往的哲学家略有不同的是,启蒙时代的哲学家特别注重把自己的理论与社会的实践联系起来,而且事实上也对当时和以后的社会文化产生了很大的影响,直到今日,我们普遍尊崇的自由、平等、进步、理性等观念,都可以追溯到启蒙时代,可以说,我们今天仍然生活在启蒙时代的影响之下。

康德为什么说他的哲学是一次"哥白尼式的革命"?

18 世纪后期,欧洲哲学的中心由英国、法国转到了德国,德国的哲学家们继承了前代哲学家对于"知识"、"经验"、"理性"一系列问题的兴趣,但侧重点有所不同。法国的启蒙运动中,"理性主义"被推到了顶峰,而德国哲学家对待理性的态度就不是那么乐观了,他们致力于对人类的理性能力进行批判性的研究,希望给理性划出一道严格的界限,于是 18 ~ 19 世纪中期的德国哲学又被称为"批判哲学",而康德就是第一位(可能也是最重要的一位)批判哲学家。

在康德之前,英国的经验论者,(比如洛克、贝克莱、休谟)和欧洲大陆的唯理论者(比如笛卡尔、斯宾诺莎、莱布尼茨)曾有过很长时间的争论。而康德认为,经验论与唯理论各执一端,都只对了一部分。他的意见是,人类之所以可以获得确定的知识,是感觉经验和人类自身的理性共同作用的结果。但康德可并不仅仅是“经验”、“理性”各打五十大板,他说,归根到底,是人类心灵自身所具有的形式决定了一切知识的范围。他把人类获得知识的过程比喻为理性向自然提问的过程。从一个方面讲,理性必须耐心倾听自然的回答,但从另一方面讲,理性提出的问题却事先决定答案的主题范围。这就像法官对于证人的提问一样,证人的回答必须符合法官提问的要求,而不是相反。所以,我们要弄清知识的基础,就首先要弄清法官都会提出哪些可能的问题,或者说,人类的心灵都具有哪些特定的形式。

这些说法也许仍然有些让人费解,我们再举一个例子:我们要往一个杯子里倒水,只要杯子的形状是确定的,那么在倒入水之前,我们就已经知道水在杯子里所具有的形状了,因为杯子的形状事先决定了水在杯子里所具有的形状。而杯子就像人类心灵所具有的特定形式,而杯子倒进去的水则像自然对于人类心灵的回答。人们往往注意到从自然中去寻找知识的来源,却忽视了自然必须符合人类心灵事先给定的形式。而康德要在他的哲学中所要完成的恰恰是这样的一个倒转。他把这个倒转称之为“哥白尼革命”。哥白尼当年把宇宙的中心倒转过来,一切天体围绕着太阳旋转,而康德把知识的根据倒转到人类心灵的形式上,是在哲学上完成的一次“哥白尼革命”。

为什么不沾有“经验杂质”的知识才是普遍必然的?

我们具有各种各样的知识,其中有些知识会随着经验条件的变化而变化,康德把这类知识称为“经验知识”。比如“一切物体都是有重量的”,这在地球上是对的,因为重量是由地球引力带来的,但在没有地球引力的太空中,重量就会消失。有些知识却是不会随着经验而变化的,比如“一切物体都有广延”、“5 + 7 = 12”、“作用力与反作用力相等”,等等,这些知识在一切经验条件下都具有绝对的普遍性和必然性。康德认为,之所以这些知识可以在一切经验条件下成立,恰恰是因为它们脱离了一切经验,特别“纯粹”,不沾有一点经验的“杂质”,

而他就把这类知识叫做“先天知识”。

适用于一切经验的知识为什么又不沾有一点“经验杂质”呢？康德继承了休谟的思路，认为一切得自经验的知识都不能说是最终可靠的。我们见过的所有乌鸦都是黑的，并推不出一切乌鸦都是黑的——谁能保证在哪一天的什么地方我们不会发现一只白色的乌鸦呢？（听说在湖北的神农架人们的确已经发现白色的乌鸦了！）所以，如果存在着普遍、必然的知识，那么这种知识一定在经验之外另有来源。而康德说，这经验之外的来源就是人的认识形式本身。如果把经验比作水，认识形式就是装水的杯子。康德的做法就像是：让我们把杯子中的水倒干净，来看看杯子本身是个什么样子。

举例说，说到“物体”时，人们首先会想到可以经验到的形态各异的现实物，但现在我们试着把一切经验性的内容都从“物体”这个概念中取走，于是，像颜色、硬性、重量等等都取走了，最后，我们会发现唯独“空间性”是无法去除的：无论一个物体是大是小，是软是硬，它总要占据一定的空间，总要在空间中呈现出来。所以，我们就可以放心地说，“物体具有空间性”是一个永远不会错的命题了。正因为这个命题脱离开了一切具体的经验，所以，也就避免了经验的不确定性。就像杯子里无论盛着什么样的水，杯子还永远是杯子，它是变中的不变。

但是，在“心灵”这个水杯里，水总是不可能真正倒干净的，原来的水倒掉，新的水又会注入进来。只要我们生活在世界上，就不可能彻底脱离开经验。康德强调，把经验和我们的先天认知形式分开来看，这实际上只能在逻辑上做到——就像我们不必倒掉水就可能单独地来看水杯。尽管杯中总是有水，但杯子与水仍然可以清楚地区分开来。同样，我们也可以先把经验知识放在一边，独立地研究“先天知识”。在康德看来，数学和自然科学就是这种研究的范例，而哲学也只有定位在“先天”的领域，才能获得普遍必然的知识。

人能够看到物体本身吗？

人们是如何获得经验知识的呢？康德分析说，这可以分作感性直观和知性判断两部分来看。直观有“空间”和“时间”两种“先天直观形式”,也就是说,人要对任何事物有所感觉,那么事物必然会在时间和空间的框架中呈现出来。而判断则涉及包括“因果性”在内的12个“先天知性范畴”。举例说,我们总会把事情放到一定的因果联系中去理解,假如事情的来龙去脉我们一点都搞不清楚,这件事情我们也就理解不了了。我们还会记得休谟认为经验现象本身根本没有“因果性”,因而,因果性只是我们的习惯联想而已。而在康德看来,因果性虽然并不属于经验本身,但却并不简单出自我们的联想,它是我们认识事物所固有的一个方式。我们的一切经验都是由物体本身提供最初的“材料”,由我们的心灵提供“形式”,“材料”经过“形式”的整理,才有了我们所见到的经验世界。

后来的人们常把康德的这套想法比喻为人类的“有色眼镜”。我们都知道,假如戴上红色镜片的眼镜,那么我们看到的任何事物就都会蒙上一层红色。而我们带着时间、空间、因果性等这些先天的认识形式去看世界时,也就像戴上了一副永远无法摘下来的有色眼镜一般。那么,世界本身到底是什么样子的,我们终究无法知道。这就是我们认识的一个限制。康德区分“物自身”和“我们眼中的物”:我们眼中的物已经经过了先天认识形式这层“镜片”的过滤,所以,物自身我们就是根本看不到的了。而这就是康德的“不可知论”。

为什么人绝对不能说谎?

休谟认为,道德问题上没有绝对的对错,人做好事与理性无关。而康德却与休谟有截然不同的意见。

康德认为,在道德问题上人类的理性同样起到了决定性的作用,只不过道德上的理性与追求知识的理性有所不同,康德把判断道德问题的理性称为“实践理性”。实践理性的第一条原则就是道德必须是无条件的,必须自成目的。比如我帮助同学张三温习功课,这本来是件好事,但如果我附加上条件:张三必须先给我10元钱,那这还是件好事吗？帮助同学就成了我赚钱的手段了。所以，康德说做好事必须是不计条件的，而且做好事不能成为满足自己其他目的的手段，而必须“自成目的”。

休谟认为“善”和“让自己快乐”是一码事，这也是康德也反对的。道理和前面类似：如果做好事只是为了让自己觉得快乐，那么一切道德不就是都成了满足自己自私心的手段了吗？康德指出，实践理性给出了人必须遵循的两条“绝对命令”，只有贯彻这两条命令，才有所谓道德的行为。其中一条是，道德行为必须以“人”本身为目的。这一条可以看做是对休谟观点的纠正。也就是说，“人”必须作为一切行为的前提、目的存在，假如帮助了他人，而最终目的却是为了自己的爱好、快乐，哪怕行为本身确实给别人带来了好处，也不能认作是道德的。

另一条是说，一个道德的人必须使自己的行为能够适用于所有人。比如我特别喜欢《十万个为什么》这本书，不希望它被损坏，于是我也应该尊重所有人心爱的东西，尽量不去损坏它们。相反，我看到一本别人的书特别有趣，想拿来看看，于是，我也应该容许别人来借阅我的书。孔子说：“己欲立而立人，己欲达而达人”、“己所不欲，勿施于人”，说的也正是这个道理。

根据这两条“绝对命令”，康德推出一个结论：所有人都绝对不能说谎。这是因为，如果一个人在向别人许诺总是说谎，他也就应该允许其他所有人说谎。而只要这样一想，他就可以马上发现，如果所有人都许假诺，就根本不会有任何许诺了，许诺就将成为不可能，因为每一句话都可能是谎言，承诺也就失去了意义，从而在承诺时说谎也就失去了意义。换句话来说，“说谎”这件事自己否定了自己存在的可能。而说谎同时也违反了“只有人是目的”的原则，因为说谎的人为了满足另外的目的，欺骗了别人。所以，即使有时谎言在效果上是善意的，它仍然把人当成了手段。这两方面都证明了：人不能说谎，是一道人类理性所发布的“绝对命令”。

为什么存在的都是合理的?

此言出自黑格尔。在黑格尔看来,历史的发展就像一个不断思考着问题的哲学家,每前进一步,都解决了之前的问题,但这一步本身又包含了新的矛盾。历史就是矛盾不断涌现、又在新的层次不断得到解决的过程,因此,矛盾就是历史或者“绝对精神”发展的动力。但是,黑格尔的意思并不是说,历史中的任何事情都是自相矛盾的,因此是不合理的。当我们这样看的时候,仍然是试图拿着一套固定不变的标准来要求变化中的事物;而黑格尔的结论恰恰相反,他说,只要是存在的事物,就都是合理的。

假如我们完全进入黑格尔的思路,那么这句话就不难理解了。首先,并没有超出具体历史过程的合理性。就像河流中每一朵水花的起落都必须融入到整个河流的流动中一样、像河流边矗立不动的礁石那样孤立不变的合理性是没有意义的。而同时,一种东西到底合不合理,历史是最好的法官。当我们回首看几百年前的历史时,许多是非功过就会变得特别清楚了。比如一百多年前许多人还相信照相可以让人丢掉魂魄,到底要不要照相,当时还有不少人怀疑、争论过,而现在我们都知道这种说法是非常可笑的了。从另一个角度上,我们可以把这看做是历史对于孰是孰非的一个抉择。我们处身事中,对很多事情争论是不是合理,事后我们才会发现,真正合理的总会留存下来,“事实胜于雄辩”。而我们的争论在当时的具体处境下也同样是合理的。

所以,当我们理解“存在的就是合理的”这句话时,同样应该记住,黑格尔这里所讲的“存在”是不断变化的,而“合理”也总是有条件的、具体历史进程中的合理。

灵魂是不朽的吗?

在西方哲学中,一般都承认人是有灵魂的,关于灵魂学说的重点更多是在灵魂与肉体的关系上,也即传统西方哲学中的灵肉二元论。关于灵魂与肉体的关系又有很多种的说法,如柏拉图、亚里士多德、托马斯、波那文都等等。这里,我们讲讲波那文都的灵魂观,顺带浏览一下在他之前的人对灵魂的观点。

波那文都认为人是灵魂与肉体的复合体。在这个柏拉图主义和亚里士多德主义共同认可的观点背后隐藏着两者不同的解释。柏拉图主义认为灵魂和肉体是相互独立的两个实体,亚里士多德主义认为两者是形式与质料的关系,共同构成一个单独实体。波那文都把柏拉图主义解释与"普遍质型论"结合起来,认为每一个人的灵魂都是由质料与形式构成的精神实体。这样的灵魂观至少具有三个方面的理论意义。

首先,波那文都以此证明灵魂是由上帝创造的产物。按照他的设想,每一被造物都是形式与质料的复合体,灵魂也不例外。当然,灵魂的质料是"精神质料",因而它是无形的精神实体。

其次,"灵魂不朽"有赖于灵魂的实体性。如果灵魂只是肉体的形式,那么它不能脱离肉体而独立存在,将随着肉体的死亡而消失。但如果灵魂与肉体是两个独立实体,一个实体的存在不依赖于另一个实体,灵魂实体在肉体实体死亡之后仍能存在。

再次,灵魂的形式与质料构造决定了灵魂的个别性。由质料与形式的统一,由质料与形式构成的灵魂必然是个别的实体,不朽的灵魂只能是个人灵魂。波那文都按照新柏拉图主义的"完善性"观念,认为高一级的实体的完善性必然会流溢到低级实体中,低一级实体也会主动地追求高级实体的完善性。灵魂与肉体的关系也是如此。灵魂下降到肉体之中并未败坏灵魂的完善性,相反,它提高了肉体的完善性。从肉体方面来说,肉体并不是虚无的质料,而是与质料与有形形式构成的实体,它包含着有生命的种质。柏拉图主义者认为肉体与灵魂的结合是灵魂的堕落,违反灵魂的纯精神本性,肉体是对灵魂的污染。波那文都认为,灵魂出于追求"一切创造"的目的与肉体结合,它在肉体之中经历了肉体之外所体验不到的生命活动,丰富了自身,同时完善了肉体,这符合灵魂的完善本性。他认为灵魂可在比它低级的肉体中部分实现完善化的本性,这一观点背离了柏拉图主义,而接近了亚里士多德主义。当然,这也没有否认灵魂在追求上帝的过程中完全达到自身完善性。按托马斯的理解,亚里士多德、波那文都与他自己之间的意见分歧主要表现在三个问题上,即,形式成为存在的过程,德性的获得和知识的获得。

什么叫做"亚里士多德主义"?

亚里士多德,生活于公元前384～322年,17岁进入雅典学园,师从柏拉图二十余年。曾任马其顿王子(即后来的亚历山大大帝)的老师。公元前335年,回到雅典建立吕克昂学园,他的弟子被称做逍遥派。亚里士多德将知识分为理论知识(包括逻辑学、物理学、数学和形而上学)、实践知识(包括伦理学和政治学)、艺术知识(包括修辞学和诗学)三类,他在每一知识领域都有著作,集希腊哲学之大成,而且对后世的基督教哲学有十分重要的影响。这方面的影响大概有以下几个方面:

1. 逻辑与科学方法论。亚里士多德是形式逻辑的创始人,对范畴、定义、判断、推理作了详尽论述。他认为逻辑不是一门独立知识,而是一切知识的工具,特别是一切科学知识的方法。他说,科学以陈述普遍本质的一般命题为前提的演绎系统,科学的方法就是三段论式的演绎方法。他对证明的重视甚于论辩。他的"科学"概念是以几何学为理想的"证明科学"。证明的前提是自明的、确定的命题,如同几何公理一样,科学是以必然命题为前提的演绎系统,是必然的知识。

2. 形而上学 。亚里士多德说:"有一门科学研究'是者'自身及其凭着自己的本性具有的各种属性。"这就是被他本人称做的"第一哲学",后人称为"形而上学"的学问。对他来说,这里的"是"既不是单义词,也不是歧义词,而是一个有中心意义的多义词,这个中心意义就是"实体"。他对"什么是实体"的回答是多层次、多方面的,从运动论的角度来看,实体分为三类:可朽的运动实体,永恒的运动实体,永恒不动的实体。第一类是地面上的实体,第二类是天体,第三类是神。亚里士多德认为运动是偶性的变化,运动分为质的运动、量的运动和位移三类。他用质料、缺乏、形式解释运动本原,用"四因"说明运动原因,用潜在与活动关系表示运动本质。

3. 物理学。物理学即自然科学,研究对象是自然。古希腊文"自然"指运动事物的本原和原因。这些对一般运动的研究与形而上学相交叉,亚里士多德对特殊运动形式位移的研究是他的物理学的特殊内容。他认为时间是运动的度量,度量者是人的心灵,度量的尺度是数目。物体在永恒时间与有限位置里进行连续的位移运动。

4. 灵魂学说。亚里士多德的《论灵魂》一书属于自然哲学,因为他认为灵魂是一种特殊运动形式——生命的本原,或者说,灵魂是有生命事物的形式。按有机物的等级,灵魂分为三类:最低一类是营养或植物灵魂,执行消化与繁殖的功能;第二类为动物或感性灵魂,执行感性知觉、欲望和位移等活动,可以发展为想象和记忆。人类的理性灵魂有植物与动物灵魂的功能,他给人下了一个定义:人是有理性的动物。他认为人是灵魂与身体的完满结合,身体需要灵魂以获得生命,灵魂也不能离开身体执行功能。

5. 亚里士多德所谓实践指以善为目的和导向的行为。实践哲学包括研究个人之善的伦理学和研究国家之善的政治学。幸福被定义为符合德性的生活。他又把德性分为理智的与实践的两类。前者包括智慧、聪颖,后者包括自由、节制、正义、富贵、荣誉、友谊等;前者通过教育获得,后者是实践和习惯的产物。审慎把两者联系在一起,故称作"实践智慧"。他认为一般人的德性主要是靠习惯培养的德性,只有少数人能通过纯思辨生活获得最高的德性——智慧,在思辨中,人最大限度地实现了自己的本性——理性,达到自满自足的快乐和闲暇,并通过知识接触了神。只有哲学家是最幸福的人。

为什么会出现“唯名论”与“实在论”之争?

中世纪经院哲学围绕个别与共相的关系之争形成的两个对立派别。唯名论否认共相具有客观实在性,认为共相后于事物,只有个别的感性事物才是真实的存在。主要代表人物有罗瑟林、P. 阿贝拉尔、R. 培根、J. 邓斯·司各特、奥康的威廉等。实在论断言共相本身具有客观实在性,共相是先于事物而独立存在的精神实体,共相是个别事物的本质。主要代表人物有安瑟尔谟、香浦的威廉、托马斯·阿奎那等。从 11 世纪末到 12 世纪中叶,共相问题成为中世纪早期经院哲学争论的中心。后来虽然以哲学与神学、理性与信仰的关系为重点,但是共相的问题,特别是涉及形而上学本体论方面的争论一直都未曾中断,到 14 世纪末为止,总共持续了三百多年。在这场长期的争论中,由于观点不全然一致,又有极端的和温和的唯名论与实在论之分。

以罗瑟林、培根、司各特、奥康的威廉为代表的唯名论者,反对共相具有客观实在性,否认共相为独立存在的精神实体。主张唯有个别事物才具有客观实在性,认为共相后于事物,共相只是个别事物的“名称”或人们语言中的“声息”。这种论断称为极端的唯名论。以阿贝拉尔为首的唯名论者,除了否认共相的客观实在性和主张唯有个别事物具有客观实在性之外,又认为共相表现个别事物的相似性和共同性,因而共相只存在于人们的思想之中。这种论点称为概念论,属于温和的唯名论。

以香浦的威廉和安瑟尔谟为代表的极端的实在论者,断言共相具有客观实在性,共相是独立于个别事物的第一实体,共相是个别事物的本质或原始形式。个别事物只是共相这第一实体派生出来的个别情况和偶然现象,所以共相先于事物。以托马斯·阿奎那为代表的温和的实在论者也断言共相是独立存在的精神实体,但又强调共相这一客观实在,既独立存在于事物之前,又存在于事物之中和事物之后。即:(1)共相这一概念,作为神创造个别事物的原型理念或原始形式,存在于被创造物之前，也就是说，存在于神的理智之中；(2)共相作为神创造的个别事物的本质或形式，则存在于事物之中；(3)共相作为人对个别事物的抽象归纳的概念，它在事物之后，也就是说存在于人们的理智之中。

中世纪的经院哲学中唯名论与实在论关于个别与共相的这场争论，在认识论上是关于普遍概念的形成、性质和意义问题的争论，在本体论上是关于理念、精神实体和个别事物的独立存在问题的争论。

奥康用他的剃刀剃什么？

“奥康的剃刀”是哲学史上一个著名的短语，学哲学的人没有不知道的。但这把剃刀是用来剃什么的呢？

在中世纪哲学家奥康看来，只有个别的东西是存在的，人类的一切知识都从个别的东西开始。因此，他所谓的直观或知觉就很重要，通过我们察觉事物的存在，并在作出判断时加以表达。从个别对象中抽绎出共有的性质，从而形成概念或共相。没有心智的特殊能力或智慧里承担这项工作；当两个相同的对象出现在面前时，我们自然会进行抽象作用。但是，这种共相只是存在于头脑中的观念或思想，可用文字或惯用的符号予以表述；它们标志着众多个别同样的事物。科学完全论述符号或术语。不过，这并非说判断只涉及观念，判断总是关系到事物的。

共相不存在于心的外面，他们不存在于事物之中。如果像唯实论所主张的那样作这样的想象，那是以抽象为实体，或使观念实体化；此外，还会引导我们陷入各种各样的荒谬之中。威廉的奥康说，不要不必要地增加实体或基质，这就是“奥康的剃刀”。共相不是作为本体或实体存在于上帝的心中，共相是他关于事物的知识，同人类一样，他有关于个别事物的知识，只有个别事物才真正存在。除去感官知觉之外，直觉的知识还包括关于人的内在状态的知识，如“智力作用、意志活动、喜悦和悲伤”，这比感觉知识更确实。但是，我们不能就这样得到关于灵魂的性质的知识，只不过是观察它的活动。

哥白尼革命有什么哲学意义？

在哥白尼(1473～1543年)的日心说提出以前，关于宇宙结构的理论是从亚里士多德—托勒密那里沿袭下来的。经过基督教神学的解释，中世纪的人们相信：整个宇宙是以地球为中心的。这种宇宙学说与中世纪的正统神学相匹配，支配着人对世界的基本看法。

哥白尼在《论天球的旋转》(一般译为《天体运行论》)中，主张以最简单和最谐和的数学关系来描述宇宙的规律。他发现，当以日心说的模型来解释所观测到的天体运行时，这种模型最简单，也最和谐。以此为基础，他建立起了一个新的宇宙体系。哥白尼并不是从观测中发现了太阳系的和谐一致，而是从数学和谐的要求出发假设了一个体系，然后再用观测的结果加以证实。

哥白尼提出的天体运行规律本身并非无懈可击，但他所代表的解释天体运行的研究方法，从根本上改变了人们解释宇宙的方式，成为了自然科学研究方法的正宗。这就是哥白尼革命的核心意义。哪种解释在数学上是最简单的，最“美”的，哪种解释就是最好的。虽然我们平时看到的是大地不动，太阳东升西落，但把太阳作为宇宙的中心，在这个意义上，就是比地心说更科学的解释方式。这构成了科学对于常识的挑战，而且使科学脱离了日常的经验，获得了自身的独立性。与哥白尼同时和以后的哲学家，以科学研究的方式为标准，模仿科学来改造哲学的研究方法，也一度成为了哲学的潮流。

培根为什么反对以前的“科学”？

培根相信，真正的科学要想对自然规律有所发现，一方面要不断积累技术实验的事例，一方面需运用归纳逻辑的方法以获得各个层面的公理。依据这两个标志，他将以前的科学称为“不能生育”的科学。

他认为,当前知识的状况看似储量丰富,事实上非常贫乏。科学几乎停滞不前,充满了重复的论述和没有解决的问题。古希腊以来的传统思维形式使人们过多地停留在与实际相脱离的事物与玄想之中。他将这一智慧类型比喻为知识的童年:能够谈论,但不能生育;充满争辩,却没有实效。争论转移了人们的精力,反复的论争并不能发现新的问题,也不能导致改变世界的行动。而这一点,恰恰与科学讲求实际效用的规则相违背。对于人们喜好抽象事物的劣习,培根认为最稳健的办法是从那些与实践相关的基础上重建科学。

对于以往科学所运用的逻辑方法上,培根认为,传统的三段论只适用于言谈,而科学对它来说是无法驾驭的。通行逻辑中的基本概念是很草率地从事实中抽取出来的,只能确定一般观念所带来的错误,并将其固定下来,而无助于探求真理;并且,这种方法促使人们轻易地从个别事物出发直接获取最抽象的原理,不能获得自然的多层次的真理,因而再度动摇了科学与其实践基础的根本联系。

为什么潜意识要经过化妆才登台?

心理学上的潜意识(或称无意识)学说最早由奥地利心理学家弗洛伊德系统地提出。弗洛伊德的潜意识学说是20世纪思想文化最重要的部分。

弗洛伊德认为,能够被人意识到的心理活动不过是冰山之一角,有大量无法被人直接意识到的心理过程支配着我们的意识和行为。在潜意识和意识之间有一个"守卫者"(前意识),假如有不道德的冲动,这个"守卫者"就不让它通过。被压抑的潜意识欲望寻求着满足,作为"守卫者"的前意识系统并非全然不理睬这种要求,一般情况下,它总是在迫使欲望进行若干次化妆之后默许这种满足。弗洛伊德认为,不管是在睡梦中还是在清醒状态下,我们潜意识中的这些欲望永远活动着,当它们达到一定强度时会形成梦境(潜意识欲望的化妆舞会),超过一定限度时,就会破坏潜意识系统与前意识系统之间的平衡,从而导致神经症和精神失常。弗洛伊德认为,要医治这种精神疾病,除了把潜意识置于前意识的支配之下,别无其他途径可循(《释梦》,1900 年)。在这种观念的支配下,弗洛伊德发展出了一种和精神病人谈话的技术,称之为“精神分析”,这种心理治疗法很快便风靡一时。

什么是集体无意识?

弗洛伊德提出潜意识学说以后,受他影响的医师有很多,瑞士人荣格(1875 ~ 1961 年)是其中名气最大的一位。荣格发展了弗洛伊德的潜意识学说,但也提出不少不同的看法(他们俩最终因为意见不合而分道扬镳)。荣格和弗洛伊德之间的矛盾是多方面的,其中最重要的差异,在于荣格有一种非科学化的倾向(人称“神秘主义”或“原始主义”)。就拿释梦来说,在弗洛伊德看来,占梦是古代人对梦的一种错误解释,梦不可能为我们提供关于未来的知识,而荣格却认为梦对于未来有一种神秘的警示意义。荣格对于东方神秘主义(包括我国古代的《易经》和西藏的灵魂转世说)有一种天生的亲近感,在他看来,前科学的感应式思维也是“科学”的。荣格的潜意识学说不啻是科学思维和原始思维的大拼盘,他把神秘主义的东西引入精神分析,把神秘的转世说和进化论、遗传学结合在一起,提出了他最具代表性的“集体无意识”假说。

在弗洛伊德看来,无意识(或称潜意识)是在个人生活史中形成的,而荣格则把无意识分为两部分,即个人无意识和集体无意识,前者形成于个人生活史,后者是在人类几百万年的进化过程中形成并遗留在大脑结构中的。在弗洛伊德看来,成年人受压抑的潜意识,主要来自于童年记忆,在梦中,成年人再次退回到那种“绝对利己主义”的孩童欲望中去。在弗洛伊德所说的孩童的欲望当中,最广为人知的是所谓“恋父情结”或“恋母情结”,前者指男孩对母亲的性欲望,后者指女孩对父亲的性欲望。荣格并不否认弗洛伊德的这些推断是有价值的,但他认为,在潜意识的仓库里,不仅储存着“育儿所”的历史,还储存着全部的人类历史。荣格指出,现代人的梦和原始人的神话之间有一种很强的同构关系,一些基本的神话类型(原型)不断地在人类的心灵和历史中重演,例如母性形象、父性形象、英雄和恶龙的搏斗等等。荣格说,“我们的心里有一条拖在后面的长长的蜥蜴尾巴,这条尾巴就是家庭、民族、欧洲以及整个世界的全部历史。”(1935 年伦敦讲座)荣格所说的历史,尤指人类的原始时期,在那个时期,个体与个体之间缺少差别,个体融化在集体中,由此形成了心灵的一个特殊的层次,也即集体无意识的层次。在荣格看来,每一个“小我”的内心深处,都有一个像海洋一样宽广的“大我”,一旦小我的溪流汇入大我的海洋中,人就会获得一种欣喜若狂的体验(如宗教中的“人神合一”的神秘体验),而这种状况一旦在更大的范围内发生,就会形成大众的疯狂,导致革命、战争等等。如果说在弗洛伊德的视野中,我们每一个人的心中都生活着一个幼稚的孩童的话,那么在荣格这里则表述为:我们骨子里都是原始人。

尼采为什么说“上帝死了”?

善良、仁慈、宽厚,这些都是人的美德,具有正面的道德价值。但是在尼采看来,这些价值是基督教强加到人们头上的。

尼采深受叔本华“意志哲学”的影响,宣扬“强力意志”。世界处于无穷的变化之中,人不可避免地面临着选择,在一切选择中,最根本的选择是意志对生命的选择。只有相对于我们的选择,事物才会具有价值,对于不同的选择,同一事物的价值也不同,因此可以说,事物的价值是人赋予的。事物本身并没有一成不变的价值,因此,尼采提出要对一切价值重新估价。

尼采所要重新估价的,包括西方文明所有的传统价值,特别是基督教所推崇的各种价值。尼采猛烈抨击基督教道德,把基督教道德所推崇的“善良的、仁慈的、宽厚的人”视作“颓废的道德”、“虚伪的意志”，因为这是对生命意志的违抗。他认为基督教的实质有三点：复仇精神、良心不安和禁欲主义，这些都属于所谓的奴隶道德，和尼采所宣扬的主人道德正相反。基督教成功地把奴隶信奉的准则强加在主人身上，而尼采则要把人们已经习以为常的善恶概念颠倒过来，那些被人们当做最大的恶的东西，实际上是最大的善，而基督教的善则是最大的恶。基督教的“至善”观念等于上帝，于是，尼采特别反对“上帝”观念，发出了“上帝死了”的呐喊。这里的“上帝”应理解为基督教价值观的化身。尼采并不关心上帝的人格、存在这一类神学问题，他宣称上帝死了，主要意在彻底否定基督教的价值观。

为什么会出现“语言学转向”？

20世纪上半叶，西方哲学的主潮是分析哲学运动，它发起于英国，却很快影响了整个欧洲。这场运动的缘起，与当时西方文化的基本背景有关，也与哲学界自身的逻辑发展相关。

在当时的社会，一切神圣的东西都开始丧失了光彩，甚至理性、经验、外界的实在等都受到了怀疑式的审视和批判性的考察。无论是探讨终极问题的兴趣还是对任何形而上体系的信心，都较之以往时代大大削弱了。

同时，一股强大的变革的力量也在哲学界内部兴起。这些革新派哲学家希望彻底解决哲学论争，结束几千年来层出不穷的相互争论不休的庞大的哲学体系，这是一种一劳永逸的理想。他们希望单独地、确定地解决一个一个的具体哲学问题，从语言分析获得突破口，从现代逻辑输入精确性、从现代科学引入方法论，使哲学逻辑化、分析化、科学化、技术化，从而导致哲学问题解决的确定性。

他们力图通过对哲学语言的分析来澄清或取消传统哲学问题，通过对自然科学的逻辑分析来建立知识论，他们的基本方法是分析的。这种哲学被称为语言哲学或分析哲学，它代表了本世纪英美哲学的一个强有力的鲜明趋向：体系时代的终结，分析时代的兴起。

语言分析哲学后来发展为两大流派:人工语言学派,以弗雷格、罗素、早期维特根斯坦以及维也纳学派、蒯因等为代表;日常语言学派,以摩尔、后期维特根斯坦、剑桥—牛津学派等为代表。

福柯为什么说"人死了"?

福柯是近年来对西方思想影响最大的哲学家之一,他的很多著作已经译成中文,中国的读书人对他的思想也已经比较了解,年轻人尤其爱读他的著作。

福柯对欧洲近代思想的发展作了分析,他否认欧洲近代思想发展的历时性过程,认为这只是在认识范围内的结构交替。按照这种观点,在一个认识范围内有一个"知识型",这是一种无意识的结构,它是静止的,同时性的,彼此孤立的,相互之间没有内在的联系。这种知识型表现出来的就是文化类型。福柯认为欧洲近代经历了三种类型的文化,也经历了三种知识型。分别是文艺复兴时期的认识型,它组织知识的基本原则是相似范畴,这是物和词纠结在一起,物在语言中隐藏着,并用语言表现出"物的谜语"。二是古典时期的认识型,这种认识型把注意力转移到分析、分类以及认识的顺序上。最后是 19 世纪之后的认识型,这个时期把古典时期的"幻想"揭穿了。这一时期的科学着重于历史性的根源的分析,不满意于现象的代表、记号,而是追求其本质。福柯从他的认识型理论提出了"人的消失"的学说。他认为康德在《纯粹理性批判》中提出的哲学要解决的三个问题之外,还可以提出人是什么的问题。他认为以前的这些问题都离不开人的主观作用,现在由于越来越认识到事物和知识的结构,所以在知识的发展和社会的发展中,人就没有什么作用了。因为认识型决定了知识,知识决定了人,在认识和社会发展上,人都不起作用,所以人就消失了。按照福柯的理论,人从 19 世纪初叶才产生,到现在,人的时代就结束了。

德里达为什么要批评逻各斯中心主义?

德里达从批评西方所谓的"言语中心论"而提出所谓的"书写语言学"。他认为哲学的根源在于希腊和西方的知识,也就是在于逻各斯的历史中。逻各斯这个词可以了解为客观规律,思想,说话。一般说来,客观的事情可以想到就可以说出来,因此,可以说,逻各斯就是想到说到的现实的东西。一切西方哲学的最终目的都由逻辑性所决定,哲学话语的结果与基本前提都是逻辑性,德里达把这种情况叫做"言语中心论",也就是所谓的"逻各斯中心主义",即音符的言语有它的所指,而这个所指是由逻辑性所决定的。

言语中心论认为文字与言语不同,言语可以完全与现实相符合,而文字则隔了一层,不能与现实完全符合,言语是内在的意义,而文字只是外在的意义。而德里达认为声音与文字都具有相对性,他认为要找出的书写语言就是最原始的区别,认为这种书写语言有它自己的生成能力和规律,"书写语言学"就是研究这种"书写语言"。德里达认为,取消了言语中心论就可以看出有这种独立于声音的"书写语言"。书写语言是人们的语言得以产生的最初过程,也可以说就是空间的视觉所见的记号系统。这种记号系统也有一系列的差异,语言和言语是在这种记号系统基础上提出的一种符号,而我们一般人所写出来的文字,又是对语言的表达。正是基于这个目的,德里达要批评西方的逻各斯中心主义。

为什么说"祸福相倚"?

老子有一句话是"祸兮福之所倚,福兮祸之所伏"。福倚于祸,才能成其为福,而祸中也潜伏着福,祸可以变为福,福也可以变为祸,美也当然可以变成丑的。当然这一切要在老子的理论中才能得到合理的解释,否则看起来荒诞不经。先从老子之"道"讲起。老子的"道"

是天地万物得以生成的总原理，也就是说道是天地之母。《老子·第十四章》："反者道之动也，弱者道之用也。"意思是向相反方向的转化是道之运动的规律，而柔弱是道的作用。《老子》认为宇宙间事物的变化是通则的，而事物变化的最大通则里，如果只是一个事物发展到极点，就会走向其反面，也就是"反者道之动"。人们通常认为的完美的事物内部或背面隐含着对立面，它是与事物同时产生的，在时间空间上不分割。不仅美丑如此，祸福如此，像任何其他的对立面，如，长短、善恶、有无、前后、刚柔等等也是如此。这一系列的事物都互相依存，不可分割，它们之间是相对的。老子认为人们应该超越相对性走向绝对性，这也就是"道"，在道的意义上就可以很清楚地看到美丑、祸福之间的关系了。

《道德经》是宣扬道德的吗？

《道德经》即《老子》，是道家的主要经典。之所以称为"道德经"是因为此书前半部分论"道"，后半部分论"德"。老子所说的道、德和我们今天所说的"道德"是不同的。道是万物之母，先天地而生。"道生一，一生二，二生三，三生万物。万物负阴抱阳，冲气以为和"（《老子·四十二章》），道是天地万物所以生的根据，但道并不是任何可见的事物，难以用语言去描绘和指称它。道只是一个名称，用来称谓那个无为而自然的终极存在和宇宙本源。道又叫做无，因为唯有无，唯有没有任何的规定性，才可以化生出具有各种具体规定性的万物来。

"德"与"得"相通，是指具体事物得之于道的特殊性质。如果说，道是天地万物产生的根据，那么德是一个具体事物产生的原因。"德者道之舍，物得以生，生得以职道之精。故德者，得也。其谓所以然也，以无为之谓道，舍之谓德。故道之与德无间，故言之者无别也。"（《管子》卷十三）德是道寓之于万物，具体事物得到了道，才成其为事物，故而，道和德是并举的。到了今天，"道德"一词失却了原初的形而上的意味，而专指人们共同生活及其行为的准则和规范，通过社会的或一定阶级的舆论对社会生活起约束作用。

《周易》是怎么解释世界生成的?

《周易》是我国传统文化的瑰宝,它是我国现存最古老的一部卜筮之书。“易”字,一说为简易之义,一说为“变易”之义,意为揲着数目之变,推求问事之变借以释疑。《周易》包括经、传两部分,《易经》阐释了八卦、六十四卦、卦象、卦爻、卦辞。而易传相传为孔子所作,是对《易经》的注释和阐发。《周易》里面包含了丰富的思想,有人说它反映了古代的社会生活,有人说它是古代哲人的思想著述,有人说它包含着科学的发现,有人说它又反映了古代的文化艺术……它是古代智慧的结晶。那么,周易八卦所包含的天地变易,是如何解释天地即世界是如何生成的呢?

“是故易有太极,是生两仪,两仪生四象,四象生八卦,八卦定吉凶,吉凶生大业。”(《易传·系辞上》)“太极”是指天地尚未分开的混沌状态,太极生出阴阳两仪,阴阳互生,产生四时,再由四时互生产生八卦(天、地、雷、风、水、火、泽、山),继而演变为六十四卦,具天文、地理、人事于其中,使万物皆在易的演变范围之内,将阴阳上升为“范围天地”、“曲成万物”的体系。“一阴一阳之谓道”,天地万物的变化运动都可归结为阴阳两种对立势力的相应运动。阴阳在“相推”、“相摩”、“相荡”中造成无穷变化,“刚柔相推而生变化”,这就是万物得以生成之道。在这种朴素的宇宙生成论中,表达古人对于自然、阴阳相生的整体观望,亦由易、八卦的相推变化体现了生生变易的一种辨证思想——“日往则月来,月往则日来。日月相推而明生焉。寒往则暑来,暑往则寒来,寒暑相推而岁成焉。”(《系辞》上)这些都是对万象观察而得来的,既简易又深奥。

八卦是哪八卦?

八卦的“卦”,是一个会意字,从圭从卜。圭,指土圭,开始以泥做成土柱测日影。卜，测度之意。立八圭测日影，即从四正四隅上将观测到的日影加以总结和记录，这就形成八卦的图像。

八卦的最基本的单位是爻，多是记述日影变化的专门符号。爻有阴阳两类，阳爻表示阳光，阴爻表示月光。每卦又有三爻，代表天地人三才。三才的天部，包括整个天体运行和气象变化，这些星象之学，古称天文。地部指观测日影来计算年周期的方法，用地之理了解生长化收藏的全过程。人部指把天文、地理和人事结合，以便按照这些规律进行生产和生活。每卦的次序是自下而上的，最下一横叫初爻，中一横叫二爻，上一横叫三爻。

八卦代表八种基本物象：乾为天，坤为地，震为雷，巽为风，艮为山，兑为泽，坎为水，离为火，总称为经卦，由八个经卦中的两个为一组的排列组合，则构成六十四卦。

《逍遥游》在何处游?

《庄子》一书中的第一篇的题目是《逍遥游》。逍遥游就是在精神世界里无障无碍地逍遥遨游。《庄子·逍遥游》中展现了这种神奇瑰丽的精神状态。一切事物，若顺从他的本性则可以逍遥，但世间的一切事物却是有所依赖的，小鸠、大鹏以至列子御风而行都是有所待的。列子御风而行，很是逍遥，但无风则不能行，所以他的逍遥是有待于风的，不是绝对的真正的逍遥。推及世间的一般人，有人必有富贵才能快乐，有人必有名益才能自豪等，他们的逍遥是有所限制的。而“若夫乘天地之正，而御六气之辩，以游无穷者，彼且恶乎待哉？故曰：至人无己，神人无功，圣人无名”，只有凭借天地之正道，驾驭阴、阳、风、雨、晦、明六气的变化，以遨游于无穷者，才是无所待的圣人，圣人无己、无功、无名，圣人不执著于自我之个体，不执著于有心之作为，不执著于世间的功名利禄之名相，与天道同为一体，达到了“天地与我并生，万物与我同一”的境界，这是逍遥的极致。由精神带动身体共御逍遥之游。

庄子认为，一个人应当突破功、名、利、禄、权、势、尊、位的束缚，使精神生活达到优游自在,无牵无挂,任性自游。逍遥指的就是这种精神绝对自由的境界。庄子还提出"坐忘"和"心斋",作为达到这种境界的两条道路。

"坐忘",见于《庄子·大宗师》,其中记载,颜回向孔子讲他自我修养的进步,先是忘了仁义,过几天又忘了礼乐,最后达到了"堕肢体,黜聪明,离形去知,同于大通"的境界。此谓坐忘。郭象作注说:"夫坐忘者,奚所不忘哉?既忘其迹(指仁义礼乐),又忘其所以迹者(指形体与圣智),内不觉其一身,外不识有天地,然后旷然与变化为体而无不通也。"庄子认为,只要端坐修养,摈弃一切知识,不用感觉和思维,达到遗忘一切的地步,消除了是非的对立、彼此的分别、主客体的界限,就可以进入与天地万物浑然一体的境界,达到精神上的绝对自由。唐代道士司马承祯所著《坐忘论》,对此作了发挥。

"心斋",见于《庄子·人间世》,有寓言说,颜回向孔子请教游说专横独断的卫国国君的方法,孔子叫他先做到"心斋",并指出这不是祭祀之斋,而是精神上的斋戒,说:"无听之以耳而听之以心,无听之以心而听之以气。耳止于听,心止于符。气也者,虚而待物者也。惟道集虚,虚者,心斋也。"庄子认为,摈弃一切知识和思想,完全泯灭意识的作用,耳只听而不闻,心只与气的运动相符而不作任何分析鉴别,这样保持的心的虚静清明就是心斋。做到心斋,才能与"道"契合。以后,道教将心斋作为 其"斋法"的一种,宋儒也以此形容一种修养境界。

为什么说"得意忘言"?

早在先之时,人们已经意识到了在语言、文字、符号同意义之间的距离。《易传·系辞上》中就说道"书不尽言,言不尽意"。如何能够通过语言文字而把握它们之间的含义?同样在《系辞上》中,古人说,"圣人立象以尽意"。在这里,言、象、意分别指的是周易中的卦辞、卦象及卦象所象征、卦辞所说明的意义。

魏晋时期的哲学家王弼对《易传》作了进一步的引申和阐述,并结合庄子的“得鱼忘筌”提出了“得意忘象,得象忘言”的学说。

王弼一方面肯定了言象意具有表达意义的功能,另一方面又强调言象意只是表达意义的手段。只有忘掉手段(言和象),才能真正得到目的(意)。他在《周易略例·明象篇》中说,卦象是表达意义的,语言是说明卦象的,能充分表达意义的只有卦象,可以完全说明卦象的只有语言;语言是从卦象而来,因而可以根据语言观察卦象,卦象是从意义产生的,因而可以按照卦象理解意义;意义就是靠着卦象而表现,卦象就是靠着语言而显露。所以语言是用以说明卦象的手段,把握了卦象就可以忘掉语言,卦象是用以寄托意义的工具,理解了意义就可以忽略卦象;这就好比蹄是用来捉兔的,捉到了兔就可以忘掉蹄;筌是用来捕鱼的,捕到了鱼就可以抛开筌;这样说来,语言就是用以把握卦象的蹄,卦象就是用以理解意义的筌;因此,如果停留在语言上,那就没有把握卦象,固执于卦象上面,那就没有理解意义;卦象是从意义产生的可是却固执于卦象,那么所固执的就不是从属于意义的卦象了,语言是由卦象而来的,可是却固执于语言,那么所固执的也不是从属于卦象的语言了;这样说来,忘掉了卦象才是把握了意义,抛开了语言才是理解了卦象。把握意义就在于忘记卦象,理解卦象就在于忘记语言;因此,确立卦象以便表达意义,而卦象是可以忘却的,重叠各爻以便表达思想,而各爻也是可以忘却的。

在此,王弼表达了几层含义:(1)言象意具有一定的联系,言说明象,象表达意;(2)言象只是手段,意才是目的;(3)得意在忘象,得象在忘言。只有抛开手段,才能真正通达意义。

通过对语言表达的意象的捕捉来把握意义,如此才能得意忘言。唯有抛言绝象,才能真正把握意义之所在。

什么人是“人才”?

人人都愿意成材,可是,什么人算是人才,在各个时代的标准并不完全相同。在汉代,是由地方官以“贤良”、“孝廉”为标准来举荐人才的，举荐的标准主要在于是否孝顺、是否清廉，也就是更多地看一个人的“德”，而不是看一个人的“才”。曹操建立魏国之后，改变了唯德是举的方针，推行“唯才是举”的政策。可是，什么才算有才呢？当时有很多人关心这个问题，纷纷投入关于“才性”的讨论，热衷于品评人物。

魏明帝时的刘劭，著有《人物志》，他认为，人由于先天禀气之不同而有情性与形体的不同。由此提出了“五质”、“五性”，来评鉴人才。正始时期的钟会，更提出了著名的“才性四本”之说，“四本者：言才性同，才性异，才性合，才性离也。”（《世说新语・文学》）所谓才性，指人的才能与道德品质。才性问题，也就是指人的“德”与“才”的关系。同时也包含着才性是先天所有还是后天习得的问题。

而到了曹魏时期，则以九品中正制来考察人才。所谓“九品中正制”，就是在州郡置中正，择本地的贤而有识者主持，其识鉴、区别人物，共分九品，随后供吏部使用。到了隋唐，才以科举制度取代了它。

我们也希望这个社会唯才是用，无论什么时候，能力与品德都是评鉴人才的重要标准。德与才并举，才能成为真正有用之人。

为什么有“形而上”与“形而下”之分？

我们今天所说的“形而上学”是西语 metaphysics 的译名，但“形而上”这个词是中国从前就有的，只不过它的意思和今天所说的“形而上学”不尽相同。

老子有谓“形而上者谓之道，形而下者谓之器”，意为形而上的东西就是指道，既是指哲学方法，又是指思维活动。形而下则是指具体的，可以捉摸到的东西或器物。

在中国哲学中，灵与肉是不可分的，故形而上和形而下也是不可分的。它们不是对立斗争的，而是相辅相成的。作为人类，因为有了思维，其思维活动就属于形而上内涵，但思维是以形而下的事物为对象的，并不是与形而下的器相脱节的。而且，思维的器官大脑和身体均属于器，可见二者是不可分离的。认清了此二者的关系，作为人类，就应该注重和充分利用自身思维的优势,开发大智慧,但这并未脱离开器的基础。

西方哲学方法一直以对立斗争为其另一个主要内涵,如唯心主义和唯物主义,是斗争的;精神与物质也是相对立的,不能统一等等。这种对立斗争的观点,造成了事物的不平衡。

中国哲学方法则强调尚中合和,因为由太极论而知,事物均有其阴阳两个方面,但它们是同一事物的两个方面,二者任何一方是不可能独立于另一方的,而是相互依存、相互转化平衡的。当二者出现了不平衡的状态,才会有斗争,这个斗争也是为了使之重新达到平衡的手段。故斗争是不平衡时的现象,而不是永恒的,所以二者是合和的。

怎样才能“知行合一”?

明朝有个大哲学家叫王阳明。他有个著名的思想叫做“知行合一”。顾名思义,“知”即是了解,知道的意思;“行”就是去做、去行动的意思。知和行,实际上对应的是行动和行动的指导思想两方面。我们平常做任何事情,都包含了这两个方面,也就是想和做两方面。我们应当如何正确对待这两个方面呢?王阳明的“知行合一”就是针对这一问题提出来的基本立场。其大概意思是,知和行同一于心之本体,知行是同一个功夫,知行合一并进不可分离等等。具体说来,他认为,知则必行,不行不足谓之知;真知则必行,不行终非真知;知不限于思想,行不限于行动,知行同是心的两个方面,即知即行。知行合一说的核心内容是知行本体合一,重点在于强调行。知是行的主意,行是知的功夫;知是行之始,行是知之成。在这个意义上,知与行互相包含,融为一体,不可分离。所以说“知行合一”,但并不是说知和行是毫无区别的同一个物体。

学习和思考哪个更重要?

学习和思考是互补的,学习和思考缺了任何一环,都不能获得很好的效果。犹如人有双腿,缺了一条腿,非但跑不快,连站也站不稳。同理,学习和思考应该两者并重,不可偏废。

《论语》中记载了孔子的一句名言:“学而不思则罔,思而不学则殆。”“罔”是迷惘的意思;“殆”指的是精神疲怠却毫无所得。孔子这句话指出了学习过程中应有的态度和方法:即是学思并重。如果只停留于自己一味地思考却不去学习书本知识,那么思考便缺乏了材料对象和方向引导等有益的源泉,从而成为了空想、妄想,想得筋疲力尽却不一定能有什么收获;反之,如果只停留于学习书本知识却不对其加以思考并进行合理的消化吸收的话,那么学习也就成了盲目的灌输,不能培养出自己的判断和观点,所学也就成了无用之物。所以,偏于“思”或“学”任何一方的学习方法都不能使人有效地获得知识,都是不可取的。应该是边思边学,边学边思,两者并举。这才是科学而有效的学习态度和方法。

为什么“柔能克刚”?

我们一般都认为,人应当坚强、刚强,坚强的人能够战胜柔弱的人。但是,老子却声称柔弱可以胜过刚强。

水是柔弱的,石头是坚硬的,但是,水滴石穿。河水能够在大山里冲出巨大的沟壑,所以老子说:“天下之至柔,驰骋天下之至坚。”这就是所谓弱能胜强,柔能胜刚。而且,柔弱是和生命连在一起的。天下的所有生物,都离不开水,我们今天在哪个行星上发现了水,就有希望在那里发现生命。不仅如此,草木活着的时候是柔软的,枯死之后就变脆了。人活着的时候肌肤是柔软的,死后身体就变僵硬了。所以老子又说:“故坚强者死之徒,柔弱者生之徒。”

宋代理学家朱熹在他的《语录》中用一个日常生活的例子来说明柔能克刚的道理。两个人吵架,你叫啸跳踯,我这里只是不做声,只管退步。过不了一会儿,你自然而然也没得可叫了,自然而然就屈服了。在朱熹看来,老子主要不是在谈论万物的规律,而是在谈论一种为人处世的策略。老子并不是说不要和人争，而是在告诉我们一种争的策略。所以他说“老子心最毒，其所以不与人争者，乃所以深争之也”。

柔能克刚这话的确有一定的道理，但是，我们也可以举出很多刚能克柔的例子。而且，生活固然有需要柔的时候，但该刚强的时候还是得刚强。近世以来，不少人指出，中国文化比较柔弱，西方文化比较强调刚硬的一面。赞扬中国文化的人，喜欢谈论以柔克刚，批评中国文化的人，则认为中国人在身体和精神两个方面都太柔弱了，最后变得阴盛阳衰，现在更需要的是重振阳刚之气。

老子为什么提倡“小国寡民”？

按照儒家的治国理想，国家应当以仁义为本，制定礼仪和规章制度，人民应该遵守这些规章制度，崇尚贤良，生活在和谐之中。可是老子认为，如果人人尚贤，就会被道德所拖累，不得自由。制定规章制度，就难免需要知识。可是知识多了，我们就会把自然和人分得太清楚，生活就会变得越来越不自然、自在。针对提倡知识和道德的儒家思想，老子提出要“绝圣弃知”，要“清静无为”。

在老子的理想国里，统治者清静无为，没有贪欲，老百姓彼此相安，以至感觉不到统治者的存在，每个人做自己该做的事情，国家自然就变得富裕起来。老子这样描绘他的理想国：这里虽然有很多工具器物，但人民并不使用它们，虽然有车有船，但人民并不乘坐它们跑来跑去，更不会乘坐它们去互相攻伐征战。人民安居在自己的家园，遵从古老的风俗，“邻国相望，鸡犬之声相闻，民至死不相往来”。这就是一幅“小国寡民”的图景。东晋的陶渊明在《桃花源记》中，用更丰富的细节再次描绘了老子的理想国，成为中国文化人向往的“人世天堂”。

中国历代统治者都宣扬儒家的治国理想，但老子“无为而治”的政治主张在中国历史上也有很深的影响。今天很多人提倡“大社会、小政府”，说一切都应该让“看不见的手”去自己照料自己，也可以说是和老子的思想非常接近的。

人性本善还是人性本恶?

中国古代第一个讲人性的是孔子。孔子说:“性相近也,习相远也。”孔子不以善恶讲性,只认为人的天性部分相近,后来的差异是由于学习造成的。孔子的继承人孟子认为人性本是善的。为了说明这一点,孟子举例说,无论是谁,如果看到一个孩子马上要掉到井里,都会跑过去援救他,这说明“人皆有不忍人之心”,都有同情恻隐之心。同情心是人天生就有的,此外,善恶之心、礼让之心、是非之心,也都是人天生就有的。孟子把这四种“心”归纳为仁、义、礼、智,称作人的四端,四端存在于人的心里,就像臂和腿这四肢长在人的身体上一样自然。仁、义、礼、智都不是通过学习和思考才有的,而是天然的。不过,天生的善只是开端,并非全善,我们要对“善端”进行培养才能成其为真正的善,因此,后天的教育与修养是非常重要的。

和孟子针锋相对,荀子提出了“性恶说”。荀子认为,人生而好利,好声色,被欲望驱使而不是被善心引导。自然情欲是人的天性,善的道德意识是后天人为加工的结果。所以荀子说:“人之性恶,其善者伪也。”我们注意到,“伪”是由“人”、“为”这两个字组成的,荀子在这里所说的伪,主要不是说伪装,而是说人为努力。性恶说不仅适用于凡人,圣人一开始也性恶,但圣人与凡人不同的是,他能够通过对整个人类的活动进行思考,由此形成“理”与“道”,从此成善。

按照孟子的性善论,人是通过内在的而非外在的规范建立起道德标准的;而按照荀子的性恶说,我们就必须借助外在的规范甚至刑法才能逐渐成为有德之人。当然,无论是性善说还是性恶说,目的都是要追求一种社会和谐的状态。相比之下,性善论是对人的内在价值的肯定,性恶说则更容易促进人们去注意建设扬善惩恶的社会制度。近世的人多半认为,性恶说在西方更为流行,这和西方国家注重法制也许不无关系。

你能知道鱼儿快乐不快乐吗?

庄子有一次和他的朋友惠施散步走到湖边的一段土堤上,庄子看见很多小鱼在水里游嬉,就说:“鱼儿在水里优哉游哉游来游去,这些鱼真是很快乐。”惠子听了,不以为然,反驳说:“子非鱼,安知鱼之乐?”庄子回答说:“子非我,安知我不知鱼之乐?”惠子不甘认输,进一步辩论说:“我虽然不是你,不知道你是否知道,但同样的道理,你不是鱼,所以也不会知道鱼是不是快乐。”庄子这时说:“让我们回到争论的源头。你问我怎么知道鱼儿快乐,你这样问的时候,已经表明你知道我知道鱼儿快乐了,如果你不知道,你一开始就不会这样问我了。”这就是著名的濠上之辩。

这一次论辩以庄子的胜利而告终,但它余韵不绝,直到今天,仍然有不少人同意惠子的观点,认为人只能了解自己心中的东西,不可能了解其他生灵的“心灵”,甚至也不可能了解他人的心理。近世西方哲学里有一个话题,叫做“他人心灵问题”,讨论的就是归根到底我们是否能够认识他人的心。你认为庄子是否为这个问题提供了答案呢?

猴子眼里的貂婵是美女吗?

一只从未见过人的猴子,第一次见到人,哪怕是貂蝉这样的绝代佳人,恐怕还是吓得掉头就跑,不同于猴子的人,在猴子眼里当属怪物。庄子曾说,人住在潮湿的地方会得风湿病,但这潮湿之地却是鱿鱼的好住处;人到树上会恐惧颤栗,而猿猴则在树上轻松自如。什么是真正的好食物呢?人以牛羊之肉为食,麋鹿以青青之草为美,蜈蚣以小蛇为粮,猫头鹰以老鼠为食,四者谁是真正懂得“正味”的呢?毛嫱丽姬,人人皆以之为美,但是鱼儿见了吓得潜入水底,鸟儿见了吓得高飞他树,麋鹿见了吓得奔去别处。同样,即使对于貂蝉这样的美女,猴子见了也会吓着的。这些动物,谁是真正知道美的呢?在不同的物种那里,所谓美的标准是不一样的。感觉主体不同,即使对于同一对象同一事物,他们所持的看法也不同,谁的看法是真正确当的?这也是无从辨别的。猴子眼里“年轻漂亮”的母猴才是它眼中的“美女”,各有其美,各行其道罢了。

庄子的这种思想,常被贴上“相对主义”的标签。不过,庄子从这种思想出发,还进一步提出了“万物一齐”的看法。在庄子看来,世间万物的千差万别,都是因为每个人的立场不同、眼光不同造成的。以自己的观点和立场去看待世间万物,万物是有差别的,我们会觉得西施漂亮东施丑陋,会觉得草根细小宫殿巨大,但若我们跳出自己的立场和眼光,世上万物就无所谓漂亮丑陋、巨大纤细了。人对事物的认识也不应该只抱一种确定不移的是非标准。小草茎与大屋柱,丑人与美人,所有事物现象都是同一的,都是道的体现者,“以道观之”,万物都是平等无二的。

白马是不是马?

白马是不是马?这是连3岁的小孩子也知道的。这难道还有问题吗?难道说白马王子骑的原来不是马?那太煞风景了。

但是,历史上确有人对此持异议,引发了激烈的争论。当然,那人不是疯子,而是战国的名家代表人物公孙龙。公孙龙是战国时赵国人,当过平原君的门客。他在其《白马论》中提出了著名的论点:“白马非马。”当然,这不是简单地胡说,他对“白马”和“马”的不一致作了全面分析。

首先,“马”这个词是用来表达形体的,“白”这个词则是用来表达颜色的,“命色者非命形也,故曰:白马非马。”

其次,我要买匹马,你可以带我去看一匹黄马,也可以带我去看一匹黑马,但我如果说我要买匹白马,你就不能带我去看黄马或者黑马了。当说买马时,没有限定颜色;而当说买白马时,已经对马的颜色作了限制。有限制和无限制,当然不相同。

再次,马都是有颜色的,所以,我们可以把一种颜色和马合在一起,例如,“白马”就是“马”和“白”的结合体。可是,“白”可以和“马”结合,却不可以和“白马”结合,可见,“白马”不是“马”。

看了上面的论证,你还相信白马王子骑的白马是马吗？大概仍然相信,而且会断定公孙龙这是在诡辩。可是,说他诡辩并不难,难的是指出他的论证里到底哪一点有问题,看到了一个论证的问题,也就能知道什么才是正当的逻辑。我们今天研究公孙龙的哲学,这一点大概是最重要的。可惜,中国思想传统上不大重视形式逻辑的研究,所以,很多世纪里,公孙龙一直被后人忽视,由于同样的道理,中国的逻辑研究也就一直是远远落后的。

人为什么组织成社会?

论力气论速度,人都比不上牛马,但牛马却为人所用,这是为什么呢？先秦思想家荀子认为,这里面根本的原因就在于“人能群”,即人能够组织社会,而牛马只有自然的本性,没有后天组织社会的能力。社会的原初状态是混乱不堪的,是圣人的治理使其井然有序。

在荀子眼里,社会组织和等级名分、社会分工是互相联系的,而维系名分和分工的主要手段就是礼义。人们依据圣贤所制定的礼义,明确上下职能,分工协作,组织为社会,并用社会的力量来战胜自然,这是人类最为可贵的品性,也是人与动物的根本区别。

荀子主张人性本恶,人通过人为的方式(伪)转变为善的。人与动物都是自然存在的,都有其自然本性,所不同的是人虽性恶却能建立礼法制度来维系社会国家的统治秩序,这样人性由恶而善,明白了自己的等级名分与社会分工,各司其职,组成一个稳定的社会群体,也就是“明分使群”,而动物只能尊其本性不能群,自然地就被人役使了。

中国什么时候开始有了“以法治国”的思想?

现在的中国人都知道“以法治国”这个口号。在中国,谁是最早提倡以法治国的呢?

学过中国古代思想史的朋友应该记得,中国在先秦就出现了一个思想流派,叫做“法家”。法家的代表人物是韩非,但在韩非以前,已经有商鞅、申不害、慎到诸人在谈论治国问题时提到“法”。但集大成者,是韩非。

什么是“法”? 韩非认为,“法者,编著之图籍,设之于官府,而布之于百姓者也”。法是由官府制定并公布给天下百姓知道的条文集。为什么要编著这种条文集呢? 韩非解释说,法律就像尺子,谁用它来度量都会得出同样的结果,如果没有尺子,每个人都靠自己的感觉去度量,那么人人都会得出不同的结果。所以,如果君王按照自己的想法来治国,那么就像尧舜那样伟大的君主也不能治理好。反过来,只要有了法律,即使君王本人不是非常贤明,也不会弄出什么太大的差错。所以韩非主张推行法制,作为强制标准,要求百姓遵守,统一社会行为。“以事遇于法则行,不遇于法则止”。既然法是用来规范百姓行为的,那么必须公布给所有人知道,否则别人不知道,也就失去了法的公共准则意义。

另外,法作为公共准则,它在某一时段内必然是唯一的。如果有不同的法存在,百姓就茫然不知所措,不知遵守哪一部好。“法不一,则有国者不祥”。法也必须有其相对稳定性。不然,今日这样规定,明日就变改,也是无法执行的。但是,这并不等于说法不可以变。“圣人不法古,不修今”,作为圣人不应该复古守旧,不应拘泥于现状。

但更为重要的是,法一经确立,则一国之君臣上下,都应该严格遵守,而不能以自己的意思随便变改。这样,会破坏法的神圣性及公正性。贤明的君主应该使群臣严格遵守法的规定,普天之下都应一致。“君臣上下贵贱皆从法,此谓为大治”。

中国“以法治国”观念虽然早在韩非就已经出现,但和现代的法治还是有区别的。比如,韩非认为法是由君王制定的,“夫生法者,君也”,而现代的法律多半是通过人民代表制定的;再例如,韩非的法指的主要是刑罚,而现代的法则是既有惩罚性条文,也有保障性条文在内。可见,“以法治国”和“法治”是不相同的。

更重要的是,虽然中国思想家早在战国时就已经提出了“以法治国”的主张,但是在此后的两千多年里,法治思想并没有深入人心,中国的法制也始终不够完整。难怪许多人有一种印象,觉得中国是“人治”国家,西方是“法治”国家。而今天大力提倡法治,仍然是非常必要的。

天会与人发生感应吗?

谈到中国思想,我们常听人说起“天人感应”。那么什么是天人感应呢?

天人感应的学说最初是由西汉思想家董仲舒提出来的。他认为,同类的事物之间有着相互感应的关系,如声音的共鸣,天气对疾病的影响等等,都属于“物之以类动者”这种现象。

董仲舒相信,天是人的“曾祖父”。在宇宙之中,天是最高的主宰和创造者,是至高无上的神,而人则是由天创生出来的。天虽然没有言语动作和耳目手足,但却有意志、有目的、有道德。天意通过自然和人间的秩序体现出来,从自然界的变化直到人类生活,无一不是天意的安排。

天是人的曾祖,人是天的副本。天是大宇宙,人是小宇宙,二者只是规模不同,但结构特征完全一致,因而它们是同类的。根据“同类相动”的原理,天和人也是互相感应的。天作为宇宙的主宰,爱生命而厌恶杀戮,爱仁德而厌恶刑伤。世上的人若不行仁义,不施仁政,就违反天意,天就会降下自然灾害。灾害是天对人的警告,如果人受到警告仍不悔改,天就会降下怪异现象,对人进行威吓。若人受到威吓后仍然执迷不改,那么人就会遭殃,国家也会灭亡。反之,如果统治者施行仁政,也就是顺应天意,顺天意就可以得到天的奖励,于是风调雨顺,五谷丰登,国泰民安。这就是所谓“天人感应”。

天人感应有强烈的迷信色彩,用它来代表中国思想是很不恰当的。不过,若从社会功能来看,天人感应的思想也并非一无是处,因为它虽然强调人间统治者的权威,但另一方面也借助天来威慑和约束人间统治者。

韩愈为什么要提倡“文以载道”?

六朝时候,政治昏乱,刚直的读书人经常受到迫害,时间长了,读书人就很少谈论政治,更喜欢说佛说道,溺于玄思。他们还把自己的才华用在文章上,文章讲究华丽,句子讲究对称,形成了一种骈体文。

后来到了唐朝,韩愈等人感到六朝以来的骈文俪体阻碍了思想的表达,为了更好地表达自己的道统思想,他们发起了古文运动,提倡先秦散文,反对六朝以来的骈俪文风,在思想上则希望振兴儒学,反对魏晋以来佛道盛行的思想。韩愈认为,佛道思想破坏了封建伦常,是国无宁日的祸根。他针锋相对地提出了“道统”的学说,认为是“圣人立教”使人类从野蛮状态进入了文明社会。他将仁义道德宣布为“圣人之道”,这个“道”世代相传,从舜、禹、汤、文、武、周公、孔子到孟子,构成了一个所谓一脉相传的“道统”。韩愈以继承道统使之绵延万世为自己的历史使命。他写文章,就是为了这一使命,这就是“文以载道”。

文以载道有三个方面的涵义。(1)文与道是合一的。“道”是内容,“文”是形式,形式为表达内容服务;(2)为人与为文、为言之间也是合一的。强调道德修养对治学为文的根本意义。只有做仁义之人,才能写得好文章;(3)复古为了革新,“载道”并非因循守旧,而提倡独立与创新。

文以载道,不仅古代要提倡,就是现在我们也不能轻视。无道之文,就如无睛之龙,只是一篇死文章,必然空洞而贫乏。

为什么“世有伯乐,然后有千里马”?

千里马,原意指日行千里的马,后被用来指具有特长的人才。

每个人都想成为千里马。然而,并不是每一个人都能成为千里马。首先,要拥有好的素质。但这还不意味着你就一定能成为千里马。有好的素质,只是证明你已经拥有成为千里马的前提条件。但是,这只是一种潜能,要让它变为现实,还必须有一定的条件。要不,历史上能留名的人就不会这么少;要不,就不会有这么多人郁郁寡欢,慨叹怀才不遇了。

唐朝大散文家韩愈在其《杂说四》中开首一句就是“世有伯乐,然后有千里马”。伯乐擅长相马,根据马的素质调教马匹,使得马匹的才能尽可能地发挥出来。所以韩愈说,有了伯乐后,才可能出现千里马。因为,在现实世界中,不乏具有日行千里潜能的马。但是,要让马发挥其能力,还需要相应的资源,而这种资源可能要求得比一般的马要高。如果不懂供给相应的资源,即使是千里马,也无法将其能力发挥到极致。千里马的食量可能比一般的马大,但假如喂马的人不知,不按千里马的食量喂食,它吃不饱,力气不足,才情就不能外露出来,要它和常马一样已经不太可能,又怎能让它日行千里呢?即使把千里马喂饱了,但若不懂得驾驭它的方法,不能从它的叫声中懂它的意思,那仍然不可能发现千里马。这种不识才的人,即使最好的马落在他手中,也只是一种浪费而已。而这种人居然还好意思慨叹天下没有千里马!

韩愈表面上讲的虽然是马,但指的却是人。人才的成长需要相应的环境支撑,需要实实在在的条件,空喊尊重人才是没有用的。识才、重才,才能有效地培养出千里马。然而,由于现实社会缺乏伯乐,被屈而死的千里马已经不在少数。现代社会的竞争,是人才的竞争,人才的作用已经不容置疑。因而呼唤伯乐,已成为时代的呼声。

但愿再也不会出现韩愈的慨叹:“呜呼!其真无马邪?其真不知马也!”

孔子为什么特别赞赏颜回?

孔子有学生三千,其中最优秀的,就有七十二人。这些学生各有所长，有的擅长政治，有的擅长军事，有的擅长文学。可是在这些学生里，孔子特别赞赏颜回，这是为什么呢？颜回读书认真，有自己的政治理想，要使人民得到安逸，而自己不居功自傲。这些都是颜回重要的优点，但孔子赞赏颜回却还远不只因为这些。

孔子认为，人生的快乐与物质财富的丰裕程度不成正比。他说，喝点儿清水，吃点儿粗粮，枕着自己的胳膊睡觉，一个人照样可以很快乐。在孔子看来，只有道德能够使人获得真正的快乐。道德对于人来说，是一种内在的价值，它不因物质财富增加，也不因经济贫穷而减少："不义而富且贵，与我如浮云。"

这就是所谓君子居道不忧贫，而颜回恰恰做到了这一点。孔子说："贤哉回也！一箪食，一瓢饮，在陋巷，人不堪其忧，回也不改其乐。"其实，用饭锅盖盛饭吃，用瓢舀点儿清水喝，并没有舒适快乐的地方，"贫"更不是件愉快的事情，孔子赞扬的是颜回不因贫贱而改变乐观向上的精神境界。

正是这种境界使人的胸怀和乐舒畅，心地坦荡，不再为生活中的名利得失而困扰。这种安贫乐道的精神境界就是后世儒者津津乐道的"孔颜乐处"。

世上万物都是我的朋友吗？

苦闷时总是想找人倾诉，那时想着有一个朋友多好！可是，你可能从来没有想过如果所有的人都是你的朋友，那会怎样呢？更进一步，你能想象世界万物都是自己的朋友吗？

在宋朝时真的有人这样想过。这人就是提出"太虚即气"的哲学家张载。他在著名的《西铭》中写道：上天是父亲，大地是母亲，作为个体的"我"，是天地之间的一个生灵，和世界万物混然相处在一起。张载认为，天地万物都是"气"聚合分散的不同状态而已，人的身体、心灵，也都是气的一种形态，所以，人心如果能够和天地相通，扩大起来，就能体会天下之物。这时候一个人就能看到，充塞天地的，都是我的身体,统帅天地的,都是我的性情。我和天地是合一的,等于说,我和天地是朋友。世界上的万物,我都参与其中,世上的人都是同胞,君主和大臣也不例外,他们都是天地中的一员,所以也都是同胞关系。世上的人既然都是同胞,所以应当相互爱护,不分彼此,我尊重你的父母,你爱护我的子女,都像对待自己家里的父母子女一样,这就是所谓“长其长”、“幼吾幼”。

张载的博大,堪与孟子的“吾善养浩然之气”相比。后人曾这样评价张载:“孟子以后未有人及此。”

你现在可以想象与世界万物为友了吗?

人为什么要有良心?

我们常说到良心,一个人知恩图报,我们说他有良心,一个残忍的人,我们说他丧尽天良。良心,不仅在日常生活中常被提到,而且也是中国思想史上的一个重要概念。

“良心”也叫“良知”,最早都是孟子提出来的。孟子所说的良心就是仁义之心,因此,良心良知是儒家性善论的理论基础,有良心良知才能成就其完善的道德价值体系。

到了宋明儒学,陆九渊、王阳明的心学把良心与良知发展到极致。陆九渊说:“人皆有是心,心皆有是理,心即理也。”人的“本心”即是仁义礼智之心,是人人本具的善心,也是人心之理和宇宙之理。良心在王阳明的心学里具有更重要的地位,乃至后人把王阳明的学说称作良知说。王阳明也认为良知即天理,但他更进一步主张,天地万物都是从良知中产生出来的。他的良知既是是非标准,又是善恶标准。他说:“良心只是个是非之心,是非只是个好恶,只好恶就尽了是非,只尽了十分就尽了万事万变。”这种是非之心是人人皆有的,圣愚皆同,本来圆满,原无欠缺,不须假借。因此可以说人人都有良心,人人用其良心就会成就一个完美的社会秩序,所以良心就是中国伦理学的基础。

电脑可以超过人脑吗?

电脑的最基本行为是对从外部输入或接收的信息和指令作出反应。按功能分类有三种类型。一是工具型。它包括计算、信息处理、预测、自动控制、办公、管理、通讯、教育和娱乐。二是智能型。它具有模糊识别、学习提高、自动纠错、分析和归纳推理能力,即适应环境和自我优化能力。三是情感型。它的输入过程模仿人的感觉方式,输出过程模仿人的反应情绪。体现智能的最重要标志就是学习和自动纠错功能,换句话说就是能够吸取经验教训,积极适应环境和不断完善自己。对于电脑来说似乎是要能够自发地更改人为的软件(逻辑部分)。问题是电脑经常不知道它的行为是否正确及如何纠正。因此它的工作离不开人机的交互。欲望、情感和意志是具有主体意识的人类本身专有的,一旦它们脱离人就不存在了或者说变成假的了。情感只有是真时才能起作用,不可想象一台机器会自发地产生那些根本不属于它的特性。情感是不能制造的,模拟永远是假的。具有人类情感的电脑就像永动机一样永远不会实现,除非它具有独立意志。人脑还有电脑不具备的生理和社会性两项功能。生理功能是大脑维持身体器官和组织的正常状态和代谢过程。所谓社会性功能是指人际关系的作用,社会性是人的最重要属性,这也是电脑不能代替人脑的一个原因。

网络对于人际交往模式有哪些影响?

网络作为一种交往媒介的存在,必然对人与人的交往模式产生不可估量的影响。首先,网络创造了一个虚拟的平等的空间。在网络中,任何一个加入的个体都是匿名的,只要具备设备的支持,任何一个个体都可以平等地在网络中发表言论,展现自我。现实社会中被权力、社会地位等等因素限制的话语权,在网络中第一次处于完全开放的状态。话语本身终于摆脱了附着其上的种种社会因素的束缚,可以凭借自身力量赢得话语空间。这是一种深层次上的变革,也许会带来社会结构的变化。

同时,也许是更重要的。在网络中,人们可以将自我建构看成是交流的一个重要目标。人在网络中的交往关系、主体与客体的接触,摆脱了传统的不可缺少的物质媒介,客体变为单纯的能指流,不会变成相应的物质世界。人们在联机交流中,自我塑造一个身份,联机交谈的成功与否,仅仅依赖人们以文字改变自己所塑造的身份的能力。这里的关键之处并不是在意识中进行理想主义的自我构建,而是在不断发展的社会实践中,身体与言语行为或书写的分离使得自我构成的新形式成为可能。但是,网络的这种特性同时也使得交往的主体之间失去了原有的相互信任,面对客体,主体不可能辨明话语背后的真实。

虚拟生存可能吗?

"虚拟"即是符号化,符号化是人创造意义生存的活动,与之相联系。虚拟生存就是作为人的文化生命存在的意义符号生存。电脑网络从性质上说是现代通信手段与媒介,本身是人们的信息工具,因而,人们在网络中的生存集中体现为信息活动及其带来的数字化产品和革新的观念,即这种生存以信息数字化为核心,高度依赖于信息技术,对人类现实社会中的信息文化几乎是有全部的包容性和渗透力。但是,"信息既依存于物质,又有相对独立的意义,是在物质的基本属性层面之上抽象出来的、构成性的、内涵更为丰富的基本属性",它是非物质的,因而虚拟生存是对信息的虚拟。事实上,现实社会里有物质、能量、信息三种基本要素,而物质和能量直接立足于自然客观实在,与信息存在质的差别,不能通过计算机数字化。虚拟生存不能虚拟物质和能量,不能全面复制和再造社会存在的各个方面,它创造的只是新的信息文化空间及与信息相关的人类生活世界。

所以,如果虚拟生存仅仅作为现实生存的一种补充,一种新的可能性的开拓是可能的,但是,如果希望放弃现实的生活,完全进入虚拟生存,则是一种不切实际的空想。

网络对于未来的哲学会产生什么影响?

“虚拟世界”首先是变革了人的“世界图景”。所谓“世界图景”,是人以自己把握世界的各种方式,把自在的世界变成自己的观念中的客体。互联网和多媒体为我们提供的世界图景,不仅仅是全息化的,而且是自主化的,即主体对于互联网和多媒体所提供的世界图景具有充分的选择性。网络上的世界图景是多元性的、动态性的、过程性的。它打破了时空、层次和方式的传统界限,在网上实现了时空、层次和方式的非线性联系。对于这个非线性的、多元互补的世界图景,每个电脑终端的操作主体都具有充分的选择性。人们在自己所选择的世界图景中从事某种特定的工作、应对某种特定的事物、享受某种特定的生活,同时,又在这个多元互补的世界图景中不断校正、充实、更新自己对“世界”的理解。互联网在认识论意义上的革命性,则在于它实现了“客体”本身的“主体化”,即认识活动的双方都具有主体性。“网上世界”的任何信息,却都是来自于另外的电脑终端的“体”。这种主体之间的关系所构成的主—客关系,就不再是传统意义上 S→R 关系,而是一种新型的双向的互动、互补关系,即一种以互联网为中介的新型的认识关系。网上世界是一个非线性的、动态性的、过程性的、互补性的世界,它改变了静止、僵化不变的世界图景,突破了线性因果联系的思维方式,变革了非此即彼的两极对立的思维方式。

透视法为什么是一种错觉?

古典主义透视所追求的理想,是在平面上逼真地表现三维物体。古典主义画法流行后,一般人觉得,采用“近大远小”的透视法画出来的东西,是对大自然的客观再现,然而这种“观看”方式,实际上和人们的自然观看方式不尽相同。在自然状态中,人们很少一动不动地用一只眼盯着静物看,因为谁都习惯用两只眼睛在运动中看事物。唯有毕加索却大胆地把从各个角度看到的东西,画在了同一张画面上,例如,一张侧面的脸上画了两个眼睛。在加洛蒂看来,这是对传统观看方式的一场意义深远的革命。在这里,"观看"不再是镜子式的反映,而是由一系列"动作"构成的,如身体的运动,眼球的转动,手的触摸和人的思考,等等。加洛蒂不愧是目光敏锐的思想家,他明确地表述了发生在立体主义实践中的这种观念变更,并把这种变更和电影的诞生联系起来。电影所表现的画面是连续的,在时间中运动着的,这和古典绘画的静止形态大不一样。

平面是二维的,而古典主义透视所追求的理想是在平面上逼真地表现三维物体。在平面上表现立方体,只能利用人的视错觉,例如把两条平行线画成在远处相交的,在背光的一面画出阴影来,等等。奇怪的是,很多人长期以来对此视若无睹,反倒把这种制造错觉的艺术看成是对现实最真实的反映。实际上,在平面上构造逼真的三维图像,可以有多种方法,文艺复兴时期流行的透视法只是其中的一种。拿中国的水墨山水画来说,不同立脚点上看到的风景,完全可以收入同一幅画中,大家看起来,也并不觉得虚假。

弗洛伊德是怎样解释梦境的?

自古以来,人们要么把"梦"看做毫无意义的杂凑,要么认为"梦"是一个象征,预示着未来。例如,《圣经》中约瑟夫把埃及法老梦见七头瘦牛追逐七头肥牛并把肥牛吃掉,解释为象征了埃及将要有七个荒年,而且要耗尽七个丰年的收成。弗洛伊德是精神分析学的创始人,他在1900年发表了轰动一时的《释梦》。在这本书里,弗洛伊德既不把梦看做无意义的,也不把梦看做是一个意义连贯的整体。他认为,象征性的释梦法,实际上仍然是把一个梦当做一个意义整体来处理,但是,梦并不是一件有意识创作的作品,不能当做有头有尾的故事来阅读。梦的表面意义和隐含意义之间的联系,不是象征式的,而是画谜式的。弗洛伊德举例说,有一幅猜字的画谜,画的是一间房子,屋顶上有一只船,一个单一的字母,还有一个砍掉了头的人在跑着,在这个画谜中,房子、船以及砍掉了头的人之间没有任何意义关联,它们实际上各自以某种隐蔽的方式和谜底相对应,如果把这个画谜当做绘画作品来理解的话,一定会觉得荒谬绝伦,不知所云。

弗洛伊德的"解梦法"类似于猜谜。他把梦分解为互不相关的最小句段,然后逐一询问病人,让病人作自由联想,直到找到一个心理上的突破口,破解梦的编码过程。弗洛伊德释梦的过程,听起来特别像是情报人员破译敌方密电的过程。

神话和梦一样吗?

结构主义解读神话的方式和弗洛伊德十分相近。结构主义人类学的创始者列维—斯特劳斯(1908 ~)在研究神话的时候,也是先把神话分解为最小句段,然后在若干神话间作横向对比,从而找到埋藏在神话叙事群背后的深层结构。对此,斯特劳斯曾打了一个形象的比方,设有一串数列1,2,4,7,8,2,3,4,6,8,1,4,5,7,8,1,2,5,7,3,4,5,6,8……若是作纵向阅读,它们只是一团混沌,可是,当我们把它们作横向排列时,秩序就出现了:

1	2		4			7	8
	2	3	4		6		8
1			4	5		7	8
1	2			5		7	
		3	4	5	6		8

列维—斯特劳斯把这种横向排列的方法称为"结构主义研究法",他用这种方法研究神话,发现表面上荒谬的神话其实蕴藏着原始民族面对自然和社会时的基本困惑。结构主义研究法最适合的对象,是那

些可理解性程度较低的文本,如梦、神话、笑话和民谣,等等。后来也有人把这一方法用于研究可理解性程度较高的作品,如小说、诗歌和电影,等等。尽管这一做法会引起种种争议,但它确实能揭示出传统的文艺理论所无法揭示的东西。

语言符号是任意的吗?

一个语词是一个符号,我们使用符号来指代某种东西。瑞士语言学家索绪尔(1857~1913年)把语词符号和它们所指的东西分别称为"能指"和"所指"。在索绪尔这里,能指是一串声音印象(一个词的发音),所指是一个概念(一个词的含义)。举例来说,在汉语里,mǎ 是能指,它指向"马"这个概念(即所指),能指和所指的结合,就构成了"马"这个语言符号。索绪尔强调能指是一串声音,是因为他认为语言最基本的层面是口语,而不是文字。例如,有很多民族没有文字,却很好地保持了祖先的语言。

索绪尔指出,语言符号的一个最重要的特征是它的任意性,也就是说,语言符号的能指和所指之间的关联是任意的,不讲道理的。在"毛主席是红太阳"这个比喻中,我们都知道毛主席和红太阳之间的关联,而且能说出其中的道理,例如,初生的红日给黑暗中的人带来光明和希望,冬日的太阳给人带来温暖,太阳的光照使万物生长,而毛主席对于人民群众所起的作用就是这样。可是,我们中国人用"马"来指马,英国人用 horse 来指马,这是没有什么道理可讲的,也即任意的。这种没道理或者说任意性,恰好保障了语言的灵活性、开放性与稳定性,使语言成为人类理解世界的基础。

我们为什么用红玫瑰象征爱情?

一说到符号,人们最先想到的大概是语词。不过,不仅一个词是一个符号、一个图像、一个表情、一种声音、一种颜色,甚至一把叉子或一双筷子,都有可能成为一个符号。人类学家或文化研究者关注这种符号,因为它们能揭示出社会生活的某种结构和秩序。符号学是现代西方文艺理论中一个重要的方向。法国哲学家罗兰·巴特(1915～1980年)把符号学用于研究文学、服装、广告和地域文化等,直到今天还很有影响。

要了解罗兰·巴特的符号学,首先得弄清楚一个最基本的概念:符号。一般而言,符号就是用此一物("能指")代表彼一物("所指")。典型的符号如象征符号,例如红玫瑰象征爱情,握手表示手中没有武器、象征和平友好,红太阳象征光明伟大。符号还包括信号,例如红灯亮代表禁止行车,绿灯亮表示车辆通行。我们碰到这样一些符号的时候,决不会佯装不知道它另有所指而只限于对它本身作反应。例如,我们不会把红绿灯当做街边的装饰品,也不会把五星红旗当做一块普通的红布。

语言符号和象征符号,实际上构成了符号的两端,一端是完全任意的,一端却不是任意的。例如用红玫瑰象征爱情就不是完全任意的,红玫瑰的颜色鲜艳而热烈,很像爱情的浓烈色彩,所以我们会用红玫瑰来象征爱情,却不会任意用一片落叶来象征爱情。可是语言符号却是任意的,在汉语里我们说"爱情",在英语里说 love,在法语里说 amour,这三个词没有任何相似之处,只是一些任意的符号罢了。

科学进步能促进艺术发展吗?

人们常常误解艺术和科学的关系。

一种常见的误解是:科学(如物理和数学)到头来还是基于一种美感(如简洁和匀称),由此得出科学和艺术是一家子的结论。在这种思路带动下,中国有些艺术家在某些"老科学家"的带动下画了一些电子云、DNA 双螺旋图之类的东西,以为这就是艺术与科学的联姻。另一种常见的误解是:科学技术能推动艺术的进步,催生新的艺术形式(如电子艺术、网络艺术等),所以科技越进步,艺术便越发展。实际上,艺术谈不上进步还是退步，把网络艺术看做比文艺复兴时期的壁画艺术更为先进是无意义的。相反，科技却有进步与落后的区别。

艺术在古希腊本就是一种“技术”，在那个时代，灌溉的技术、造床的技术以及绘画的技术并没有本质的差别。但是，近代科学与古希腊的科学已经有了本质的区别，近代技术也和古希腊时代的“技艺”有了很大的不同。那么，在现代社会中，艺术与科技的关系是什么呢？

就拿网页艺术设计来说，网页制作软件的成熟，确实能推动网页设计向前发展，但网页设计始终只是把计算机技术当做现成的“手段”来利用。在这个意义上，作为手段的计算机技术和作为手段的透视技术，并没有根本的不同。当然，从另一方面来说，它们也表现出某种区别。文艺复兴时期的艺术家同时也是“科学家”，他们也要探究“物理”，但这些物理就跟生活中的其他道理一样，是可以通过日常的探究获得的，如解剖尸体、总结透视规律等等，但这些“科学”活动和牛顿对物理定律的探究并不处在同一个层次上。简单地说，达·芬奇、歌德等人对科学的兴趣不够专业化和系统化，仅仅停留在一种日常的好奇上。也正是因为这样，他们才有可能在科学之外兼顾艺术，把他们在科学上的发现（如透视规律）运用到艺术创造中去。可是，今天的人已经很难设想一个网页外观设计师，能轻易掌握计算机软件的开发技术。任何一个性能良好的软件，都是由许多专业人员花费大量的时间和精力开发出来的，文艺复兴时期那种自己开发自己使用的局面，早已不复存在。更为重要的一点是，一个网页艺术设计家，即便不清楚软件的内部机制，也能熟练地把它当做工具来使用。艺术家之所以能做到这一点，是因为软件在设计的时候就已经人性化了，是按照人的理解和人的习惯来设计“人机界面”的。人机界面，是机器和普通人打交道的层面，普通人并不了解机器的内部构造，但一样能通过人机界面操作机器。人机界面如计算机的 windows 界面，手机的显示屏和键盘。人机界面也好，网页编排也好，都是按照人的自然理解，而不是按照科学公式加以设计的。在这里，纯粹的计算机技术人员和艺术设计人员，各自工作在专属于自己的领域中。执掌科学技术的人，只管生产出具有特定性能的机器,却并不管机器是否易于被普通人理解和接受;产品设计师的事业,是设计出易于理解的、具有亲和力的人机界面或产品外观。在这里,艺术与科学分属不同领域,彼此之间并无内在关联。

在德国哲学家海德格尔眼里,艺术与科学甚至是相互敌对的:科学技术支配下的机械化生产,使得传统意义上的“物”消失了,艺术则力图挽救“物”,使“物”重新对人散发出诗意的光辉。

是劳动快乐还是闲暇快乐?

是劳动快乐还是闲暇快乐?这个问题本身不难回答,我们只需看看假如不发工资的话,有多少人愿意上班就知道了。也许有人会反驳说,即使不赚钱,艺术家也能从劳动中获得快乐;或者反驳说,一个工作狂会觉得闲呆在家里很无聊。对于前一种反驳,我们的回答是,这里讨论的“劳动”并非指一切人类活动,而仅指纳入到社会生产和交换系统、能够产生“(交换)价值”的活动,而使艺术家获得快乐的恰好不是这种“为物所役”的活动。对于后一种反驳,我们的回答是,工作狂是一种变态,我们这里首先考虑的却是常态;此外,这里的快乐不是指那种从长远来看对人无益的快感,如吸大麻、坐办公室的快感等,而是指一种总体上使人满意的状态。

按马克思的设想,随着生产力的增长,人们可供自由支配的时间越来越多,最后会出现共产主义。在现有的社会阶段,生产劳动是被动的,因此他称之为“异化劳动”。与异化劳动相对立的,是自由自觉的活动。所谓“自由自觉的活动”并不是指自由变换工种,如上午钓鱼、下午打猎等等,而是指不受外在异己力量支配。马克思后来指出,这种令人愉悦的自由活动是建立在大量闲暇时间(也即非生产时间)的基础上的,是以生产力的高度发达为前提的。我们可以看到,在马克思这里,社会主义的目标无非就是使人类整体从生产劳动的重轭中解放出来,尽可能多地获得可供自由支配的时间和生活资料(也即从

“按资分配”或“按劳分配”走向“按需分配”)。

马克思关于劳动的想法并不是尽人皆知。十月革命后建立的社会主义国家有关“劳动光荣”的宣传实际上和马克思的想法大相径庭。宣传劳动光荣有两方面的含义,其一是鼓励“劳动人民”在低报酬甚至无报酬的情况下自愿从事生产劳动(类似“父子争做劳动英雄,母女全是生产模范”的春联在新中国比比皆是,“从猿到人”的展览会也在全国范围内反复举办,以加强群众对于“劳动创造世界的认识”);其二是抬高体力劳动者,贬低脑力劳动者(尤其是人文知识分子)。这样一种宣传在现实中造成的消极影响是有目共睹的,从理论上来讲,它并不符合马克思主义,因为它使现有的社会离共产主义更远。让人们自愿从事强制性劳动,这本身就是个矛盾,一旦最初鼓励人们这么去做的热情下降,人们就会觉得受到了欺骗或强迫。按马克思的设想,随着社会的前进,体力劳动在生产中所占比重应该逐步减少,而不是反过来。马克思和恩格斯虽然经常赞扬工人阶级,但他们通常都不是就其从事体力劳动而是就其表现出较高的文化教养和胸襟这个意义上来加以赞扬的。可是在社会主义国家里一度做的却是相反的事情,也即不是把文盲提高为知识分子,而是力图把知识分子降低到文盲的水平,最后的结果只能是把交白卷的学生(如张铁生)奉为英雄。

应该指出的是,劳动光荣的观念不仅在社会主义国家有,在资本主义原始积累时期也曾经占据主流,例如信奉新教的资本家认为,勤勉工作是一个人进入天堂的保证,游手好闲是一种最大的罪过。纵观16~19世纪的各种乌托邦设计,它们也大都倾向于排斥非生产性的消费和娱乐,在这方面,唯有傅立叶是个例外,因为他强调要使劳动符合人的情欲,要使劳动本身变得快乐。有趣的是,马克思的女婿保罗·拉法格(1842~1911年)曾著有《懒散的权利》一书,在这部书中,他为“崇高的懒散”和“闲暇的乐趣”高唱赞歌,从而与那种“(体力)劳动光荣”、“劳动人民当家做主”的腔调形成了鲜明的对比。

哪些人代表了近代思想中的儒、释、道三家?

中国传统思想文化有三个主要脉络:由孔子、孟子代表的儒家学说,由老子、庄子代表的道家学说,从印度传进中国的佛学。佛教的创始人是释迦摩尼,因此佛家也称作释家。近代以来,儒、释、道受到西方思想的强烈冲击,在这种情势下,这三种思想都发生了急剧的变化,以适应新的时代。

从儒家思想来看,冯友兰的"新理学"以阐旧邦辅新命为旗帜,努力从中国传统哲学,特别是宋明理学的血脉中发掘有永恒价值的思想亮点,将这些观念和想法用现代哲学的术语重新加以阐释,并试图运用逻辑的方法将这些资源建构成一个严密的体系。

佛教在近代以来的发展一方面着重于"世间佛教"的建设,另一方面也积极寻求与其他思想的融合,熊十力的"新唯识论"堪称这方面的代表,它将印度佛教之唯识学、中国传统之易学、宋明理学,以及西方哲学中的某些资源熔于一炉,创造出了具有鲜明中国特色但又不乏时代感的本体论学说,在现代哲坛独树一帜,影响深远。

道家文化方面,金岳霖创造了中国现代哲学史上另一个影响重大的知识论系统。金岳霖对西方逻辑学的输入功不可没,但在情感和人生的依托上却对道家思想情有独钟,因此他运用缜密、完备的逻辑体系建构了以中国传统概念"道"为终极依托的"新道家"学说。可以说,他的《论道》一书用逻辑分析和逻辑论证的方法来探究中国人的形而上心灵世界,从而将西方的理性与中国的精神完美地结合在了一起。

为什么20世纪80年代的社会思潮是"新启蒙运动"?

20世纪前20年的新文化运动是一场破旧立新、唤醒民众的思想启蒙运动,与此相对应,人们也把80年代的思想运动称为"新启蒙运动"。启蒙运动在西方主要指18世纪在法国知识界出现的一股反宗教、反传统、倡导理性和宽容的思想潮流，这一思潮为 1789 年的法国大革命作了理论上的准备。深受法国大革命精神鼓舞的德国哲学家康德曾把“启蒙”定义为人类由幼稚走向成熟的过程，其标志是“自由而公开地运用理性来裁决一切”。

理性的特点是以求真为最高意志，无差别地衡量一切。在理性的态度面前，传统和权威都丧失了它们固有的根基。新文化运动正是这样一场以理性的或者说怀疑的眼光来看待既定事物的运动，在当时追求新思想、新生活的知识人听来，这一理性的召唤无疑具有冲决罗网、振聋发聩的力量。在他们眼中，当时的社会是愚昧、黑暗、陈腐和不堪忍受的，鲁迅所谓“铁屋中的呐喊”可算作是对这一境况的经典写照。经历了“十年浩劫”的中国知识分子具有与此类似的处境和心态，他们所面对的那种荒芜和黑暗，甚至有过之而无不及。历史的重任再次落到知识分子和学生身上，他们像他们的先辈那样，在人群中寻找并呐喊着。散落在工厂、农村和边远地区的有志青年重新回到了校园，他们如饥似渴地阅读古今中外的经典著作，为饱经患难的中华民族寻找一条康庄大道。人性、中西方文化、现代化、民主、自由是 80 年代的关键词。80 年代的知识分子无不带有强烈的历史参与意识，对于他们来说，当务之急是重新确立知识分子的地位，重建自由的思想空间。长期缺氧的大脑需要恢复功能，80 年代的知识分子所要做的，便是用他们的独立思考来启迪民众，开启民智。对于当时的大部分知识分子来说，这是五四时代的启蒙运动的延续，启蒙中断了，所以要拣起来，重新开始——这就是“新启蒙运动”的历史动因。

为什么会出现“国学热”？

1989 年后，“弘扬民族文化”的官方宣传与“海外新儒家”的思想在大陆的传播，促成了一股研究国学的热潮。围绕“国学热”产生的讨论，是 90 年代最早出现的大规模争鸣。

有趣的是，一些国学研究者并不完全认同社会上传播的国学概念,如陈来强调国学研究只是传统文化研究的代名词,汤一介则指出,要警惕"'国学热'离开学术的轨道而意识形态化"。实际上,在意识形态和商业层面上对传统文化所做的"弘扬"确实不应算在国学研究里面,但国学热中掺杂着文化保守主义和民族主义的成分也是不可回避的。方克立在《要注意研究九十年代出现的文化保守主义思潮》(1996 年)一文中就国学热做了一个准官方总结,这个总结指出,"在九十年代的'国学热'中,确实有人企图用孔夫子的儒学来抵制、排斥、否定和取代马克思主义",其具体表现就是伴随国学热而起的"文化保守主义"思潮。在方克立看来,"大陆新儒家"的呼唤,是文化保守主义已逐渐形成气候的一个重要标志,而这一气候的形成是有"国际背景"的。1988 年 9 月,海外新儒家代表人物余英时在香港中文大学作了一次题为《中国近代思想史中的激进与保守》的讲演,认为一部中国近代思想史就是一个思想不断激进化的过程,过分微弱的保守力量几乎没有起到制衡作用,中国为此付出了极大的代价。这篇演说在海内外造成较大影响,此后谴责激进主义、呼唤保守主义逐渐形成一股潮流。如果说方克立的叙述中渗透着马克思主义的声音,那么徐友渔则从 80 年代的启蒙路线出发把"文化保守主义"指认为"文化民族主义"。"文化民族主义"的代表人物是持"东方文化优越论"的季羡林,季老曾说,"现在这风气,崇洋媚外到顶了,不能再高了,要回头了","只有东方的哲学思想能够拯救人类"。比季羡林态度更强硬的还有一位蒋庆先生,他在写文章时一概不用"公元",而用"孔元"落款。

美学是研究"美"的学问吗?

"美学"中有个"美"字,看来是研究"美"的学问。但表达美学的英文词是 aesthetics,和"美"(beauty)没有任何字面上的联系。这是为什么呢?

Aesthetics 一词来自古希腊语 aisthesis,意思是"感觉、感性认识"。最早探讨"什么是美"这个问题的人,是古希腊的柏拉图。不过,古希腊哲人在探讨“什么是美”这个问题时,并不是从“感性认识”这个角度入手的。从“感性认识”的角度来谈艺术问题的,是德国哲学家鲍姆加登(1714～1762年)。他认为应建立一门专门研究感性认识(Cogitatio Aesthetica)的学科,以弥补哲学过于强调理性认识的缺憾。鲍姆加登所建立的这门名叫Aesthetica的学科,今天通常译为“美学”,为此,人们把鲍姆加登尊为“美学之父”。

和鲍姆加登差不多同时的一些英国思想家如荷加斯(1697～1764年)和博克(1729～1797年)等,虽然没有像鲍姆加登那样明确地提出要建立一门学科,但他们所讨论的问题,后来都演变为美学学科中的经典问题,如美感问题、趣味问题等。后来,德国哲学家康德(1724～1804年)把源于英国和德国的这两个传统结合起来,奠定了美学在哲学中的独立地位。康德把哲学研究分为三大块,一块是逻辑学,一块是伦理学,一块是美学。康德所研究的美学问题,主要是审美判断力问题。审美判断力是辨别事物美丑的能力。

康德之后的黑格尔,认为“美学”并不应讨论一般的美丑问题,而应讨论艺术问题,因此美学的确切名称应当是“艺术哲学”。黑格尔本人写的《美学》,实际上是对艺术史的哲学总结。

不过,在黑格尔之后,不断有人质疑“美学”和“美”的联系。有的人认为,仅仅用“美丑”来衡量艺术作品的价值是不够的,艺术欣赏还涉及“滑稽”等,所以,他们更愿意谈论“审美经验”、“艺术体验”。

从今天的眼光来看,把“美学”说成是研究美之为美的学问,显然失之过简。不过,传统美学对于“美”的本质、趣味的标准以及审美心理等问题的不懈探讨,并非毫无价值。这些问题虽然不一定和艺术创作、艺术研究有关,但它们的确经常困扰着我们。

文学系的“美学”和哲学系的“美学”有何不同?

文学系的“美学”通常不叫美学,而叫文艺理论。文学系的文艺理论一般和文艺创作和文艺批评走得比较近,而哲学系的“美学”则多半探讨哲学史上传下来的美学问题。以北京大学为例,《西方文艺理论名著教程》和《西方美学史教程》是由知识背景完全不同的两班人编写的,其适用的对象也有所区别,例如,哲学系的老师从来不会用《西方文艺理论名著教程》作为美学公共课的教材。哲学系的美学,一般是作为哲学史的一部分来传授的,而文学系所讲的文艺理论,却可以脱开哲学史来讲。

不过,近年来,文学系(特别是中文系)的师生们,越来越喜欢把流行的哲学术语和理论挪用到文艺批评或文艺理论中去,如弗洛伊德主义、结构主义、解构主义、后现代主义等等。由于缺乏专门的哲学训练,他们往往从文学的角度去理解哲学概念,片面追求流行术语的挪用和新概念的创造,结果忽视了对问题本身的深入讨论。当他们面对某个文学作品的时候,心里想的往往是某个西方理论,结果写出来的文章也就千篇一律,不是福柯,就是德里达,不是后现代,就是后殖民,而读者即使侥幸读懂了这种文风晦涩的文章,也很难说会对特定作品增进理解。文艺批评或文艺理论的功用,本来是为了让读者更好地理解艺术作品,结果却使得读者如坠五里云雾。这种现象,已经引起了部分关注文艺动向的哲学家的思考与警惕。

另一方面,哲学系的美学研究也并非无懈可击。通常的批评意见是,哲学系搞的美学脱离实际,远离艺术实践,成天谈些大而无当的问题。事实上,这种状况的确是存在的。既懂艺术又精通哲学的人,本来就少见,而现行的学术分科又比较僵化,人为地造成了不同学科不同专业之间"隔行如隔山"的状况。在我国现行的教育体制下,哲学系、文学系以及艺术院校的艺术史论系之间,很少有什么交流,这显然不利于学生的培养和专业的发展。

我们今天的艺术观念是什么时候形成的?

今天人们一说到艺术,就会想到音乐、绘画、诗歌等等。艺术是让人来欣赏的,不是实用的东西,和木匠的手艺、厨师的手艺不是一回事。比如很多人常常会这样说艺术,称它是“神圣的艺术殿堂”、“纯洁的艺术境界”等等,说到厨师的手艺,就没有人说“神圣的烹调技术”或者“纯洁的烹调境界”。

可是在刚开始的时候,人们并没有把实用的东西和不实用的东西分得那么清楚。在古希腊人看来,做一双鞋和画一双鞋靠的都是“艺术”,在希腊语里是 tekhnē,指的是制作某件东西或做某事所需的技艺。懂英语的人见了这个希腊词,能够看得出现在的英文词 technique 就是从这个希腊词传下来的。中文把这个词翻译成“技术”,而不是翻译成“艺术”。可是当时的人,并不区分艺术和技术,所以,我们把 tekhnē 翻译成“技术”或者翻译成“艺术”,都没有错。

希腊人是从另一个角度来区分艺术的,就像他们把人分为自由民和奴隶一样,他们也把艺术分成“自由艺术”和“奴隶艺术”。奴隶艺术主要指以体力劳动为主的艺术,如建筑、雕刻等;自由艺术主要指以心灵活动为主的艺术,如戏剧、诗歌等。中世纪的欧洲人区分艺术的方式,和古希腊人差不多,只不过是把奴隶艺术改成“机械艺术”就是了。在中世纪,自由艺术分为七种:语法、修辞、逻辑、算学、几何学、天文学和音乐;机械艺术也分成七种:烹饪术、裁剪术、造屋术、造车术、医药术、经商术和兵术等。欧洲人很喜欢“七”这个数字,就像中国人喜欢把什么都分成“九”或者“十”类什么的。自由艺术分为七种,因此被称为“七艺”。

西方古代和中世纪所说的艺术,不管是“自由艺术”还是“机械艺术”,都不包括现代人心目中的“艺术”。现在人们的“艺术”观念,是后来在文艺复兴时期形成的。文艺复兴是从意大利开始的,当时在意大利的佛罗伦萨有一个著名的人文学者马西里奥 · 费西诺,他在 1492 年的一封信中,第一次把绘画和雕塑列入“七艺”。

又过了 250 年,到了 1747 年,法国哲学家夏尔 · 巴托发表了《简化成一个单一原则的美的艺术》,把绘画、雕塑、音乐等等合在一起,叫做 les beaux arts,直接翻译过来就是“美的艺术”。把艺术称为“美的”,主要是想把“纯艺术”和实用的手工艺分开来,以抬高“艺术家”

的地位。文艺复兴时期形成的这样一种艺术观念,经过了18、19世纪的思想家和艺术家的进一步拔高和夸大,一直传到了我们今天。但是,把艺术界定为优美的、无关利害的、高雅的,不仅不完全符合艺术的本来面目,而且也人为地把艺术和实际生活隔离开来,似乎只有在音乐厅里拉小提琴才叫"艺术",像厨师调味、农妇剪窗花这些镶嵌在日常生活中的活动就不是艺术,似乎一谈贝多芬、巴尔扎克和梵高,整个人就高雅了,一谈机器猫、张曼玉和F4,整个人就庸俗了。然而,所谓"艺术"真的一定要这样认识吗?

柏拉图为什么要把诗人逐出"理想国"?

诗在古希腊的地位是相当高的。几乎所有的古希腊公民都会吟咏荷马史诗(约于公元前6世纪正式成文),连朗诵荷马史诗的艺人也颇受人尊敬。约公元前6世纪末,古希腊人从酒神祭奠仪式中,发展出一种新的诗歌体裁——悲剧。悲剧取材于神话和传说,并不断从荷马史诗中汲取灵感和养分。几乎与悲剧同时兴起的,还有喜剧。悲剧是严肃的,喜剧是活泼的,它们和史诗一样,都被归入"诗"的领域。

在柏拉图(公元前427~前347年)那个时代,悲剧和喜剧艺术已经发展到了顶峰,古希腊人热衷于看戏演戏,乃至达到万人空巷、如痴如狂的地步。柏拉图本人和很多雅典青年一样,是悲剧艺术的爱好者,可是,自从他20岁左右师从苏格拉底(公元前469~前399年)学习哲学后,便有了比钻研诗艺更为崇高的追求,即追求真理和为城邦立法。据尼采考证说,他甚至为此焚毁了自己的诗稿。柏拉图是一个有政治抱负的雅典青年,他对那时的政治制度十分失望,认为"除非真正追随哲学的人获得政治权利,或者拥有政治控制权的阶级靠天赐良机变成真正的哲学家,人类将不会有好日子"。柏拉图写于50岁左右的对话体著作《理想国》,充分体现了这种哲学家称王的政治理想,正是在这篇最长、最成熟的对话中,柏拉图提议要把诗人赶出理想国。

希腊人把荷马看做自己的老师,柏拉图在《理想国》中却一反常人的看法,对《荷马史诗》提出了严厉的批评。在柏拉图看来,神本应比人更完美,《荷马史诗》里描写的"神",却常犯平常人所犯的罪恶,如互相争吵、互相陷害、说谎欺人、奸淫掳掠、爱财受贿、贪图享乐,等等。青年人若以此为榜样,将无法培养出真诚、勇敢、镇静、有节制这些公民应该具有的美德。另外,史诗和悲剧往往都不让好人有好报,这对于培养青年人的正义感有害无益。

总之,柏拉图只允许理想国里的青年人摹仿善人的善言善行,为此缘故,那些摹仿低劣小人的艺术是要不得的。甚而以摹仿来取乐也是不允许的,那些以摹仿各种人物的口吻和腔调取悦观众的诵诗人就像小丑一样,为了城邦的长治久安,必须把这种有摹仿癖的人涂上香水,戴上羽毛,送到别的城邦去。这就是柏拉图以哲学之名驱逐诗人的著名公案。在这样一个理想国中,只有少数符合政治标准的诗和诗人才得以幸存。以我们现代人的眼光审视,这样一个枯燥无趣的国度,似乎并不如柏拉图想象的那般理想。

亚里士多德为什么要为诗作辩护?

柏拉图在把诗人逐出理想国时,说过这么一段话:"诗的本质既如我们所说的,理性使我们不得不驱逐她。如果诗要怪我们粗暴无礼,我们也可以告诉她说,哲学和诗的官司已经打得很久了……如果她能找到理由,证明她在一个政治修明的国家里有合法的地位,我们还是很乐意欢迎她回来。我们无妨定一个准她回来的条件,就是先让她自己作一篇辩护诗,用抒情的或其他的韵律都可以。"

柏拉图的这段话,大概被他的学生亚里士多德(公元前384/3~前322年)牢记在心里,在有幸保存下来的《诗学》中,亚里士多德从哲学角度为诗作出了很好的辩护。柏拉图对诗的诉状,主要在于诗远离"真知"。亚里士多德认为,诗属于技艺,凡技艺都是一种"知",因此诗也是一种"知"。不仅如此,由于诗这种技艺起于闲暇,因此较之其他技艺离理论化认知更近。其次,诗人善摹仿并不全是小丑行径。摹仿是人的天性,人类从孩提时代起便通过摹仿而求知,也就是说,摹仿并不像柏拉图说的那样是"远离真实的"。其三,诗中的摹仿叙事,使人愉快,但"滋养快感"并不能算是诗的罪状,相反,诗对情绪起净化作用,有益于听众的身心健康。其四,诗中的摹仿并不像柏拉图说的那样,和照镜子一样简单,诗人是情节的编制者,而不是影像的复制者,"历史家描述已发生的事,而诗人却描述可能发生的事,因此,诗比历史是更哲学的、更严肃的:因为诗所说的多半带有普遍性,而历史所说的则是个别的事"。

亚里士多德为诗所作的辩护,以"诗高于历史"这个观点最为出名。从这个角度来看,诗并不是远离真实的,它所再现的不是生活的表象,而是生活的本质。

诗与画的区别是什么?

在古希腊,画的地位远远不及诗。古希腊著名诗人赫西俄德(约公元前8世纪上半叶)在《神谱》中首次把文艺女神(缪斯)定为九个,她们掌管着诗歌、音乐和舞蹈,却与绘画、雕塑等造型艺术没有任何关系。

简略地说,这种抬高诗的地位、贬低造型艺术的做法,一直延续到16世纪文艺复兴时代,才被彻底扭转过来。

文艺复兴时期,画家和雕塑家的地位逐步上升,视觉艺术从一种低级的机械艺术上升为一种自由艺术。对于达·芬奇这样的绘画大师而言,绘画破天荒地被认为要高于诗。为了使造型艺术争取到与诗相并列的地位,许多美学家对造型艺术与诗进行了比较。一般来说,人们会把18世纪德国启蒙思想家莱辛的《拉奥孔》,视为诗画对比研究的巅峰之作。莱辛的这部著作,发表于1766年,全称为《拉奥孔或称论画与诗的界限》。在莱辛那个时代,画的地位已经不成问题,因此莱辛站在一个更为超然的角度,对画与诗进行了细致的比较。莱辛认为"诗画同源说"会把艺术专家们引入歧途,"它在诗里导致追求描绘的狂热,在画里导致追求寓意的狂热”。接下来,莱辛以拉奥孔这一母题在诗与画之中的不同表现为例,深入剖析了“画”与“诗”各自所擅长的方面。

拉奥孔是古希腊传说中特洛伊城的祭司,希腊联军为夺回海伦,久攻特洛伊城不下,最后佯装撤退,藏兵于木马中,拉奥孔极力劝阻特洛伊人不要把木马搬入城内,结果惹怒了袒护希腊人的海神,海神派两条大蛇把拉奥孔和他的两个儿子一并绞死。希腊晚期雕塑家曾以这个故事为题材,塑造了一组群雕,这组群雕被发掘出来后,曾得到德国艺术史家温克尔曼(1717 ~ 1768 年)的高度称赞,温克尔曼说,拉奥孔虽然极其痛苦,其面孔和全身却没有显示出任何狂热的动乱,如果说在维吉尔的诗中拉奥孔放声哀号的话,那么在雕像中则体现出一种“高贵的单纯和静穆的伟大”。莱辛不认可此说,他认为雕塑中的拉奥孔之所以如此平静,并非希腊人以号泣为耻,而是造型艺术的特性使然。造型艺术是空间的艺术,它只能摹仿时间中的一个顷刻,因此不能不考虑截取那些更为本质性的瞬间来加以表现,号哭的瞬间显然不具有这种特性。此外,造型艺术直接诉诸视觉,在表现号泣时难免使人不快。以拉奥孔为例,假如张大嘴巴号哭的话,会使面孔变得扭曲狰狞,张大的口还会在雕像或画面上形成一个难看的黑洞,这会妨碍观众对拉奥孔起同情心。

总而言之,在莱辛看来,画与诗的区别是空间艺术和时间艺术的区别,绘画擅长摹仿在空间中并列的事物,诗则擅长摹仿在时间中先后承续的动作(也即情节)。绘画或雕塑所擅长的方面是描绘物体的美,也就是制造出一种空间上的和谐一致,诗歌在这方面就不擅长,例如荷马从不直接描写海伦的五官和身段,但他另有办法来唤起人们对于美的想象力,例如,通过一群老头子的窃窃私语来暗示海伦的倾国之貌。

艺术趣味有高低之分吗?

人们很难就某一艺术作品的好坏达成一致意见,争来争去,最后不得不承认“萝卜青菜,各有所爱”,彼此勉强不得。“萝卜青菜,各有所爱”是一句中国俗语,与它大致相当的西方俗语是“趣味无争论”。趣味果真无争论吗?我觉得这部作品好,你觉得这部作品差,我喜欢得不得了,你对之深恶痛绝,这其间难道没有对错可言吗?如果没有对错可言,世人为何一致公认荷马的史诗、曹雪芹的《红楼梦》是不朽的、伟大的,而地摊上的言情小说是短暂的、浅俗的呢?

支持“趣味无争论”的一个论点,是“情感无对错”,我喜欢它,你讨厌它,都一样是真实的情感,无所谓正确错误。情感都是自发产生的,你说了一千条该去爱一个人的理由,也未必能使我萌生爱意,正如周星驰在《大话西游》里问的那样:“爱一个人需要理由吗?需要吗?不需要吗?”情感确实无对错可言,转念一想,行为却又是有对错的,爱一个人不仅是情感上的,也是行动上的,凡涉及行动,就有正义和非正义、恰当和不恰当的区别。例如,你对谁动心是挡不住的,婚外恋却是要受谴责的。这是对人,那么对作品来说,情况是否一样呢?面对一部作品,我们通常并不采取行动,至少当我们判断其好坏的时候,我们只是说说而已,比如说“我觉得它不错!”、“我好喜欢它”,等等。

不过,审美判断并不只表达了一种情感好恶,评价一个东西是“美”的,与说“我喜欢它”并不完全等值。“美”和“好”、“不错”一样,都是价值判断词,当你使用它的时候,你就得为它负责。当一个人所下判断多半是正确的或者是有根有据的时候,我们会说他有良好的判断力。如果一个人在艺术鉴赏或人物品评上具有“良好判断力”,我们就会称他有“品味”,或者说,有“好的趣味”(good taste)。

艺术趣味问题,涉及人们如何来评判艺术作品的好坏。然而,究竟有无共通标准来评判不同艺术作品的高低?这是人们从事艺术批评时所需面对的首要问题。休谟在《论趣味的标准》一文中,对这个问题曾有十分精彩的论述。他的主要观点可概括为:虽口味因人而异,但口味仍有精粗之别。无论是情感上,还是理智上,如果不是足够敏感的话,就无法感受到作品的精妙之处,于是也就无权评判其好坏。趣味的高低,有天赋的成分(如耳朵比别人灵敏,智商比别人高,等等），但更重要的是经验的积累。审美判断力的养成，依赖于对艺术作品的反复把玩，唯有粗俗的人才会把艺术品仅仅当做精神快餐，只求得到一时的快感。

“天才”与常人有何不同？

人们很早就把艺术家和天才连在一起。古希腊哲学家柏拉图在《伊安篇》中曾说，“凡是高明的诗人，无论在史诗或抒情诗方面，都不是凭技艺来做成他们的优美的诗歌，而是因为他们得到灵感，有神力凭附着。”

到18世纪的时候，人们已经把艺术家和工匠区别开来。工匠靠的是摹仿，艺术家凭的则是“天才”。鼓吹这一点的，以康德和叔本华最为著名。

康德认为，艺术家的独创能力得之于天，“他们自己也不知道（是怎么回事），因而也不能教给别人”，人亡则技绝，只能“等到大自然再度赋予另一个人同样的才能”。

康德之后的德国哲学家叔本华（1788～1860年）明确表示要走柏拉图的路线，而不是亚里士多德的路线，并且认为这是康德哲学“正确的”发展方向。叔本华对柏拉图和康德的解读多少有点“六经注我”的味道，但这并不妨碍他在“天才说”上取得独树一帜的成就。如果说康德哲学依然隶属于高举科学和理性旗帜的启蒙路线的话，叔本华的哲学便可以说已走上了浪漫主义的道路。在这条道路上，柏拉图和亚里士多德，科学和艺术，理智和直观，机械和有机，庸人和天才是相互对立着的。在叔本华或当时的浪漫主义诗人看来，“天才”不仅区别于匠人，还区别于所有的常人。常人追名逐利，虽然长了眼睛，却不明了生活的真相，艺术家或天才却能直达事物的本质，究其原因，乃在于他们有一种独到的眼光。据说，一个人是否是“天才”，可以从相貌上看出来，普通人的眼神要么是贪婪的，要么是无聊的或呆滞的；天才的眼神却是“既活泼又坚定，带有静观、观审的特征”。天才的眼神之所以能够如此接近于神明，是因为他达到了忘我的境界，“从意志的奴役之下解放出来”。这种无欲无求的眼光在叔本华那里被称之为“审美观照”。

“审美观照说”，构成了整个西方近代美学的基调，同时也引起了很多中国人的共鸣，如王国维、蔡元培、朱光潜等著名的美学家，他们在阅读叔本华时会本能地回想起“万物静观皆自得，四时佳兴与人同”的古典诗句，尽管这并不见得是叔本华的本意。

古希腊悲剧中的歌队代表本原的激情吗？

悲剧演出，是古希腊文化鼎盛时期最重要的事情。与我国现当代较为常见的话剧形式相比，古希腊悲剧有两个比较突出的特色：一是演出时演员必须戴面具，二是舞台上有一支歌队与剧中人物相应和。孟京辉的实验话剧之所以显得新颖，原因之一，就是他在传统话剧的单线叙事中，引入了类似于歌队的机制。在孟京辉的话剧中，演员可分两类：一类是扮演某角色的演员，一类是暂时不扮演任何角色的演员，他们从所演角色中退出，超脱于剧情发展之外，作为旁观者和剧中人物对话。后面这类人所起的作用，就相当于古希腊悲剧中的歌队。

歌队在古希腊悲剧中所起的作用，是比较复杂的。悲剧脱胎于酒神颂歌，起初只有扮作酒神仆从（也即半人半羊的精灵“萨提尔”）的歌队，后来才出现了单个演员。“悲剧之父”埃斯库罗斯最早把演员由一名增至两名，并削减了歌队的合唱，使歌队的作用成为辅助性的。但我们不能由此把歌队简单地等同于提供背景音乐的乐队。实际上，歌队和剧中人保持着一种复杂的对话关系，这样一种对话，不仅有利于展现人物的内心世界，推进情节的发展，还可以代替观众抒发感情和发表评论。德国思想家施莱格尔就曾认为歌队相当于“理想观众”，而大诗人席勒则把歌队比作“活动的城墙”，这堵城墙“把汹涌的现实挡在舞台外面”。

不过，真正突出歌队的作用的是19世纪末期的德国哲学家尼采。

在尼采看来，悲剧的真正意义并不在叙事，而在于抒发一种神秘的情感，歌队不是为故事情节服务的，故事情节反倒是为歌队服务的。尼采的《悲剧的诞生》一书，其着眼点就在于，使经过理性洗礼而丧失其原始含义的悲剧，回到它神秘的起源上去。悲剧起源于祭奠酒神的秘仪，这种仪式的意味与其说是宗教的，不如说是纵欲和狂欢的。正是在这种酒后的狂欢中，尼采看到了一种本原的生命意志，它是虚幻的表象世界最后的根基。尼采在书房中为他的悲剧哲学构造了一部希腊悲剧的发生史：悲剧中的歌队从陶醉在酒神秘仪中的“萨提尔”演变而来，舞台上演出的“故事”由歌队所生的幻觉发展而来。在尼采的悲剧哲学中，半人半羊的酒神仆从“萨提尔”是一切文明背后的自然生灵，是人的本真形象的体现，悲剧演出就像一场野蛮人的狂欢，“这里，人的本真形象洗去了文明的铅华。这里，显现了真实的人，长胡子的萨提尔，正向着他的神灵欢呼。在他面前，文明人皱缩成一幅虚假的讽刺画”。

尼采如此注重歌队自然有他的理由，但他拿不出太多的证据来表明悲剧确实是这样诞生的。尼采对古希腊悲剧的想象，明显带有浪漫主义的印记。在这里，重要的不是情节的合情合理，而是激情以及作为激情最直接表达的神秘的歌唱。

为什么艺术能够医治“文明病”？

德国著名的文学家、思想家席勒(1759～1805年)，曾在《审美教育书简》中提出要用“美的艺术”来医治“现代文明的疾病”。

在他看来，“现代文明”是一种“机械文明”，即各部分之间缺乏有机联系的文明，在这里“无限多但都没有生命的部分拼凑在一起从而构成了一个机械生活的整体”，在这样一个拼凑起来的社会中，本应粘合在一起的东西全都分裂开来，“国家与教会，法律与道德习俗都分裂开来了；享受与劳动，手段与目的，努力与报酬都彼此脱节”。在诸多分裂中，最大的分裂就是个人与社会的脱节。从社会学的角度来看，传统的乡土社会,是一个熟人熟脸的社会,人和人之间“知根知底”,现代社会却是一个“抽象社会”,人际关系变得越来越“抽象”。例如,人和人的关系可以抽象到一纸契约,大街上迎面而来的行人多半素不相识,而这在乡村简直是不可想象的。席勒的年代,社会学还没有诞生,德国的现代化程度也相当低,但席勒却以诗人的敏感察觉到一个全新时代的降临。席勒对现代社会关系的抽象性质,预先做了精彩的描述,他说,“为了使整体的抽象能苟延残喘,个别的具体的生活逐渐被消灭……人永远被束缚在整体的一个孤零零的小碎片上……他耳朵里听到的永远只是他推动的那个齿轮发出的单调乏味的嘈杂声,他永远不能发展他本质的和谐。”

约五十年后,马克思在一部写于巴黎的手稿中,对现代工人的生存状况,做出了类似的描述。他提出的解决方案是,为使人的本性“复归”,必须进一步发展工业,以此来消灭私有财产。面对同样的问题,席勒当时却开出了另外一副药方:施行审美教育。在席勒看来,人性中有两种冲动:一种是感性的,一种是理性的;感性是被动的,理性是主动的,因此理性可以给人带来自由。可是感性的人(物质的人)并不能直接发展为理性的人(精神的人),而首先必须变成“审美的人”。那么,如何变成“审美的人”呢?这就得通过“审美教育”或者说“艺术教育”来实现。在席勒看来,艺术的本质是自由自在的游戏,游戏能够沟通“感性”和“理性”,因此能使人成为完全意义上的人,这样一来,现代人的“文明病”就可以治愈了。

我们为什么喜爱《哈里·波特》?

有很多人都读过《哈里·波特》,更多的人看过这部电影。人们为什么对《哈里·波特》这样的故事特别着迷呢?不消说,因为那里面有一个魔法的世界。

我们都向往充满魅力的生活。魅力(enchantment)在西方语言中也可称作魔力或魔法。魔法的世界,随着中世纪的衰落而衰落了,启蒙思想家因破除了封建迷信而拍手称快,浪漫的诗人们却觉得世界少了几分生气。中世纪的生活是否有魅力,这是另一个问题,诗人们所热烈歌颂的过去,主要基于他们自己的想象。19 世纪德国浪漫派诗人热衷于想象一个神奇的世界,他们受了本国和法国民间故事和童话的影响,写出了不少充满魔法和奇迹的故事。他们喜爱"童话",就像我们热衷于《哈里·波特》一样。如果说启蒙的任务是去"魔",那么浪漫派的任务就是重新使世界"魔化",使工业化的现代生活不失魅力。浪漫派所理解的诗意,并不是中国山水诗人体会的那种宁静空旷,而是一种引人生发无限憧憬和希望的童话境界。他们所提倡的"人生的诗化",实际上就是世界的魔法化或童话化。

在诸多德国浪漫派诗人中,诺瓦利斯(1772 ~ 1801 年)恐怕是最言行一致的人了。在一个行驶着蒸汽机车的时代,有几个人会真的相信存在着林中仙女或美丽的天使呢?诺瓦利斯是少数几个认真对待神话故事和童话故事的作家。诺瓦利斯相信他早逝的初恋情人索菲(15 岁去世)并没有离开这个世界,相信"梦中那神秘的兰花"终将展现在追随其后的诗人面前。索菲的死,不仅没有使诗人的梦幻破灭,反而使诗人找到了"开启万物的钥匙"。在生命的最后几年,诺瓦利斯创作出了一部感人至深的童话小说《奥夫特丁根》。小说讲述了一个名叫奥夫特丁根的年轻人的故事。这个年轻人在梦中见到一朵兰花,从此寝食难安,从而踏上寻找梦中兰花的漫长旅途。自那以后,"梦中兰花"成为一个全世界知名的象征,它守护着全世界最纯真、最青春的梦想。

诺瓦利斯的故事,在现代人看来,虽然浪漫,但不够热闹。在快节奏的今天,多数人不再去阅读诺瓦利斯,而是到电影院去看《哈里·波特》了。

为什么说"一切诗都是童话"?

在中国,"童话"与儿童有着紧密关系。中国自古就有"童谣"的说法。“谣”是韵文的,“话”是散文的,童话的含义和童谣相距不远。早期中华书局的《中华成语词典》里,“童话”解释为,“专备儿童阅读的故事书”。此后各种辞典中的“童话”,都专指给儿童看的故事;而后又增加了“对儿童进行思想教育”等文句。

西方语言中没有与中文“童话”完全对应的词,如安徒生把他的早期作品称之为 eventyr(富于幻想的故事),后期作品称之为 historier(故事),它们在中文里统统译为“童话”。英文里的“童话”是 fairy tale。据专家考证,fairy 起源于拉丁语的 factum,是一种小仙子,“他助人为善,偶尔也做点可原谅的坏事。他能周知并支配一切事,他身躯虽小,但也能自由变大,他发怒时可以使人和动物立即麻痹,他快乐时却喜欢唱歌。他的魔棒一触及儿童,就能使儿童做美梦,他每晚都要去小孩子家,用棒叫小孩子睡觉。”

德文里的童话是 Märchen,和仙女没有直接关系。Märchen 的意思是故事。格林兄弟收集整理的民间故事集,全称是“儿童和家庭童话集”,其中的故事并不一定是讲给孩子听的,更不是孩子创作出来的,这些口口相传的故事,像镜子一样反映了中世纪手工艺人和农民质朴的愿望和梦想。

童话和民歌对浪漫派的创作产生了很大影响。德国浪漫派最出色的诗人诺瓦利斯发展出了一套童话理论,他说,“万事万物都归结为诗,而所有的诗意都必须是童话式的。”在这位诗人哲学家看来,童话的地位是至高无上的,绝不仅仅是哄低幼儿童睡觉的床边故事。事实上,德国浪漫派创作的童话都不是为低幼儿童写的,而是为心智健全的成年人写的。

为什么民间故事没有作者?

今天的艺术家或作家已经习惯了在自己作品上署名或签字,也有无数的法律条文对著作权、署名权进行保护,可是我们却很难找到民间故事的作者,更不必说通过法律来保障他们的权益。民间故事是一种口口相传的故事，当它见诸文字的时候，离开诞生地已经很远了。然而，我们并不仅仅是因为时空的遥远而无法发现它的作者，从原则上来说，民间故事是没有作者的。

民间故事不是一次成形的，而是在传播过程中成形，这决定了它不可能只有“一个”作者。故事如此，诗歌也是这样。德国诗人海涅曾如此描述一首民歌的诞生过程：“编撰这些民歌的，通常是些居止不定的民众，如流浪汉、士兵、到处行游的学生和手工业学徒，其中特别是手工业学徒。我在徒步旅行中，常常和这些人打交道，发现他们遇到任何一件不寻常的事情，都能顺口编出一首民歌，或者昂首向着辽阔的长空吹出一阵口哨。于是枝头的啼鸟静静地倾听起来。然后又有一个学徒，背背小行囊，手提旅行杖，悠悠然信步走来，这时他们就向他吹起那首曲子，他就唱起来，并给这首曲子配上所缺的词，一首民歌就算完成了。歌词从天上掉到这些学徒口边，他只需把它们唱出来就行了，这些词句比我们搜索枯肠找出来的所有优美诗句更富有诗意。”民歌或者民间故事，在听、说、唱的过程中，不断重复并更新自己。人们往往会发现一首民歌有好几种唱法，一个故事有好几个版本，这都是听众根据自己的理解加以改动而造成的。这种改动并不一定是有意的，许多人都玩过传话游戏，知道任何一句话在传了十遍后都会产生意想不到的变化，所以，当一个故事取得确定的形态时，很可能已经和最初讲述的故事相距很远了。

小说是受过专门训练的作家创作的，民间故事却是由劳动群众即兴讲述的。缺乏受过专门训练的“作者”，并不意味着民间故事一定是粗制滥造、不深刻的。德国思想家本雅明在《讲故事的人》(1936 年)一文中，曾把“讲故事”比作酿酒或制陶，讲故事的人“先把事情浸润到讲自己的生活中，然后再从中取出来”，“如同陶瓷艺人的手绘图案印在陶坯上一样，讲故事的人的种种生活痕迹也会印在故事中”。如果说现代人的文化是快餐文化的话，那么，逝去的手工艺时代里的那些故事，就像是陈年佳酿，自然天成，令人回味无穷。

黑格尔为什么说艺术终结了?

德国哲学家黑格尔(1770~1831年)曾经宣称,艺术的时代已经终结。黑格尔把整个历史看做是一部心灵逐步摆脱有形事物从而获得自由的历史。人不同于动物的地方在于,人是有心灵的,吃饭睡觉能使动物满足,却不能使人满足,人还要进一步走进心灵的领域,希求一种更高的真实境界。艺术、宗教和哲学都是以追求"真实境界"为己任的。不过,这三者的地位不同。

艺术通过感性形象把真实呈现于意识,宗教抛开感性形象,直接去面对神膜拜神的真理,哲学则去除了宗教的情绪性和艺术的感性,直接用思考的方式来把握真理。这可以说是追求真实境界的三个阶段,所以,艺术终结于宗教,宗教终结于哲学,便是顺理成章的事情。这不是说艺术从此会从生活中消失,而是说当人类心灵进展到更高层次时,便不再满足于通过感性形象来把握真理。黑格尔说,现时代的人"已不再把艺术看做体现真实的最高方式……我们尽管可以希望艺术还会蒸蒸日上,日趋完善,但是艺术的形式已不复是心灵的最高需要了。我们尽管觉得希腊神像还很优美,天父、基督和玛利亚在艺术里也表现得很庄严完备,但是这都是徒然的,我们不再屈膝膜拜了"。

我们也许可以举个例子来解释黑格尔的意思。中国的古代诗词经历过它的辉煌。近代中国人虽然好像也能写出唐诗宋词那样的诗句,但他们早已没有了古人那种心境,他们写的东西只不过在表面上和古人的诗相似而已。古诗已不足以表达今人对生活的全部感受,于是才有胡适等人出来提倡"白话诗运动",从而使古老的诗歌艺术重获生机。但甚至白话诗也面临着"终结"的问题。大家都更愿意看电影,而不愿意读诗。可是,电影也有让人看腻的时候。如今到了互联网时代,人们都可以自由地表达自己,如上网发言、数码摄像等,他们又何必全都涌到电影院中去看少数人表演呢?

既然电影这种最强大的当代艺术形式都有终结的危险,谁还有把握说艺术本身不会面临终结的命运呢?

小说是怎么诞生的?

小说是现代社会的产物。小说讲述一个故事,但小说不等于讲故事。自古以来,人们就会讲故事。故事编织在生活中,口口相传,小说却不是这样,它是由一个单独的作家为潜在的消费群体而创作的。小说是随着市民阶层的兴起和文化市场的建立而逐渐形成的一种文学形式。

在小说兴起之初,穷人一般还买不起书,读者多属中产阶级,尽管读者大众的队伍有了相当大的扩展,但一般说来它还未扩大到商人和店主的范围之外去,比较幸运的学徒和家庭佣人是很重要的例外。但这已经是一个了不起的变化。作家不再寻求贵族的庇护,也不再为沙龙里风雅的女主人创作传奇故事和抒情歌谣,他们开始取得自身的独立地位。这种独立地位是由市场赋予的。市场解除了直接的人身依附关系,在市场上,作家面对的是没有统一口味的潜在的买主,只要有人愿意买,作品也就有了生存和传播的机会。不少报刊也开始连载小说,而报刊以其低廉的价格和惊人的印数进一步扩大了小说的消费群体,适合于不同社会阶层阅读的作品,都能找到自己的买主。早期的小说家也正是在报刊上施展他们的才能,他们或者直接参与花边新闻的制造,或者把他们的虚构作品镶嵌在新闻报道和政论文章的边角处。德国现代思想家本雅明在《发达资本主义时代的抒情诗人》一书中,为我们描绘了19世纪的文人像业余侦探一样在巴黎各个角落游逛的场景。这些文人在酒吧和街头打听和捕捉各种花边新闻、小道消息,“他们像游手好闲之徒一样逛进市场,似乎只为四处瞧瞧,实际上却是想找一个买主”。

新兴的小说一方面是文学市场化的产物,另一方面也在很大程度上担负了“认识社会、记录生活”的功能,而这一功能是传统的故事、诗歌所无法承载的。

西方现代艺术关心政治吗?

法国唯美主义诗人戈蒂耶(1811~1872年)曾说,“一般来说,一件东西一旦变得有用,就不再是美的了;一旦进入实际生活,诗歌就变成了散文,自由变成了奴役。所有的艺术都是如此。艺术,是自由,是奢侈,是繁荣,是灵魂在欢乐中的充分发展。绘画、雕塑、音乐,都决不为任何目的服务。现在有、将来也永远会有这样一些艺术的灵魂,对他们来说,安格尔和德拉克洛瓦的油画、布朗热和德冈的水彩,比铁路和汽船更为有用。”金钱社会太功利、太残酷,所以艺术家要用他们富于诗意的想象力建立一个现实之外的桃花源。

然而,无论浪漫主义或唯美主义者喜欢还是不喜欢,现代化的生活方式终究还是铺天盖地地到来了。蒸汽机、博览会、报纸、街头的人群、大城市沸腾的生活场景,这些东西没过多久就侵入到以诗情画意自居的艺术领域。19世纪新兴的市民小说擅长于描写普通人生活的细节,在这里,“丑陋、骚乱、低贱的东西都成了艺术的题材,性与垂死的惨状现在也允许进入艺术的殿堂”。

小说在诞生之初主要体现中产阶级的趣味,满足中产阶级的幻想,但很快“穷人和受轻视的阶级”的生活也进入叙事领域。有人做过统计,纯想象的作品在1840至1850年与1830至1840年相比销售量几乎下降一半,这只能表明文学的纪实功能越来越受到人们的关注。艺术家们不仅关注现实,而且想改变现实,这就使得艺术朝向政治化的方向发展。想要改变现实的艺术家大多行为比较激进,如德国表现主义的诗人、戏剧家和画家们,他们自比耶稣、先知或革命者,把从事艺术视为从事革命行动。在此之后,不断有艺术家扮演批判者、革命者或救世主,他们发表宣言,掀起运动,通过艺术介入到沸腾的历史中去。从表现主义、达达主义、超现实主义、未来主义一直到披头士,现代主义艺术一直保持了一种革命化、政治化的倾向。然而,令这些资本主义的激进抗议者沮丧的是,在社会主义文艺批评家看来,他们不仅不是革命的和先锋的，而且还是颓废和没落的。

为什么阿多诺说艺术越是反社会就越具有社会性？

从一般的观念看来，只有“反映”或“介入”社会现实的作品，才具有社会意义，那些“远离”社会生活的作品，都是非社会的。西方马克思主义的著名代表人物阿多诺（1903～1969年）却语出惊人，说艺术的社会性恰好来自它的“反社会”。

阿多诺认为，资本主义社会有一种强大的同化力量，这种同化力量使个人沦为社会机器上的螺丝钉。阿多诺一向对整体主义或集体主义比较警惕，在他看来，在一个压制性的集体主义时代，孤独不依的艺术创作者身上体现了与大多数人作斗争的抗拒力，这种抗拒力是艺术的必要条件。没有这种个体性，艺术就会失去社会真实性。所谓社会真实性，在阿多诺那里并不表现为“反映”社会现实，而是表现为对社会的拒绝或反抗。

马克思早就提出，艺术在本质上是和资本主义社会格格不入的。阿多诺接过马克思的观点，提倡艺术的独立自主。所谓独立自主，并不是和社会完全没有关系。在阿多诺看来，不管艺术家采取何种姿态，从事何种创作，他都生活在社会中，唯一不同的是粉饰现实还是拒绝或反抗现实。而艺术品越是独立自主，越是表现得像世外之物，就越能构成对现实世界的否定和批判。

表面上自成一体的艺术，实际上和“不同于自己的东西”有密切的联系。艺术正是作为现实世界的异质力量和现实世界发生关系的。例如，卡夫卡的《变形记》写一个小职员一觉醒来变成了大甲虫，这在现实生活中是绝不可能发生的，但这篇小说恰好是在这里提出了对非人性的现实的控诉，这种非人性的现实把人变成了他所不是的东西，变成了令人感到恶心的大甲虫。

杜尚为什么把小便池送到艺术展览会参展?

今天所说的“艺术”(“美的艺术”),最终形成于18世纪中叶。这一艺术观念的形成,不仅和画家、雕塑家、建筑师社会地位的提高,和美学家所作的理论努力有关,而且还和艺术博物馆体制的建立有关。如巴黎著名的卢浮宫博物馆,原建于12世纪,为巴黎一座官邸,自1793年11月8日起,它改为艺术博物馆,不仅收藏着举世闻名的绘画和雕塑作品,而且还收藏有许多原本不属于艺术的人工制品,如古代人的生活用品。一件东西藏在艺术博物馆中,就变成了艺术品,这表明艺术博物馆在确立何物是艺术品时扮演了举足轻重的角色。

艺术博物馆所发挥的这种作用,在杜尚以后遭到了人们越来越多的怀疑。杜尚(1887~1968年)是西方现代艺术发展史中一位里程碑式的人物,1913年,他把自行车轮固定在凳子上,作为“雕塑品”送到“军械库画展”参展;1917年,他把一个题名为“泉”的小便池提交给“独立艺术家展”。那次展览会拒绝了这件“作品”,但杜尚的这种做法却传遍了艺术界内外。杜尚为什么要做出这种近似于恶作剧的事情呢?评论家认为,杜尚意在模糊艺术与非艺术的边界,同时也是对艺术博物馆体制提出挑战。具有讽刺意味的是,如今,他的这两件“现成品”都堂而皇之地摆放在艺术博物馆中,成为具有重大艺术史意义的“艺术品”。

和杜尚一样,阿多诺也曾对艺术博物馆体制提出质疑。阿多诺说,“作品刚刚问世是极具批判力的,过后它就变得中立起来,一旦送进博物馆,其真实内容就消退了。”如果说杜尚向人们提出了“艺术博物馆中有什么不是艺术?”这个问题,那么,阿多诺则向人们提出了“博物馆中的艺术品还是艺术吗?”这个更具挑战性的问题。杜尚所反抗的是艺术界的惯例,阿多诺所反抗的则是“肯定文化”对艺术的束缚。所谓“肯定文化”是指一种肯定现实或者说粉饰现实的文化,它把过去时代产生的经典作品当做神圣不可触犯的东西供奉起来,贩卖它们的复制品,并把这些复制品当做高雅的东西来装点我们的生活。然而,艺术作品一旦成了生活的装点,就成了可有可无的东西。既然我们可以用莫扎特的唱片来装点我们的生活,我们为什么不能用爵士乐来装点我们的生活呢?肯定文化,实际上并不真正尊敬莫扎特,而是把莫扎特转化为一种无害于现实的消费品,让人们在高雅的艺术“享受”中,丧失源于生活的艺术创造和表达能力。

为什么会发生移情?

“移情”有两个意思。我们平常说一个人“移情别恋”,是说这个人感情不专一,改变了自己所爱的对象。而在艺术理论中说到移情,却完全是另一个意思。

“移情说”最早由德国美学家立普斯(1851 ~ 1914 年)提出来的,意思是把情感或价值灌注到对象中去。在进行审美观照时,“我”看到的既是对象也是我放进对象里去的东西,这就是“移情”,例如,我看到带着离愁的杨柳,这里的“忧愁”就是我放到杨柳中去的,但它已经和我眼前的杨柳合为一体。

我国著名的美学家朱光潜先生曾把“移情作用”称之为“物我同一的现象”。人有一种“设身处地”或“推己及人”的能力,所以才能对他人和他物有了解和同情,“诗人和艺术家看世界,常把我外射为物,结果是死物的生命化,无情生命的有情化”,这样一种心理功能可称为“外射作用”。朱光潜指出,移情是一种“外射”,但外射不都是移情。如我觉得花红,这时我并不因此觉得我自己红,我没有忘记我和花是有分别的。可是,在“感时花溅泪,恨别鸟惊心”的诗境中,“花”本不会“含愁”,“愁”是我外射过去的,但这时我已经分不出花和我是两回事,我看到的就是“含愁的花”。外射作用由我及物,是单方面的;移情作用是双方面的,而且,不但由我及物,有时也由物及我。“我看见花凝愁带恨,不免自己也陪着花愁恨,我看见山耸然独立,不免自己也挺起腰杆来。”

可以说,“移情”的现象在艺术中是比较常见的,音响、颜色和诗歌中的意象,无不可以和我们的情绪相呼应,无不可以表现某种情绪,正是这种“感应”使得艺术具有某种特殊的感染力。

艺术作品中的世界比现实更有意义吗?

梵高是 19 世纪 20 世纪之交的大画家,他一生贫穷,但现在梵高的名字却家喻户晓,他的很多画是世界上售价最高的。梵高有一幅静物写生画,“农鞋”,这本来是梵高一幅比较平常的作品,但由于德国哲学家海德格尔(1889 ~ 1976 年)的一段议论,使它成了哲学家们的一个热点话题。

海德格尔在《艺术作品的本源》一文中,用了诗意的语言来描述梵高所画的农鞋:“从鞋之磨损了的、敞开着的黑洞中,可以看出劳动者艰辛的步履。在鞋之粗壮的坚实性中,透射出她在料峭的风中通过广阔与单调的田野时步履的凝重与坚韧。鞋上有泥土的湿润与丰厚。当暮色降临的时候,田野小道的孤寂在鞋底悄悄滑行。在这双鞋里,回响着大地之无声的召唤,呈现出大地之成熟谷物宁静的馈赠,以及大地在冬日田野之农闲的荒芜中神秘地冬眠。这器具浸透着对面包必然需求的无怨无艾的忧虑,浸透着克服贫困之后的无言喜悦,临产前痛苦的颤抖以及死亡临头时的战栗。这器具归属于大地,它在农妇的世界得到保护。”总而言之,梵高比农妇更知道什么是农鞋,他的画把农鞋的本质揭示了出来。但这怎么可能呢?

按照海德格尔的说法,假如一幅画只是把农鞋孤零零地呈现出来,就还没有把握农鞋所蕴涵的内容。而梵高这幅画的高明之处就在于,它表现出:这双农鞋之于农妇,并不仅仅是一双农鞋,农妇通过它和她生活在其中的世界产生了千丝万缕的联系,和原野上的风、田间小路、成熟的庄稼联系在一起。梵高的画深富蕴含,就在于它揭示了农妇的整个生活世界。

研究艺术史的学者有时声称海德格尔对这幅画的描述太夸张了,

而且,据说这双鞋并不属于哪个农妇,而是梵高自己的鞋。这些批评也许都不错,但是,海德格尔的基本观点对我们还是有启发的:艺术作品有时能呼唤我们用一种新的眼光来看待普普通通的事物,而世界就通过这些普普通通的事物更有意义地展现在我们的新的眼界里。

金庸的小说为什么引人入胜?

白日梦,是人们在清醒时的一种不由自主的幻想和期望,例如,工薪族走在大街上幻想自己中了500万彩票后的情形,这就是白日梦。奥地利心理学家弗洛伊德曾把文学作品视为作家伪装的白日梦,读者能够借助这"伪装的白日梦"享受自己的"白日梦",从而在愿望的满足中获得一种精神的愉悦。弗洛伊德的"白日梦学说"是否适用于所有的文学作品还很难说,但它至少适用于部分"代入式"的小说,如金庸的武侠小说。金庸小说中的主角多半是一位少年游侠,他不断地得到不露面的武林高手的指点和帮助,又经常受到各种美女的垂青,这样一位无比幸运的人物,和人们白日梦里的自我是那么相似,所以也难怪读者会把自己放到主人公的位置上,去经历他所经历的那些奇遇和缠绵悱恻的爱情。按照德国哲学家布洛赫的说法,梦想乃是人生最大的动力所在,照此看来,金庸的小说如此令人爱不释手也就不奇怪了。

同样的,许多人之所以通宵达旦地沉浸在电子游戏中,其奥妙也正在于它能够使人"享受自己的白日梦",满足他们的大大小小的愿望。比较典型的白日梦游戏,是冒险类的游戏,如根据金庸小说改编的"笑傲江湖"便是一例。在冒险类游戏中,游戏者置身于游戏中,受其悬念牵引,身不由己地往前走,新的奇遇涌现而来,一个又一个可爱的少女从天而降,一件又一件宝物在打开的箱子中闪闪发光,获得了它们,也就意味着在武功上进入一个新的层次。布洛赫曾把梦幻人生描述为"你出发了,上了路……想得到的却总是得不到",可是在电子游戏里你却可以心想事成,想得到的最后总能得到。你这个少年英雄，首先得搞清楚自己的方向和任务，你得去问路上所有能碰上的人，在问答中逐渐进入你的命运，让命运把你带到有宝藏和恶魔的地方。整个游戏是敞开的，一切由你自己决定，这点比武侠小说还吸引人，你不仅得自己去摸索前进的方向，而且还得自己手刃妖魔，自己挣钱配置盔甲、宝剑和盾牌。你不是孙悟空，你的“血”是有限的，弄得不好，就 game over 了，所以你得小心，你还要当心那些闪闪发光的珠宝盒，其中有些能置你于死地。但这一切都不足以阻拦你，即使 game over，但游戏是游戏，不是严酷的人生，你还可以从头开始。

可以说，代入式电子游戏的魅力，正在于它所包藏的梦想的魅力。

寺庙为什么常叫做“梵刹”、“梵宫”？

“梵”这个词来自印度的婆罗门教和印度教，意思是“清净”“寂静”“离开欲念”等，在梵文里面是 Brahman。婆罗门教和印度教认为梵是修行解脱的最后境界，是不生不灭的、长住的、无差别相的、无所不在的最高实体，也是宇宙的最高主宰。我们经常听到的“梵天”，也叫“大梵天”、创造神，在印度教和婆罗门教里是三大神之一，通常坐在莲花座上，坐骑是一只天鹅或者由七只鹅拉的一辆车；他是世界万物的始祖。“梵书”是婆罗门教的重要典籍，大概在公元前 1000 年到公元前 500 年间成书，为婆罗门教奠定了基础。

“梵刹”这个词，原来指的是佛国、佛土，后来转化为寺庙的美称，诗人有时也把“梵刹”叫做“梵宫”。寺院里的大钟因此也叫做“梵钟”，这是佛教的一种法器。

总之，带“梵”字的词，一般都和这几种宗教有关。不过也有例外，比如梵蒂冈虽说有“梵”字，却与印度宗教无关。不过，梵蒂冈是教皇国，它的名称里带个“梵”字，倒容易让中国人看出它是和宗教有关的。

为什么佛教徒常念“阿弥陀佛”？

信基督教的人，动不动就口中念念有词，“耶稣基督”不离口。信佛教的人,碰到高兴的事情、碰到看不惯的事情,都会在嘴里念“阿弥陀佛”。久而久之,这些词儿成了流行语,不信这些宗教的人也常常念叨。这个阿弥陀佛是个什么佛呢?

进过寺庙的人都知道,大殿里总是供着三座佛像。这三座佛像中间的那一个,当然是释迦摩尼佛。但其中哪个是阿弥陀佛呢?

佛寺里供的这三个佛,在佛教称作“三世佛”,指过去、现在、未来三世之佛。过去佛指迦叶诸佛,寺院塑像中特指燃灯佛,现在佛为释迦牟尼佛,未来佛是弥勒佛。以上共称为竖三世佛。不过,三世有时不是指过去、现在、未来三世,而是指三个佛世界,这时候,三世佛分别指东方净琉璃世界的药师佛、娑婆世界的释迦牟尼佛、西方极乐世界的阿弥陀佛,以上共称为横三世佛。阿弥陀佛就是横三世界里掌管极乐世界的佛。

卐字是什么意思?

我们在电影里常看见希特勒纳粹的标志——卐。可是我们也常常在佛寺等处看到这个标志。纳粹残忍嗜杀,佛教宣扬和平忍让,但却采用了同样的标志,实在是件怪事。于是有人说,纳粹的标志是卐,佛教里的标志是卍,两个标志是倒过来的,不是同一个标志。这个说法并不正确。

首先要我们要说的是,这个字念 wàn,四声,笔画是四划。它原来是古代的一种符咒、护符或者宗教标志,大概是太阳或者火的标志,在古印度、波斯和希腊等国家都有。婆罗门教、佛教、耆那教等都使用这个符号,它在梵文里被称作 Srivatsalaksana,意思是“胸部的吉祥标志”,中国古代把它翻译为“吉祥海云相”,是佛祖释迦牟尼三十二相之一。武则天长寿二年(公元 693 年)规定这个字读做“万”。在佛经中,这个字有时也写作卍。

1920 年夏天,希特勒制定了一面红底白圆心的旗帜,白圆心中嵌着卐字。希特勒自己说,这个卐字象征的是“争取雅利安人胜利的使命"。看起来,希特勒纳粹旗帜上的这个标志和佛教宣扬和平忍让的卐字没有什么联系。但这面纳粹旗帜的确曾施展过一种魔力,把大批德国人变成了嗜血的野兽。

猪八戒要遵守哪"八戒"?

我们从小都知道孙悟空、猪八戒,可很少有人知道,"八戒"里的"戒"字还是有学问的。这个戒字是从梵文来的,有行为、习惯、道德、虔敬等意思。好习惯坏习惯,本来都可以叫做戒,善叫做善戒,恶叫做恶戒,但是佛教通常用戒来指善戒,特指为出家和没有出家的信徒制定的戒规,用来防止恶。

八戒的全称是"八关斋戒"、"八斋戒",是指佛教为没有出家的男女教徒制定的八条戒律。根据《中阿含经》第五十五卷等经书的记载:这八条分别是:(1)不杀生;(2)不偷盗;(3)不淫欲;(4)不妄语(不说没有根据的话,不骗人);(5)不饮酒;(6)不睡高广华丽的床;(7)不装饰、不打扮、不观听歌舞;(8)不在不该吃饭的时候吃东西(正午过后不吃饭)。前七条是戒,最后一条属于斋。这些戒律不需要终身坚持,只是临时奉行,多则几天、几周,最少则一昼夜。在受戒期间,受戒人过着一种近似僧人的宗教生活。

可以说猪八戒坚持的时间是够长了,所以他终于修成了正果,不过因为他总是时不时地破戒,所以他最终成不了佛。

天龙八部是哪八部?

金庸有一部著名的武侠小说,叫做《天龙八部》。天龙八部是些什么呢?

天龙八部又叫"八部众"、"龙神八部",说的是佛教里的一些天神。据佛教经典《舍利弗问经》记载,天龙八部包括:(1)天众(Deva);(2)龙众(Nega);(3)夜叉(Yaksa);(4)乾达婆(Gandharva);(5)阿修罗(Asura);(6)迦楼罗(Garuda,金翅鸟);(7)紧那罗(Kinnara,人非人、歌神);(8)摩睺罗迦(Mahoraga,大蟒神)。据说其中的头两位即天众和龙众是神通最为广大的天神。

佛教都宣扬普度众生吗?

一说起佛教,我们就想起“普度众生”的主张。其实,这只是大乘佛教这个教派的主张。

基督教、伊斯兰教、佛教这几大宗教,内部都有很多教派。佛教里最主要的两派是大乘佛教和小乘佛教。

那么,大乘佛教和小乘佛教有哪些区别呢?我们可以从几个方面来看一下两者的主要区别。大乘佛教认为三世十方有无数佛,而且,在大乘佛教中,佛就是神,而在小乘佛教里,释迦牟尼是教主,并不是神。大乘佛教宣传大慈大悲、普度众生,把成佛度世、建立佛国净土作为最高目标;而小乘只追求个人的自我解脱,把“灰身灭智”、证得阿罗汉作为最高目标。在修习上,大乘倡导以六度为内容的菩萨行,而小乘着重于三十七道品的宗教道德修养。

大乘佛教和小乘佛教在各个方面都有很多区别,但是概括说来,两者的主要区别在于:大乘佛教主张普度众生,小乘佛教主张个人解脱。我们可以从这两个词的原文中看出这一点来。在梵文里,大乘和小乘分别叫做摩诃衍那和希那衍那。摩诃和希那分别是大和小的意思,而“衍那”则是“乘载”(比如说车船之类的交通工具)或者“道路”。这么说来,大乘要建造的就是能够普度众生的大船,小乘要建造的就是独善其身的小船。

中国佛教属大乘还是小乘?

大乘佛教是在原始佛教中生长出来的,时间大致在公元1世纪左右。大乘佛教自称能运载无量众生从生死大河的此岸达到菩提涅槃的彼岸，成就佛果，俗话说就是成佛。大乘佛教形成以后，就把一直不肯转信大乘的原始佛教和部派佛教称为“小乘”。在当时，小乘这个称呼是带贬义的，所以，被称为小乘的派别自己是不承认这个称呼的，他们自称为“上座部佛教”。当然，到了今天，我们虽然沿用大乘和小乘的说法，但早已不包含褒贬了。

据专家考证，佛教是在西汉哀帝元寿元年（公元前 2 年）传入中国的。到了东汉末期，由于战乱频繁、民不聊生，信仰佛教的人越来越多。在这个时期，佛教教义开始同中国传统的伦理和宗教观念相结合，也对佛教的传播起了很大作用。中国佛教在隋唐时期进入鼎盛时期，大量佛教经典被译成汉文，适应中国情况的礼仪法规也基本完成。但同时，中国佛教内部产生了很多不同的教派，各个教派都按自己的理论依据，特别推崇佛教经典中的某一部或某几部经典。宋代以后一些主要佛教宗派的基本观点为儒教所吸收，佛教自身也日益与儒、道相融合。

公元 7 世纪后，印度的佛教义学逐步衰微，密教逐步兴起，到公元 13 世纪时，佛教在印度境内基本绝迹，但是传到周边国家的佛教却非常兴盛。中国在西汉末年开始接触佛教，此后经久不衰，而且佛教还经由中国传到朝鲜、日本等国。中国在印度北方，从印度本土传到中国的佛教称作北传佛教，而大乘佛教是属于北传佛教这一系的，所以，中国佛教主要属于大乘教派。大乘的主要经典有《般若经》、《维摩经》、《大般涅槃经》、《法华经》、《华严经》、《无量寿经》等等。小乘的主要经典是《阿含经》等，现在主要流传于斯里兰卡、泰国、缅甸、老挝、柬埔寨等南亚和东南亚各国，属于南传佛教。小乘佛教在中国也曾有流传，但没有大乘佛教在我国的流传广、影响大。

藏传佛教有哪些特点？

佛教是从印度发源的，逐渐传播到周边国家和地区。藏传佛教是中国佛教的一支。藏传佛教俗称“喇嘛教”，主要在藏族地区形成和发展。公元7世纪,西藏地区出现了一个强有力的政治领袖,叫做松赞干布,他曾迎娶唐朝皇室的文成公主。松赞干布信奉佛教,历史学家认为,那个时期就是藏传佛教的开端。西藏人本来信仰的是苯教,所以,藏传佛教在形成和发展过程中,始终要和当地的苯教做斗争,有时佛教占上风,有时苯教占上风。公元9世纪中叶,佛教一度被禁。但到了10世纪后期,佛教复兴,陆续出现了许多教派。到了13世纪后期,在元朝的扶持下,上层喇嘛开始掌握西藏地方政权。15世纪初,宗喀巴进行改革,创立格鲁派,即今天所谓的"黄教"。到了清朝,黄教在清朝政府的扶植之下,掌握了西藏政教大权。

藏传佛教在与苯教长期的斗争中,以佛教教义为基础,吸收了苯教一些神祇和仪式,教义上大小乘兼容,以大乘为主。但是和中国内地所流传的佛教不同,藏传佛教的大乘宗既包括显宗,也包括密宗,而且尤其重视密宗,并以无上瑜伽密为最高修行次第。这个传统,就是藏传密宗的传统,乃至很多人都把藏传佛教和密宗看作是一回事。

宗教在藏族人的生活中非常重要,这和中国内地是很不一样的。藏传佛教有其独有的许多教派,有严密的寺院组织和学经制度,有译为藏文的完整的三藏教典。除了中国的藏、蒙古、土、纳西等族地区以外,藏传佛教还流传于不丹、锡金、尼泊尔、外蒙古等地。

密宗的秘密在哪里?

密宗又称密教、神秘教、真言乘、金刚乘等。一般认为密教是印度大乘佛教的一部分派别与婆罗门教相结合的产物。密宗内部有严密组织的咒术、礼仪,也包含不少民俗信仰。密宗的主要经典是《大日经》、《金刚顶经》、《苏悉地经》。这个宗派自称受法身佛大日如来深奥秘密教旨传授,为"真实"言教,所以取名密教。密宗的仪轨复杂,对设坛、供养、诵咒、灌顶(入教或传法时由师傅用水灌洒入门者的头顶)等有严格规定,需经导师秘密传授。

唐开元四年(716年)密教传入中国,成为中国佛教宗派之一,称为密宗。密宗认为世界万物、佛和众生皆由地、水、火、风、空、识所造。前五个为“色法”，属于“胎藏界”（“理”、“因”），识为“心法”，属“金刚界”（“智”、“果”）。色心不二，金胎为一，两者共同统摄宇宙万有，同时又存在在每一个生命的心中。这么说来，佛与凡人其实体性相同。众生如果依法修“三密加持”，即手结印契（特定的手势）、口诵真言（咒语）、心观佛尊，就能使身口意“三业”清净，与佛的身口意相应，即身成佛。

唐贞元二十一年(805 年)密宗传入日本，称为“真言宗”。

为什么“仁者爱人”?

“仁”最初是由孔子提出来的。孔子生存的年代是春秋末期。当时，由于周王室的影响力日趋缩小，各诸侯国为了割据争地，战乱频仍，原来维持社会秩序的各种礼乐制度几乎荡然无存。孔子是当时学问最大的学者，很了解历史，对西周的典章制度礼乐文物很有研究，他认为，西周以道德为本位、以天子为核心，所以国泰民安。同时，他对当时“礼坏乐崩”的情境就有格外深切的感受，立志恢复理想中的社会秩序，提出了“仁”这个思想。

后世有学者考证，“仁”这个词是由“二”和“人”组成的，说的是两个人在一起。把两个人结合在一起的，首先是一种情感，人互相之间的感情，那么，它简单的意思，就是“爱人”。首先从父子、兄弟间的亲情出发，由此推己及人，最后达到人与人之间的普遍和谐。孔子对于仁，给予了很高的评价，认为实现了仁，也就实现了完满的自我人生。仁也由此成了孔子思想的核心。孔子终其一生为实现仁的社会理想而奋斗。孔子在其晚年的时候周游列国，四处奔波，宣传他的仁的思想，意图以仁说服当时的各国统治者。孔子关于仁的学说，对后世儒学发生了很大的影响。

人人都可以成为“君子”吗?

在《论语》里,君子指有道德品格的人,小人则缺乏道德品格。我们现在说到君子还是在赞扬,说到小人则充满贬义。不过,在孔子那里,君子和小人不单单是道德上的评价,有时也表示身份的区分。君子本指“有位之人”,即“士”,也就是知识分子,特别是做了官的知识分子——士大夫。小人则指平民百姓。不过我们现在已经不用这两个词来区分人的社会身份了。

孔子对君子和小人做了很多论述,例如,“君子有三畏,畏天命,畏大人,畏圣人之言。小人不知天命而不畏也,狎大人,辱圣人之言”。又例如,“君子喻于义,小人喻于利”。用今天的话来说,君子明白天理天道,天道不是抽象的自然规律,而是在人间有所体现的,这就是人间的道德。道德的核心,是仁。

孟子后来把仁分成为较为详尽的四德,即仁、义、礼、智。后来又由此推出忠、信之意。忠是尽己之心,信是诚己之义。至此,君子的六大品质形成,即仁、义、礼、智、信、忠。只要具备了这些品质,人人可以成为君子。这以后,君子和小人就和人的身份没有关系了,只是道德上的区分了。

为什么“过犹不及”?

“过犹不及”是我们平日经常用到的一个成语。但它最早的出现是孔子评论他的两个门徒的话。这两个门徒来问孔子:“一个做得过分,一个做得不够。哪个好一些呢?”孔子回答说:“过犹不及。”

孔子的话表达了一种做事情的应有态度和准确的方法原则:即做事情要有适当的分寸,使事情恰到好处。我们平日做任何事情,都会有个“度量”的问题;而事情做得好坏程度,关键取决于做事情过程中对这个“度”的把握如何。如同天平秤一样,要保持天平两端的平衡,一定要使砝码定在相应的刻度上。不够这个刻度,那么天平便会倾斜;而一旦超越这个刻度,天平同样也会倾斜。同样的道理,如果事情做得不够,那固然是不好的,但如果事情做过了头,同样也是不好的。在这个意义上,事情做得过了分,同事情做得不够,实质上是同等的,没有两样。所以,“过”如同“不及”。孔子的这个思想表现了儒家的中庸之道。

只有绝望的人才会“四大皆空”吗?

我们在书里常读到“四大皆空”这个说法,用来形容一个人丧失了所有的希望,觉得世界虚空,人生没有意义。这个说法来自佛教,只不过在佛教里,四大皆空不是一个负面的说法,而是修炼的至高境界。

四大也叫做“四界”,指地、水、火、风四种物质现象,在佛教里的说法,就是四种构成色法。地、水、火、风是物质世界的基本元素,其他一切色法都是由这四种元素造出来的,因此,这四种元素被称为“能造四大”,世界万物和人的身体都是由四大造作出来的色法,所以被称为“四大所造”。地是坚实的,它的作用是保持;水是湿的,它的作用是摄集;火是热的,它的作用是成熟;风是动的,它的作用是生长。《俱舍论》卷一把四大元素的作用分别称作持、摄、熟、长。佛教用四大来说明人身和人生的无常、不实、受苦,所以只有四大皆空才是成佛之正道。

世上有没有“因果报应”?

一个恶人做了坏事,后来自己也倒了霉,人们就说这是因果报应。这里所说的因果,是佛教里面的说法,和西方哲学、物理学里所说的“原因”与“结果”不是一回事。

在佛学里,“因”也叫做“因缘”,分为六因、十因、四缘等;“果”又称为“果报”,“酬因曰果”,一般分为五果。按照佛教的因果理论,任何思想行为都必然导致相应的后果,“因”在没有得到“果”之前不会自行消失;反之,不作一定之业因,也不会得相应结果。用《瑜伽师地论》的话说,这叫做“已作不失,未作不得”。根据以上理论,佛教提出“三世因果”,认为现世界人们的贫富穷达,都是前生所造善恶之业决定的结果;今生的善恶行为,也会导致后生的罪福报应。所以,因果也叫做“业报”。

佛教通过因果学说来教人积德行善。普通老百姓并不懂得这些复杂的佛学理论,在他们眼里,因果报应说的无非就是善有善报恶有恶报。现在当然很少有人相信三世因果之类的说法了,也许他们也并不相信其他的现代伦理理论,不过,善良的人仍然会积德行善。用一位哲人的话说:行善时的快乐本身就是对善行的最好报答。

“辟谷”就是绝食吗?

很多人都听说过“辟谷”,有些练气功的人声称自己曾经辟谷,即长时间地绝食,仍然保持旺盛的精力。辟谷也叫做断谷或绝谷、休粮,原本是道教的一种修炼方法,即不食五谷。辟谷时,并非一切东西都不吃,仍要吃药物,并需做导引功夫。据《史记·留侯世家》记载,汉末的名臣张良曾修炼辟谷:“留侯性多病,即导引不食谷。”《抱朴子》也有相似的记载:“逐修导引,绝谷一年,规轻举之道。”《抱朴子》还有另外一些段落谈到辟谷,例如:“吞气断谷,可得百日以还”,“仙法欲止绝臭腥,休粮清肠”。1973 年 12 月从马王堆汉墓出土的帛书中有《去谷食气》篇,记载的也是辟谷的事情。

根据现代生理学和医学的知识,我们知道,长时间绝食不可能保持旺盛的精力,不过,有人主张,适当地斋戒,即有计划地在一小段时间里不吃东西,或不吃荤腥或五谷,的确有清除肠胃中不良物质的作用。

伊斯兰教有哪三大圣地?

近年来,以色列和巴勒斯坦的流血冲突一直引起世人的极大关注，而这些冲突很多是围绕耶路撒冷这座古城展开的。

伊斯兰教的三大圣地分别是麦加、麦地那和耶路撒冷。其中麦加是伊斯兰教的主要圣地和朝拜中心，位于沙特阿拉伯境内，是穆罕默德的诞生地和伊斯兰教的发源地。麦加城内有“渗渗泉”和“克尔白”等，原为阿拉伯半岛多神崇拜和朝觐的中心。公元630年穆罕默德进入该地，清除其他的偶像。现在，麦加是全世界穆斯林向往的地方，每年都会有大批的穆斯林来这里朝觐。麦地那也在沙特阿拉伯境内，原名雅兹里布。公元622年穆罕默德从麦加迁到这里后改称麦地那。同年穆罕默德在这里建立政教合一的宗教公社。麦地那又名“先知之城”，城内著名的先知寺，相传由穆罕默德所建，他死后埋葬在这里，因此世界各地穆斯林经常来这里拜谒他的陵。耶路撒冷是世界闻名的古城，位于巴勒斯坦中部，穆斯林相信穆罕默德曾在这里登霄（升天，一种神迹）。耶路撒冷的东部为穆斯林居住区，包括著名的圣殿区，圣殿区的伊斯兰教圣地有摩哩山的岩顶和岩顶上的艾格撒清真寺。

日本人为什么相信“神道教”？

日本主要流行两种宗教，一是神道教，一是佛教。神道教简称神道，是日本的民族宗教，祭祀的地方称为神社或神宫，神职人员称为祠官、祠掌等。神道教是从日本的原始宗教发展而来的，最初以自然精灵崇拜和祖先崇拜为主要内容。从五六世纪开始，中国儒家学说和佛教相继传入日本，神道教又吸收了儒家的伦理道德观念和佛教的某些教义，逐步形成比较完整的宗教体系。神道教是个多神教信仰，号称有八十万神、八百万神或一千五百万神，其中最受到崇拜的是太阳神或天照大神，它也是日本民族的祖神。在日本人眼里，他们的天皇就是天照大神的后裔，也是它在人间的代表，按照这种传统说法，日本的皇统就是神统。

在明治维新（1868年）之前，日本盛行佛教，神道教处于依附的地位。明治维新以后，为了巩固皇权，日本人大肆宣扬皇统即神统的思想,把神道作为国家的神道,提倡"神皇一体"、"祭政一致"。

二战以后,日本在美国等战胜国的要求之下,实行政教分离,根据日本新的宗教法令,神道教成了民间宗教。不过,在很多日本人的心里,天皇具有神统这一思想仍然是根深蒂固的。

谁是人类的救主?

按照基督教的说法,人类的祖先偷吃了知识树上的禁果,成为有罪的人。人生而有罪,那么,人能够得到拯救吗?基督教肯定地回答:我们是会得到拯救的。

按照圣经《旧约》中记载,来救我们的人是弥塞亚,在《新约》中,他就是耶稣基督。旧约预言一个神人的降临,外表和我们一样,然而实在是他子民的救赎者。先知们不断启示,他是个真人,是个悲哀的人,常有忧患,由童贞女所生,生在伯利恒。他其貌不扬,但他却是个神人,全能的神,他要执行神的特权,接受人和天使对神的敬拜,他在人前施行神迹来证明他自己,治愈瞎子、瘫子、聋子、哑巴。他是胜利的王,治权包括全世界。先知们有时特别着重在他的神性,有的则着重他的人性的方面。这些预言后来都在《新约》所描述的基督身上实现了。

经上说,"他要为大,称为至高者的儿子;主神要把他的位给他,他要做雅各家的王,直到永远;他的国也没有穷尽。"新约的基督就是旧约弥赛亚预言的完全实现,在他的神人一体上,他降生的方式,他的教训,他显示的神迹,他的死,他完成的救赎,他所建国度的性质,弥赛亚的各种显著特征都是充分满足了的。

耶和华为什么要创造亚当和夏娃?

《圣经》是西方的一本很古老的书,里面记载了很多有意思、有启示、也有训诫的故事,基督徒把《圣经》看做是神说的话,经过一代又一代人的记述流传到今天。《圣经》上说,我们生活在其中的天地是上帝耶和华在六天里创造的,神创造了光、空气、大地、海、树木、菜蔬、太阳、月亮、星星,还有水里游的、天上飞的,这一切都是神创造的。创造了这些东西以后,耶和华神自己觉得很满意,他说:“我所创造的一切都很美好。”遗憾的是,没有人来欣赏这美好的世界,于是,神就用地上的尘土造出一个人来,将生气吹到他的鼻孔里,他就成了有灵魂的活人,他的名字就叫亚当,“亚当”在希伯来文中的意思就是“人类”。

那时,整个大地上只有亚当一个人。神在东方的伊甸立了一个园子,叫伊甸园,耶和华让园子里长出很多树,把亚当安置在那里,让他看守和修理那些树木。神把各种各样的走兽飞鸟都带到亚当面前,让他给那些活物取名字。亚当就给那些东西取名字,可是没有伙伴帮助他。经上说,神就使他沉睡,在他睡着的时候,神取下了他的一条肋骨,然后又把他的肉合起来。神用从亚当身上取的肋骨造成了一个女人,把她领到亚当的面前,告诉亚当说:这是我骨中的骨,肉中的肉,可以称她为女人,因为她是从男人身上取出来的。这样,大地上就有了男人和女人。他们生活在一起,赤身裸体也不知羞耻。那时,女人还没有名字,到后来他们偷吃了禁果之后,亚当才给他的妻子取了个名字叫——夏娃,夏娃在希伯来文中的意思同样也是人类,与“生命”在希伯来文中的发音类似,因为她是人类的母亲。

什么是“禁果”?

《圣经》上记载说,上帝耶和华一开始造的男人叫“亚当”,造的女人叫“夏娃”,他们住在东方的伊甸园里。伊甸园里长了很多的树,树木可以使人的眼睛愉悦,树上结的果子也可以作为食物。园子里有两棵特别的树,一棵是生命树,一棵是知识树。耶和华神警告亚当和夏娃说,不可吃园子当中那棵知识树上的果子,吃了那上面的果子,人就会分辨善恶,吃的人就必定死。那棵树的果子就是“禁果”。

人类的始祖亚当和夏娃赤身裸体地生活在伊甸园里,每天都按大自然本身的韵律快乐地生活着。可是,有一天,地上的活物里最狡猾的名叫“撒旦”的蛇,引诱夏娃去吃知识树上的果子。夏娃禁不住诱惑,就吃了那果子,还摘了果子给亚当吃。吃完后,他们的眼睛就明亮了,可以分辨善恶,有了羞耻心。他们看到彼此都没有穿衣服,觉得羞耻,夏娃就用无花果树的叶子,为自己编了一条裙子。

人是神创造的,要绝对服从神的命令,人违背神的命令偷吃了禁果,就犯了罪。我们人类都是亚当和夏娃的后代,继承了他们分辨善恶的智慧,同时也继承了他们的罪过。以后,不管到哪个时代,只要我们是人,一出生就是有罪的,这就是人的“原罪”。

有知识为什么会是一种罪过呢?反对基督教的人会说这是一种蒙昧主义,但也有很多人不同意,认为知识多了不一定是件好事,至少,人有了太多的知识,有时反而生活得不那样天真快乐了。

亚当和夏娃吃了禁果,眼睛就亮了,就有了性别意识,由此会害羞了。因此“偷吃禁果”一词也经常用来暗示青年男女第一次性接触。

为什么诺亚方舟能逃过洪水?

按照《旧约》的说法,神创造了一切之后,人在地上也渐渐地多了,人在地上的罪恶也大了,终日里所想的都是恶,神后悔造了人,心中很忧伤。于是,他决定要把所造的人和走兽,还有昆虫,以及空中的飞鸟,都除灭掉。有一个叫做诺亚的人,因为是义人,神决定留他,就对诺亚说,他要用洪水把败坏了的人和大地一并毁灭。他嘱咐诺亚,让他造一只方舟,分一间一间地造,里外都要涂上松香。神与诺亚立约,使诺亚和他的妻子、儿子、儿媳进入方舟。洁净的畜类,带七公七母,不洁净的带一公一母,飞鸟也要带七公七母,等洪水退却,可以留种活在地上。另外,还让诺亚积蓄各样的食物。

后来就洪水泛滥,到四十天的时候,水往上涨,把方舟从地上漂起。水势浩大,在地上共一百五十天,凡是在地上有血肉的动物都死了,连昆虫、飞鸟也都灭绝了,只留下诺亚方舟里避难的那些生物。等洪水消退之后，地上的水也干了，方舟里的各类走兽、昆虫、飞鸟，和地上的动物，都出来了。一切又都重新开始了。

人类一开始说同一种语言吗?

按照圣经的传说，远古时候，天底下的人都是诺亚的后代，口音和言语都是一样的。后来他们往东边迁移，到了一处叫做示拿的地方，遇见了一片平原，就住在那里。人们彼此商量，说，我们可以先烧砖，拿砖当石头，又拿石漆当灰泥，这样，就可以建造一座城和一座塔，塔顶通天，从此传扬我们的名，免得大家分散在地上。可是，神却不愿意看到这种事发生，因为如果地上的人万众一心，那么他们凡要做什么，都会成功。神就阻止人们建造通达天上的巴别塔，还变乱他们的口音，使他们的言语彼此不通。果然，建造巴别塔的人们从此就分散开来，停下了工不再造那座城和那座塔了。那座城叫“巴别城”，那座塔叫“巴别塔”，因为“巴别”的意思就是“变乱”。

这当然不过是《圣经》里的传说，但这个传说里包含了许多很有启发性的东西。例如，直到今天，人们还是因为语言不同区分成了不同的民族和族群，不同民族和族群之间经常互相歧视，严重的时候就会发生无谓的种族战争。如果当初造塔的人成功了，万众一心，人类世界可能会太平无事。可是，对这个圣经故事，也有人提出了相反的解释，他们说，这个故事的寓意是保持人类语言、文化的多样性，上帝不愿见到所有的人都被同一种语言、文化同化，那样，人类就会变得狂妄自大，无所不为了。

无论哪一种解释呢，至少，世界各地的人如果说的是同一种语言了，我们就不用辛辛苦苦学习外语了。

“千禧年”是从哪里来的?

前两年是世纪之交，在报章和电视里我们常听到“千禧年”这个词。这个词是从哪里来的?

《圣经》上曾说到“妇人和龙”的大异象,其中提到的龙,是一条大红龙,七头十角,七头上戴着七个冠冕,它的尾巴拖着天上星辰的三分之一,且都摔在地上。这龙,就是古蛇,也就是魔鬼撒旦。后来,使徒约翰看见一个天使从天而降,手里拿着无底坑的钥匙和一条大链子。天使捉住那龙,把它捆绑一千年,扔在无底坑里,将无底坑关闭,用印封上,使它不再迷惑天下的人。等到那一千年完了,必须暂时释放它。撒旦就会出来迷惑地上四方的列国,叫他们彼此征战。

但同时,约翰又看见一些宝座,死而复活的人坐在宝座上,将要进行审判。按照基督教的信仰,信耶稣的人都将在死后复活,与基督一同作王一千年。这是头一次的复活。

这是《新约》最后一篇“启示录”里的故事,这里第一次提到千禧年。启示录是使徒约翰写的,那个时期,人们因为信奉耶稣为神而遭迫害,写作启示录的人希望通过写作给予耶稣的信徒们以信心和力量,并且在受苦和受迫害的时候保持信仰。

犹太人为什么要施行割礼?

犹太教规定,所有信犹太教的男人都必须施行割礼,就是要割掉阳具顶端的包皮。这是为什么呢?

原来,割礼是上帝与亚伯兰立约的记号。据说,亚伯兰 99 岁的时候,上帝向他显现,对他说,要与他立约,让他做多国的父。从此之后,要亚伯兰改名为亚伯拉罕。上帝还要求亚伯拉罕的后代都要守约,他们所有的男子都要受割礼。

这样,上帝的约就立在他们的肉体上,作永远的约。亚伯拉罕和上帝立了约,所以,亚伯拉罕世世代代的男子,生下来第八天,都要受割礼。不受割礼的男子,等于违背了上帝的约,背叛了犹太教,必须驱除出教门。

当然,割除包皮的不止是犹太人,人们也可能出于卫生等原因割除包皮,但那就不是“割礼”了。

什么是“洗礼”?

“洗礼”是我们常用的一个词,大家都知道它的意思,但是你们也许不知道,这个词是从基督教来的。

洗礼是基督教的一个仪式,由教父把清水洒在入教的人头顶,表示接纳这个人入教。按基督教的说法,人生而有罪,在应许进天堂之前,需要重生。洗礼正表示这个新生,因为洗礼所用的水,象征耶稣基督的血,能遮盖一切罪与不洁,所以,受洗人的罪通过施洗就涤除了。洗礼奉的是圣父圣子圣灵的名义,印证基督信徒与耶稣有连属,可以承受恩约的益处,并且自己应许做属于主的人。受洗礼的人,有的是成人基督徒但未受洗者,此外则是教会会友的小孩。前者受洗是因为规条的含义说,受洗的人自认是基督徒;后者受洗是因为神对百姓所发的应许要延伸到他们的儿女身上。

“星期”和“礼拜”是一回事吗?

在日常生活中,经常可以听到礼拜这个词。礼拜和星期一样,都指七天一循环的一种记日方法。七天为周期的记时方法,今天已经十分普遍:学校的课程是按星期安排,企事业单位、政府部门的轮休也是以星期为单位。但很多人大概不知道它们和宗教、神话的联系,而且礼拜与星期是有区别的。

拉丁语中,星期与神话人物挂上了钩,星期日是属太阳神的,所以在英语里叫 Sunday,星期一属于月亮女神,所以在英语里叫 Monday,星期二属于法神,星期三属于主神,星期四属于战神,星期五属于爱神和美神,星期六属于农神。

礼拜的说法则来自基督教。基督教认为世界上的一切都是上帝创造的,《圣经》中说:上帝第一天创造了白天和黑夜,第二天创造了天空，第三天创造了陆地并披上绿装——植物，第四天创造了日、月和星辰，太阳管白天，月亮管黑夜，黑夜里有星星闪闪烁烁，撒满了深蓝的天空，第五天在水中创造出鱼类及水中滋生的各种动物，天空中创造出鸟，陆地上各种飞禽走兽。上帝看见日月星辰、花草树木、鸟兽虫鱼，很是得意，派谁来管理呢？于是第六天上帝照着自己的形象创造出人类。

事情就这样完成了，天地万物都造齐了，到了第七天，上帝造物之工已经完毕，就放心地休息了，第七天称为“安息日”或“圣日”。

犹太教把安息日放在星期六，但基督教的救主耶稣被门徒犹大出卖后钉死在十字架上，三天后又复活，复活日正好在星期天，所以，基督教就把安息日放在星期天，并规定教徒们届时应到教堂去做参拜——做礼拜，于是做礼拜的一天也叫“礼拜天”。公元 321 年 3 月 7 日，罗马皇帝君士坦丁大帝发布一项公告，宣布地方执政官、市民在尊敬的“太阳日”应停止工作或劳动，去教堂做礼拜。由此可见，礼拜本来是一个宗教名词，与历法没有关系。

我们为什么用十字架表示医疗、救助？

今天的人看到十字架，就会想到医院、救护车、红十字会、药店，好像凡是和十字标记有关的组织和机构都是和慈善、救助有关的。

但若我们追溯这十字架的起源，就会吃惊地发现，十字架最初所代表的东西和慈善、救助截然相反，它是古罗马、埃及、巴比伦等国家流行的一种最残酷、最严厉的刑具。凡是叛国、故意杀人、强盗以及犯了重罪的人都要遭受这种酷刑：两臂伸展、两脚迭起用大铁钉钉在十字形的大木架上，血液流干而死。以至于古时的人看到十字架都会毛骨悚然。了解一些历史的人也许知道耶稣就曾经背负十字架，后来被钉死在十字架上。为什么这么残酷的刑具，如今竟成了慈善、救助的标记？古时残酷可怕的刑具很多，为什么单单十字架就成了救助的记号，而永存于救助事业中？

原因恰恰在于耶稣是被钉死在十字架上的，不是单因耶稣死在十字架上就使这残酷的刑具改头换面，而是因为，耶稣为了全人类的罪被钉在十字架上，用他的血把人们从罪中救出。因耶稣的死所成就的事使十字架的含义在世界上大大转变并深深扎根，十字架成了耶稣为人类代罪的见证，也见证了上帝对世人的爱。

公元4世纪，东罗马帝国的君士坦丁大帝皈依基督教，宣布废止钉十字架的酷刑，从此，十字架不再是刑具，而仅仅是宗教的信仰标志了，基督教信徒都佩戴十字架。不少国家的国旗上绘有十字架图案，如英国、瑞士、挪威、丹麦、新西兰、马耳他、芬兰、希腊、冰岛、多米尼加、斐济、列支敦士登、汤加、瑞典和梵蒂冈等。后来，十字架又发展成为伤兵救护的徽号。1863年，日内瓦伤兵救护委员会成立，这个委员会成员都是瑞士人，因此把红底白十字的瑞士国旗反了过来，改为白底红十字作为自己的标志。到了1880年，这个委员会改称为红十字国际委员会。

复活节赠送的鸡蛋为什么涂成红色?

传说耶稣被钉死在十字架上，死后第三天复活升天。后来教会规定每年春分月圆后的第一个星期日(3月21日~4月25日之间)为纪念日，这就是复活节。

德国政府规定复活节休息两天。在节日里，家人团聚，品尝各种传统食品，亲戚朋友见面要互相祝贺。象征生命的蛋、火、水、兔等成了复活节的吉祥物。鸡蛋和兔子在西方是新的生命和兴旺发达的象征。鸡蛋的本色象征太阳，把鸡蛋染成红色则象征生活幸福。在复活节中，父母要特地为孩子们准备制成鸡蛋、兔子形状的巧克力糖；亲友间要互赠彩蛋。在莱茵河中游和黑森东部的一些城镇，至今保留着“彩蛋树”这一古老习俗：人们把成百的蛋壳涂上彩画，串成蛋链，在复活节这天挂在松树上，制成彩蛋树，大人孩子围着彩蛋树唱歌、跳舞，庆祝复活节。而阿尔卑斯山的姑娘们则通过赠送红鸡蛋来表达自己的爱情。在复活节这天，姑娘如果向某一小伙子赠送三个红鸡蛋，表示姑娘向小伙子求爱。

关于兔子成为复活节的吉祥物，则另有一段传说。在古代耶稣复活之日，正值斯堪的纳维亚地区居民庆祝大地回春的“春太阳节”，作为草原、森林动物中多产动物之一的兔子，象征了春天的复苏和新生命的诞生，同时它又是爱神阿弗洛狄忒的宠物，也是日耳曼土地女神霍尔塔的持烛引路者。因此，现在兔子作为给孩子们送复活节鸡蛋的使者，深受孩子的宠爱。在复活节这一天孩子定会收到兔形礼物。火不仅给人类带来了光明，也使大地获得了新生。

作为耶稣再生的象征，复活节的许多活动都与火相关。复活节这一天，人们在教堂前点烛以示圣化，并将圣烛迎进千家万户。这一天，孩子们最快乐的事是把圣火送到各家。他们在教堂前用圣火点燃树枝，然后奔跑着送到各家各户，其间充满着欢快的节日气氛。在德国的巴伐利亚地区，每年的复活节居民们都要举行火炬赛跑，以庆祝耶稣的再生。而北莱茵上威斯特法伦州的吕克台复活节滚火轮更是远近闻名。六个巨型大木轮被火点燃滚下山谷，就像六个火球从天而降，漆黑的山谷被大火轮照得通明，它与五彩缤纷的焰火交相辉映，再次显示了火给人类带来了新生。

德国唯一的少数民族索布族人则通过百骑大合唱的形式来庆祝耶稣的复活。一个个身穿黑色上衣、头戴黑色礼帽的索布族人，骑在用彩带、鲜花和白色贝壳装饰的骏马上，浩浩荡荡地行进在林间小路上。他们边走边用粗犷雄厚的嗓音高唱赞歌，场面十分壮观。

信仰了才能理解还是理解了才能信仰？

我们是“先信仰，然后理解”呢还是“先理解，然后信仰”？你认为这两种说法哪个对？

安瑟尔谟是中世纪的一个重要哲学家，被称作“经院哲学之父”。“先信仰，然后理解”这一提法就是安瑟尔谟提出来的。他相信，我们信仰所坚持的与被理性所证明的是同等的。他并不否认逻辑推理可以达到与信仰不相符合的结论。在他的《宣讲》中,他对上帝祈祷说:“主啊,我并不求达到你的崇高观点,因为我的理解力根本不能与你的崇高相比拟,我完全没有这样做的能力。但我渴望能够理解你的那个为我所信所爱的真理,因为我绝不是理解了才信仰,而是信仰了才理解;因为我相信:‘除非我相信了,否则我绝不会理解。’”后世有人把这段祈祷辞的中心思想概括成:“唯其不可能,我才相信。”

安瑟尔谟认为,上帝的真理无比崇高,人的生命是有限的。没有人能够在有限的时间里穷尽上帝的真理,即便使徒与教父们也不例外。所以,只有已经信仰了上帝的人才能在思想中形成关于上帝的观念,通过这些观念理解上帝。然而,他在说“信仰,然后理解”时,并没有抛弃理解,而是用奥古斯丁的“信仰寻求理解”的口号概括了信仰与理性的关系:信仰是理解的出发点,没有信仰就不会有理解;另一方面,理解不会因信仰而自发产生,而是理性积极寻求的产物。他依据奥古斯丁的“光照说”说明,心灵受上帝之光的启示而信仰真理是认识上帝的最初阶段。但在此之后,上帝从来没有停止照耀他的信徒,每一个受到他启示的人都不会满足于初步的信仰,相反,都会由于信仰而产生越来越清晰地看到上帝的愿望和动力。实现这一愿望的途径是殚精竭虑的理解,逐步达到直接见到上帝的最高境界。他所谓的“理解”并不是冷静、枯燥的逻辑思维,而是伴随着信仰的感情因素。随着理解的深化,对上帝的热爱与崇敬就会情不自禁地表露出来。

为什么把烦琐枯燥的学问叫做“经院哲学”?

我们现在把关在学院围墙里的学问思想叫“经院哲学”,意思是说它烦琐枯燥,和现实社会没什么关系。这样理解经院哲学有一定的道理,但也不完全对。

“经院”是教会或修道院办的学校,经院哲学的原意为“学院中人的思想”,因此也有翻译作“士林学术”的。经院哲学继承了在它之前的教父哲学,并且通过教父哲学也继承了古希腊哲学。不过,经院哲学家所研究的并不都是哲学,因为在中世纪,哲学是和神学混在一起的。在经院哲学家那里,哲学往往要为神学服务,挖空心思论证一些子虚乌有的东西,因此,经院哲学的内容往往枯燥、烦琐。

不过,后来亚里士多德的著作从伊斯兰人那里重新传回西方,对经院哲学产生了很大的影响,其内容也开始变得丰富起来。经院哲学家围绕共相与个别、信仰与理性等问题展开了长期的争论,形成了唯名论和实在论两大派别。这些讨论对近现代哲学仍然有很大的意义。

14 世纪后,神学和哲学日益分离,在研究哲学的人中间产生了对中世纪基督教信仰的怀疑主义,经院哲学逐渐没落。16 ~ 17 世纪初,在天主教会的反宗教改革运动中,经院哲学在西欧再度抬头,通称为"后期经院哲学"。它在逻辑与形而上学方面进展不多,主要贡献在自然法理论方面。一般认为,经院哲学终结于 17 世纪。这一时期,新思想新科学风起云涌,新派人物深感经院哲学总是在书本里打转,不是面对活生生的世界,认为经院哲学只是些没有实际用处的烦琐哲学。后来,人们就把一切没有实际关怀的烦琐研究都称作经院哲学。

其实,经院哲学里面有很多问题至今仍值得关注,例如共相与个别的关系问题。不过,我们今天不会再以当时那种方式来讨论这些问题了。19 世纪末叶,天主教会再度提倡经院哲学,以回答现代科学与哲学的挑战,形成"新经院哲学",但新经院哲学的影响已经不大。

最早的大学是什么样的?

欧洲的大学建制是中世纪教育制度绽放的最绚丽的花朵,大学的诞生是中世纪对人类文化的一大贡献。12 世纪后期的城市繁荣,主教座堂和城市修道院的人数大大增加,在一些城市中出现了大学的组织。"大学"(universitas)原意为"统一体",它原来是教师和学生的行业公会。教师按授课专业分成不同学校,一般分为艺学院、神学院、法学院和医学院四部分,院长由教师选举产生,学校由院长联席会议共同管理。学生人数最多的艺学院再按民族分会，每会由一名学监管理。例如，巴黎大学的学生分为法兰西、皮卡第（原法国北部省份）、诺曼和德意志四个分会。大学的教学管理、教师资格认可、教学程序安排、司法裁判、生活管理等方面事务原属主教座堂权限，后来教师和学生的公会逐步获得教学、司法、生活方面的独立管理权。在早期大学的四个学院中，艺学院是所有学生都必须通过的本科。只有获得艺学院的学士学位后，学生才能开始神学、法学或医学的专科学习。各大学的专科各有侧重。当时的巴黎大学是 13、14 世纪欧洲哲学的中心，著名的经院哲学家大多出自这里。1215 年获准的巴黎大学条例是各大学采取的学制和学位制的样本。按此规定，至少经过六年时间的学习、年龄不小于 21 岁的人才可获准讲授艺学院课程，至少再经过八年时间的学习，年龄不小于 34 岁的人才可获准讲授神学。一个学生需要获得艺学院学士之后，经过授课实习阶段，才能获得硕士学位。“硕士”原是“学艺大师”的称号，是对艺学院教师资格的确认。获得艺学院学士之后进入神学院的学生，在不少于八年的时间里需要获得圣经学士、神学学士和完全学士学位，并通过教课实习阶段，方可获得神学硕士学位。神学硕士学位是对神学教师资格的确认。但并非获得硕士称号的人都可获得教席。每一学院的教席数目是固定的，持有教席的教师才是教授。中世纪大学的学制、学位制度为哲学思维提供了充裕的时间。古希腊的学园曾为哲学的繁荣提供过这一条件，中世纪的大学则以长久的专门学习时间和更加正规的程序满足了这一条件。大学的艺学院和神学院成为继古希腊学园之后的哲学摇篮。更为重要的是，艺学院教授不少世俗知识，结果，艺学院与神学院的分工建制使哲学与神学的矛盾更加突出。

能从逻辑上证明上帝存在吗？

在中世纪的时候，信仰是主要的事情，哲学多半是为基督教教义服务的。因此，很多哲学家都会经常考虑这样一个问题：“能够找到一个充足的关于上帝存在的证明吗?"不少哲学家做过尝试,其中最有名的一个证明是安瑟尔谟提供的。

安瑟尔谟(1033~1109年)生于意大利北部奥斯塔的一个贵族家庭,青年时弃家到法国求学,后被任命为坎特伯雷大主教。他对"证明上帝存在"的问题做了长期的思考,突然想到问题的答案。这个证明可以分成以下几个主要步骤:

1. 我们不可设想比上帝更伟大的存在者;

2. 有的东西只存在于我们心中,有的东西既存在于我们心中又存在于现实之中。我们有能力区分这两种东西;

3. 既存在于心中又存在于现实中的东西比只存在于心中的东西更伟大。

根据这几个似乎是不言自明的命题,安瑟尔谟得出了如下结论:最伟大的存在者只能被设想为不仅存在于心中而且也存在于现实中,没有比上帝更伟大的存在者,所以,上帝是存在的。

这样,安瑟尔谟从"上帝"观念的意义分析得出了上帝必定存在的结论。这个证明,后来被康德称做关于上帝存在的"本体论证明",就是说,这个证明完全依赖于概念的分析而不依赖于经验事实。在安瑟尔谟看来,人人都有上帝的观念,只要弄清这一观念的意义,就能理解上帝必然存在的道理。

安瑟尔谟的证明对后世有很大影响,不过,与其说有很多哲学家信服他,不如说更多的哲学家尝试在逻辑上驳斥它。例如,两个世纪以后的伟大经院哲学家托马斯·阿奎那就对安瑟尔谟的证明提出了批判,阿奎那指出,安瑟尔谟在开始证明的时候就是从最高存在者的上帝出发,但这恰恰是把需要证明的结论当做证明的前提,所以,他的证明是无效的。

上帝是第一推动者吗?

信仰上帝的人,绝大多数并不觉得需要为上帝的存在提供论证。

可是,哲学家凡事都愿追问理由,结果,信仰基督教的哲学家不断尝试为上帝的存在提供证明。在早期经院哲学的哲学家安瑟尔谟曾为上帝存在提出了一种“本体论证明”,但是,很多人不接受他的证明。其中也包括阿奎那。

托马斯·阿奎那(1224/1225~1274年)生于意大利,是中世纪最重要的哲学家,他的理论不仅是经院哲学的最高成果,也是中世纪神学与哲学的最大、最全面的体系。

在阿奎那看来,观念不可能是存在的原因,所以,像安瑟尔谟那样试图从关于上帝的观念来证明上帝存在是注定不会成功的。有效的证明只能从我们熟知的事实出发,追溯到它们的原因,推导必定有一个终极原因的存在。按照这条思路,阿奎那提出了他的几种证明。

阿奎那的一个证明可以被称做“第一推动力证明”,这个证明依据的是事物的运动。我们可以感觉到有些事物在运动,而一事物运动的原因在于另一事物的推动,每一推动者又被其他事物所推动,由此形成了运动的因果系列。这一因果系列最初必然有一个不动的推动者,他启动了前因后果的因果链,自己却不受任何东西推动。而这个第一推动者就是上帝。

第四个证明依据事物完善性的等级,它包括两个步骤,第一步证明有一个最完善的东西的存在,第二个证明这个最完善的东西是其他事物完善性的原因。

阿奎那的另一个证明是通过“完善性”进行的。我们看到一切事物都有或多或少的完善性,如真、善、美等,但我们也知道,它们不是至善至美的。如果没有至善至美的东西存在,我们怎么能知道这些东西不是至善至美的呢?因此,必须有一个最完善的东西,那就是上帝。多种多样的事物正是相对于最完善的上帝才具有相对的善和美。

第五个证明依据自然的目的性。据托马斯说,我们看到即使无理性的自然物也朝向一个目的活动,它们总是遵循可以达到最佳后果的同一条路线活动。它们活动的目的性与齐一性证明它们的活动不是偶然的、随意的,而是有预谋的。这样就必然有一个目的之预谋者安排世界的秩序,他就是上帝。

阿奎那的这些证明对后世产生了巨大的影响。伟大的科学家牛顿后来对物体的运动提供了科学的解释,但他仍然把“第一推动力”的位置留给了上帝。

基督教与天主教有什么区别?

在一个小修道院时,同学谈论男女有何异同。一位聪明的同学说:“大同小异”,逗得大家哈哈大笑。这里我们也可以套用这句话:天主教和基督教“大同小异”。凡信基督的人统称为基督徒,Christians。在基督徒里细分,则有 Catholic 即天主教徒和 Protestants 或新教徒。

Protestants 来自 protest,抗议。新教徒抗议的是什么呢?他们抗议的是教廷的腐化,尤其教宗亚历山大第六的淫靡行为。这些腐化淫靡在意大利引发了道明会士撒未那劳的极右运动,而在德国有马丁·路德,在瑞士有加尔文,以及英王亨利八世这些左派人物,一时成了极有力的抗议派。

在中文里,最初有人按字面把 Protestants 译做“誓反教”。但“誓反教”这个词听起来不雅驯,就译做“新教徒”,以区别于天主教徒,即那些仍然信奉旧教庭的信徒。有时候,则又把他们直接称为基督徒。所以,广义上的基督徒既包括新教徒又包括天主教徒,狭义的基督徒专指新教徒,于是有了基督教和天主教的区别。

新教大体与天主教信仰相同,但因为他们的创始人当时以反对教宗为出发点,所以各新教教派都不承认教宗。天主教徒崇拜圣母玛丽亚,新教徒则不信圣母是卒世童贞,但大部分都承认圣母童贞生耶稣。

罗马人有个俗语:“有一个头就有一个意见。”在宗教信仰方面也是一样。以往,基督教中出现了不同的教派,教廷就会视之为异端邪说。后来,教宗若望廿三世为了改善这种局面,召开了梵二大公会议,指示“不再开除教籍”。现任教宗更提倡公元 2000 年为和好千禧年。梵二以后,教会就努力基督徒合一运动。当然,经过多个世纪的分裂,合一谈何容易?

天主教和东正教有什么区别?

罗马帝国在意大利被欧洲北部的“蛮族”消灭后,帝国的遗产由拜占庭继承下来。拜占庭帝国也称东罗马帝国,首都建在君士坦丁堡,成为基督教在东方的中心,设有普世大主教。由这个中心代表和管辖的教派就是东正教。东正教是与天主教、新教并立的基督教三大派别之一,亦称正教。又因为它由流行于罗马帝国东部希腊语地区的教会发展而来,故亦称希腊正教。

1453 年,拜占庭帝国灭亡。此后,俄罗斯等一些斯拉夫语系国家相继脱离君士坦丁堡普世牧首的直接管辖,建立自主教会,逐渐形成用斯拉夫语的俄罗斯正教,希腊正教目前则主要指使用拜占庭礼仪的东正教会。

在教义方面,东正教与天主教有一些区别。例如,东正教注重道成肉身,认为人只有依靠天主的恩典才能获得重生和得救,必死之人通过与道成肉身的基督神联合而变成属于神的、不死的生命。当然,人必须自己择善,天主才能帮助他。此外,东正教特别重视对童贞女圣母玛利亚的崇拜。东政教在教会组织方面和天主教也有所不同,例如,东正教的司祭可以结婚,但不能担任主教。

今天,东正教的信徒主要分布在东南欧、巴尔干半岛、小亚细亚、美国等地区,在中国人数不多,主要是从俄罗斯传进来的。1984 年,中国有东正教徒 8000 人左右,主要集中在东北地区。

明朝皇帝为什么允许利玛窦在中国传播基督教?

四百年前,也是在一个新世纪的开始,一位西洋客人来到北京,由此翻开了中西文化交流史的新篇章。这位客人就是意大利耶稣会士利玛窦(1552 ~1610 年)。

1583年,他已由澳门入境并居住在广东肇庆,在此后的十余年中一直在韶州、南昌等地传教。1595年他初次准备晋京,随兵部侍郎石星从南昌出发,水陆兼行,于5月末抵达当时明朝的陪都应天府(南京),但未获准前行,且无法定居南京,遂于半个月后返回江西。三年后他再度北上,于1598年9月上旬抵靠通州,因未获得入京许可,又不得不退返南方。不过,这次他得以在南京安定下来,并在礼部尚书王忠铭的府邸度过1599年的元宵节。

一年后,利玛窦第三次北上,1600年7月下旬,利玛窦和西班牙教士庞迪我携仆数人抵达天津,在苦等了半年之后,他们终于接到晋京的圣旨,于1601年1月24日进入北京,先是下榻在南城外一名太监家中,后移至专供外国使者居住的四夷馆。他这次获许晋京纯属巧合。据说是因为万历皇帝有一天忽然想起,有奏本称几个西夷要来进贡,贡物清单中有自鸣钟、西琴等物,他急于一睹这自鸣钟的模样,这才颁旨命利玛窦一行进京。而一见到自鸣钟,皇帝就着了迷。利玛窦被特许迁出四夷馆,在宣武门附近租住民房,并且每月可获一笔官银;因为只有他能修理自鸣钟。以后的十年,他得以安居北京,享受着传教的自由,直到1610年5月11日病逝,赐葬于阜成门外二里沟。

在利玛窦之前,中国也曾留下了罗马特遣传教士的足迹。他们一方面敬献精美新巧的礼品,另一方面操华语、习汉字、着儒装,以求融入中国社会。利玛窦不但通晓中文,而且熟读五经,最擅长用儒家的经典来解释基督教教理。他将儒教与基督教相互结合,并以完美的理论、丰富的学识和无碍的辩才令士大夫们折服,争相拜访、宴请这位泰西大儒。

利玛窦拥有一种让中国学者十分敬仰的本领:他过目成诵、倒背如流。他惊人的记忆力使见过利玛窦表演的读书人对他佩服得五体投地。他还撰写了一本叫《西国记法》的小书,介绍他的那种局部记忆法。

他用自制的天球仪、地球仪、日晷等解说天象,描绘日食月食,证明地球为圆形,奉命为万历皇帝绘制了更详明的《坤舆万国全图》。他还与徐光启、李之藻等数学家合作译撰成功《几何原本》(前六卷)、《同文算指》、《测量法义》、《勾股义》等书。

西方科学知识是他用以征服中国的手段,是为他的传教工作打前站的。但不论目的如何,对于这位远道而来的西方学者,明代朝野上下以礼相待,现代中国学者也对其贡献予以肯定。

基督教徒为什么要做弥撒?

耶稣受难前在最后的晚餐上,他拿起饼来祝福,告诉门徒说,这是他的身体。后来又拿起杯,祝福了,说,“你们喝这个,因为这是我立约的血,为许多人流出来,使罪得赦。”所以就有葡萄酒是耶稣流的血的说法。

基督教徒为了纪念耶稣受难,进行祭祀,这个祭祀仪式就是弥撒。弥撒祭礼的牺牲,所表现的精神,最耀眼的是“爱”。弥撒圣祭所表现的爱,是彻底的爱,因为耶稣为爱而牺牲自己的性命,以被钉十字架死亡的无限痛苦,补赎人类的罪恶。

耶稣基督的一生是苦难的一生。在开始布道之前的三十年里,耶稣过着贫穷劳工的苦生活。在三年布道中,遭受恶党的误解、诋辱、毁谤。在被钉上十字架以前,在比拉多总督府受过鞭打、刺冠、喊杀的痛苦。基督一生都在被痛苦折磨,痛苦都是为赎人类的罪。弥撒圣祭重演十字架上的基督自我牺牲,主祭者在《感恩经》里求天父使圣祭:“求主从一切困扰中,拯救我们,恩赐我们的时代,得享平安。使人类获得和平,获得拯救。”

基督教徒为什么要忏悔?

在基督信仰中,有很多圣事,忏悔是其中之一。但是,从某些方面来看,它不像一件圣事,因为它没有一般圣事所有的外部可见的因素或行动。基督团体中的每一个成员都受制于罪,每天都或多或少地与基督的身体和上帝的本身有所疏远。重要的是不能夸大罪的感觉，或者以为每个行为都要求执行纪律或专门的圣事行为。忏悔，有私下的个人的忏悔，也有集体的形式，比如，有时候，想要领受这一圣事（忏悔）的那些人先是为布道的圣职，为祈祷和自我审查而聚拢起来；然后，又作私人忏悔，最后又回来接受一般赦罪，进行感恩和复和的共同行动。人们在看待忏悔时，必须从最广泛的意义的治病联系起来。正如每一恩典行为一样，它也可以被视为一种审判行动，而且属于教会的教规。如果教会要维持它作为一个基督信仰团体的存在，它就必须对其成员提出一定的要求。也可能，一个拒绝这些要求的成员，或者甚至是一个成员团体，会由于自己的行为而疏远了基督的团体。那时，他们就应当服从审判和教规，虽然教规的目的总是希望犯过失的人悔罪并在忏悔中返回他们脱离了的团体。

福音书里都是福音吗?

福音在新约中是居首位的，而次序的先后则还是按着书卷的内容，而非年代。虽然使徒写的许多书信有的在时间上较早，但福音书仍放在首位，因为所论的乃是基督的位格与工作，成为后来使徒努力工作的根基。福音一词最初有大喜信息的意思，所以在新约时代就用福音来说明耶稣基督所传的喜讯。只是后来经由教会的作家，如伊格那修、遮斯丁纽等人，将之用以指包含基督大喜讯息的书卷或笔录。

在新约中有四部福音书，当然其中并非包括四个不同的福音信息，因为只有一个福音，就是耶稣基督的福音。但是这一个福音，就是使人得救的大好信息，是用四个不同的方法，藉着四个不同的人，从四个不同的观点，并四个不同的方式表达出来。在我们现今的《圣经》中所记载的，即《马太福音》、《马可福音》等等，就是从不同的角度在四福音书中描述基督的位格与工作。因此在古教会中，四位福音书的作者被比作为《启示录》第四章 7 节中的四个活物：马太被认为是人，马可是狮子，路加是牛犊，约翰是飞鹰。他们之所以这样做是因为第一位描写基督为人，第二位描写他为先知，第三位说到他为祭司，第四位则说到他为神。

前三部福音书彼此间有密切的关联。这些福音书是根据最初的门徒中，有关耶稣的生平与教训的传说而写成的。至于第四部福音书在类别上就不同了。主所爱的门徒约翰，在主升天之后还住在耶路撒冷，他和雅各与彼得被称为教会的三大柱石。后来他离开了耶路撒冷，在他生平的暮年到达以弗所成为保罗的继承人。他于主后95～96年间，被放逐到拔摩海岛，于主后一百年殉道。约翰并非是一个宣教士，他也不是新教会的创始者，他乃是藉着纯正的真理知识，努力地保守住教会的人。初世纪之末，教会已经发展出与以往不同的情形，基督教会与以色列之关系，律法和割礼的挣扎都已经过去。教会中对于犹太人的事，采取了独立的立场，却更深地渗入了希腊与罗马的世界，特别是与诺斯底派的接触。所以，约翰的目的就是要安全地领导教会度过从敌基督世界而来的危机，就是否认道成肉身的倾向。面临此种敌基督的倾向，约翰在他的著述中（日期约在主后80～95年），清楚地描述了道成肉身之基督的完美形象。约翰在他的福音书中指明，当基督在地上的时候就是这形象，并在他的书信中也指明基督仍然是在教会中成肉身的道。在《启示录》中，约翰又指明基督在将来也是成肉身的道。

摩西"十诫"是哪十条?

在《旧约·申命记》中记载，摩西将以色列众人召了来，对他们说："以色列人哪，我今日晓谕你们的律例、典章，你们要听，可以学习，谨守遵行。耶和华我们的神在何烈山与我们立约。这约不是与我们列祖立的，乃是与我们今日在这里存活之人立的。耶和华在山上，从火中，说了这些话：我是耶和华你的神，曾将你从埃及地为奴之家领出来。除了我以外，你不可有别的神，不可为自己雕刻偶像，也不可作什么形象，仿佛上天、下地和地底下水中的百物。不可跪拜那些像，也不可侍奉他,因为耶和华你的神是忌邪的神。恨我的,我必追讨他的罪,自父及子,直到三四代;爱我、守我诫命的,我必向他发慈爱直到千代。不可妄称耶和华你神的名;因为妄称耶和华名的,耶和华必不以他为无罪。当照耶和华你神所吩咐的,守安息日为圣日。六日要劳碌做你一切的工。但第七日是向耶和华你的神当守的安息日。这一日你和你的儿女、仆婢、牛、驴、牲畜,并在你城里寄居的客旅,无论何工都不可做,使你的仆婢可以和你一样安息。你也要纪念你在埃及地作过奴仆,耶和华你的神用大能的手和伸出来的膀臂,将你从那里领出来。因此,耶和华你的神吩咐你守安息日。

"当照耶和华你神所吩咐的孝敬父母,使你得福,并使你的日子,在耶和华你的神所赐你的地上得以长久。

"不可杀人。

不可奸淫。

不可偷盗。

不可做假见证陷害人。

不可贪恋人的妻子;也不可贪图人的房屋、田地、仆婢、牛、驴,并他一切所有的。"

为什么测谎仪能测谎?

自古以来,人们就非常厌恶说谎与欺骗,早在原始社会的时候人们就想出很多方法来识别谎言。如亚洲人的"嚼米审判",审犯人期间,令其嚼炒米,说谎的人必定口干舌燥,嚼一会儿吐出来后,炒米分散不抱团。这方法是有一定的生理心理学根据的。

到了现代社会,人们发明了"测谎仪",它的学名叫"多道生理仪",是根据情绪反应的生理机制而制作的。因为人在说谎时,心理上和生理上都会产生异常反应。比如,有的人说谎时会脸发红,心跳加快。它主要测试在特定条件下人的血压、心律、皮肤电阻和呼吸等方面的生理数据的变化,通过分析这些数据,得出被测人所说的是不是真话。

测谎仪并非直接探测人的心灵，而是根据所要调查的问题事先编制好一系列问题，然后逐一向被测人提问。由于这些都是精心设计的与测谎主题有关的问题，对被测人容易形成心理刺激，从而触发生理反应。这些生理反应主要受植物性神经系统控制，一般不受人的意识控制，难以伪装。

现在测谎仪已经被广泛地运用于各种案件的侦破。2001 年 1 月 24 日，山东临沂市博物馆一幅宋代名画被盗，公安人员接案后就用测谎仪对 16 名嫌疑人进行测试，结果很快将犯罪嫌疑人找出，起获了被盗的名画，无辜者也同时被排除了嫌疑。

这是由于犯罪分子在实施犯罪过程中，心理异常紧张，他所感知的形象、体验的情绪和采取的行动都会在大脑中留下深刻的记忆，如果被人提起，对他都是一种强烈的刺激，容易引起生理上的异常变化，出现呼吸变化、心跳加快、血压升高、皮肤出汗等现象，“说谎”只会加强反应，所以，测谎仪根据生理指标的异常反应，可以判断其心理状况。当然，测谎仪测出的结果并不是百分之百保险，只是为侦破案件提供了一个线索，司法机关还应结合其他情况进行综合分析。

军人为什么要穿迷彩服？

在一片绿色的原野上，一位穿着红衣服的姑娘，很容易进入人们的视线，其实类似的情况还有许多。立于鸡群中的“鹤”容易被人注意，羊群中的骆驼容易被人发现……反之，在茫茫雪原上寻找一只白熊则很困难，变色龙也不易被人发现。这之中的道理是什么呢？

心理学的研究认为，刺激物之间的对比关系是引起人们注意的一个重要因素。人们生活的周围环境是丰富多彩、时刻变化着的，在每一时刻作用于人的感官的刺激也是众多的。但是由于感觉通道的限制，人并不能同时注意到作用于感觉器官的所有刺激，也不能对作用于感觉器官的所有刺激发生反应，而只能对其中少数刺激加以反应。

在这种情况下，对象与背景之间的差别越大，就越容易引起人的注意。刺激物之间的强度、形状、大小、颜色、持续时间以及静止与运动等方面的差别越显著、越突出，就越容易引起人的注意。反之，对象和背景之间的差别越小，把对象从背景中区分出来就越困难，就越不易引起人们的注意。

根据这个道理，如果想引起人们的注意，就要有意扩大对象和背景之间的对比差异，使对象格外清晰地显现出来。例如，人们把书籍报刊中的一些重要词句用黑体字或加着重号印刷，增加了这些词句与其他词句在形态上的差异，使读者一目了然。许多商品的广告为了吸引顾客的注意就加强了视觉、听觉刺激之间的差异；道路的交通标志多是涂上黑白相间的条纹，便于驾驶员和行人的辨认，使行车更安全；工厂在挑选电子零件的流水作业中，改变底色，把透明的零件置放在黑色的背景上被挑选，其结果不仅提高了劳动生产率，并且降低了废品率。反之，如果不想被人们注意，就应该缩小刺激物之间的对比度。例如，在军事设施中为了隐蔽目标，要调和设施或器械与周围环境的颜色对比，军事车辆、设施等涂上与周围环境类似的颜色，士兵身着迷彩服，都是基于不容易被发现的原理。

为什么胶片是一张一张分开的，电影却是连续的？

人们都看过电影，我们在银幕上看到电影中的人物在奔跑，河水在流淌，火车在飞驰……那一幅幅逼真的画面真是让人如身临其境。可是电影片拷贝上，也就是胶片上的画面是一张一张断开的，为什么放映在银幕上，我们会感到动作是连续的呢？

造成这种效果是视觉后象的作用。后象是说，对感受器官的刺激作用停止以后，感觉并不立即消失，刺激的痕迹仍能在头脑中保留一个短暂的时间。这种在刺激作用停止以后，暂时保留的感觉印象叫后象。后象在视觉中表现得特别明显，视觉后象也可以叫做视觉暂留现象。例如，在夜里我们拿着火把以一定的速度做划圈动作，远处的人会看到有一个火圈；天下雨，雨点滴落下来，我们看到的不是一滴滴水珠，而好像是随风降落下来的一条条银线；天边的星星陨落时，看上去是一条火线形的流星；电扇只有三个叶片，可是当它转动时看上去却像个圆盘。上述现象都是一个"点"或"线"在快速移动，但看到的却是一个圆圈、一条线、一个面，这都是视觉后象发生作用的结果。

为什么会产生视觉后象？

因为当强光、色光刺激了视网膜上的锥体细胞时，便产生了光化学变化。这种光化学变化激发神经细胞产生神经冲动，神经冲动像电脉冲一样，沿着视神经传到大脑，在大脑枕叶获得了外界物体的映象。当光、色刺激停止以后，这种化学变化还不能立即使化学分解物还原，仍然激发着视神经细胞，所以视觉映象不会立即消失，它会以后象的形式继续保留一瞬间。视觉后象保留的最短时间大约 0.1 秒。后象可以使断续的刺激引起连续的感觉，因为每一个分开的刺激的后象持续时间之长都足以占满整个间隔期，直到下一个刺激出现。当然引起连续感觉的刺激频率必须达到一定的界限。刚刚能引起连续感觉的最小频率，叫临界频率。在视觉中，临界频率所引起的心理效应就是闪光融合现象。所谓闪光融合现象，是指断续的光刺激达到临界频率时，看到的不再是闪光而是融合的不闪动的光。一个闪烁的光源每秒钟闪烁超过 10 次，就会产生闪光融合现象。电影片是用特别的自动化摄影机拍照的，每秒拍摄 24 幅画面，放映时也按每秒 24 幅的速度映出。每幅画面在银幕上停留 1/24 秒，也就是说，前一幅画面在我们头脑中保留的印象还没有消失，下一幅画面又呈现在我们面前。由于后象把前后的画面联系起来，所以一个个断续的电影镜头会使人产生连续的运动感觉。

为什么吃了糖再吃西瓜会觉得不甜？

我们常常有这样的体验，吃了糖后再吃西瓜，或者再吃苹果、桔子、梨等一些本来很甜的水果，会觉得它们不那么甜了。其实水果还是很甜的,而我们的感觉却发生了变化。

人的身体有许多感觉器官,它们分别感受刺激物的不同属性。例如,视觉器官专门反映客观事物的光刺激,听觉器官专门反映客观事物的声刺激,嗅觉器官专门反映有气味的气体物质,味觉器官专门反映有味物质的各种溶液,还有触觉器官能够感受痛、冷、机械的压力等。人体的感觉器官的这种对刺激物的感觉能力在心理学上叫感受性。

人体各种感觉器官的感受性并不是固定不变的,它在一定的条件下会发生变化。所谓感受性的变化是指感受性出现提高或者降低的情况。那么,促使人的感受性发生变化的原因是什么呢?

据心理科学的研究发现,除了刺激物本身的性质和感受这个刺激的感觉器官的机能状态之外,刺激的时间和空间模式的不同也会带来感受性的变化。

这种因刺激的时间和空间模式的不同而使感受性发生变化的情况叫做感觉的对比。感觉的对比可以分成两种:一种叫做同时对比,它是指由于两种刺激物同时作用于某种特定的感受器时产生的感受性变化现象。例如,同样一个灰色图形,放在白色的背景里会显得暗些,放在黑色的背景上会显得亮些。另外一种叫继时对比或先后对比,它是指由于刺激物先后作用于同一感受器时而产生的感受性变化的现象。我们在文章的开头说的那种情况正是由于感觉的继时对比的缘故而发生的。由于糖的甜度比水果要高得多,吃了糖后再吃水果就使人对甜度的感受性降低了,因此人们就觉得水果不甜了。与此相反,如果人们吃了苦药之后,再接着喝白开水,就会觉得白开水是甜的,因为这时人们对甜度的感受性提高了。

我们为什么有时会转向?

一个人离开自己熟悉的生活环境,来到一个陌生的地方之后,往往在方向的判断上容易发生错误。例如,第一次来北京乘坐环线地铁的人，从地铁车站地下的站台来到地面上以后，就不容易分清东南西北的方向。有时明明自己面对的方向是北，却觉得是南，这就是转向了。为什么会出现这种情况？

这种情况的出现与人的空间知觉能力有关。空间知觉是反映物体的形状、大小、距离、方位等空间特性的知觉。通过空间知觉，我们可以认识物体的形状、大小、远近及物体的上下、左右、前后等方位。空间知觉包括方位知觉、距离知觉和形状知觉等。其中的方位知觉就是指对自身或物体所处方向的知觉，例如，对上下、左右、前后、东南西北的辨别。一般说来，上下、左右、前后在判断上较少发生错误，因为它们都是就外界物体与观察者的关系而言的，主要是以观察者身体为依据而产生的。例如，上下两个方向是以天地的位置作为参考，天空与地面的关系是上下最主要的标志。当人们看到了天空与地面的时候，便知道哪里是上方，哪里是下方。而东西南北的方向是根据太阳的位置和地球的磁场而定的。地球的磁场并不是人们可以直接感知到的，太阳的位置也总是变化着的。因此，人们往往要以生活环境中某些熟悉的物体作为参考才能确定方向。如知道一座小山是在正北方，某一建筑物是在东方等等。这时人们便可以根据陌生物体与这些熟悉物体的关系来确定陌生物体的方位。如果没有熟悉的物体作参照，人们就容易在东西南北方向的判断上发生困难，以至“转向”。“迷路”往往就是由于转向引起的。

对方向的辨别还和人的知识与生活经验有关。方位知觉是在实践活动中逐步发展起来的，只有在生活经验中，在与环境不断的接触过程中，才能使人正确地判断客观对象以及自身的空间方位。人们有时可以意识到“转向”，所以人们可以进行自我调节，如寻找熟悉的标志，根据太阳光的方向、建筑物的坐向、树根上的年轮，或者借助于罗盘及其他仪器来定向。

为什么“喜者见之则喜，忧者见之则忧”？

有一个著名的心理测验叫做罗夏克墨迹测验，这个测验是由 10

张内容不同的墨迹图片组成的。测验时让被试者仔细看墨迹图片,并对被试者提出一些问题,实验者根据被试者的反应,进行心理分析,借此了解被试者的情绪状态或个性品质等。曾有一位心理学家把一块随意溅涂了红墨水的白布给三个人看,问他们从中看出什么?第一个人说,像花,鲜红娇艳,像前天结婚时别人送他的一束杜鹃花;第二个人说,像火,昨晚邻居失火,火光冲天就是这个样子;第三个人说,像血,上星期他被汽车撞伤,衬衫上的血迹正是这模样。为什么对同一个图案不同的人却会有截然不同的反映呢?

心理学家发现,主要是由于这三个人的心境大不相同造成的。人们在观察客观事物时都会把自己的内在情感投射进去,所以会产生不同的感受。生活中也是如此,由于每个人境遇的不同,人们并不是完全被动地接受外界刺激,往往是依据当时各自的心情和经验,把自己的心情投射到刺激物所提示的情境中,将观察到的人或物赋予某种主观意义或某种感情色彩。人们高兴时仿佛觉得千山万壑都在为我而歌唱;忧愁时,似乎又觉得江河湖泊都在和我一起哭泣了。这种情绪状态在心理学上叫心境,它是一种微弱的、持续时间较长的、带有渲染作用的情绪状态。心境一经产生就不只表现在某一特定的对象上,而是在相当一段时间之内,使人的整个心理活动都感染上某种情绪色彩。这种情绪状态在人的其他一切体验和活动上都会留下烙印,从而影响人的整个行为表现。所谓“喜者见之则喜,忧者见之则忧”说的正是这种情况。就像同样的枫叶,在驾车出游的杜牧眼中是“停车坐爱枫林晚,霜叶红于二月花”,而在送别张生的莺莺眼中却是“朝来谁染霜林醉,总是离人泪”。人们总是以特定的情绪状态去看待周围的一切事物的。

为什么有时“光阴似箭”,有时“度日如年”?

人类生活在宇宙之中,既感受着空间,又感受着时间。但是在实际生活中,人们对时间的估计往往有很大的差异,同一长短的时间人们会有不同长短的感觉。形容时间过得“快”叫“光阴似箭”，时间过得“慢”叫“度日如年”。例如，下班后急着回家，可公共汽车老不来，等两个小时汽车的滋味与球迷花两个小时去观看一场扣人心弦的足球比赛，同样的两个小时，在客观上是相等的，但是在主观感觉上却大不相同，“心理时间”不同。这也就是说同样一段时间，人们却会有不同长短的感觉。

这是因为，人们对时间的估计受着很多因素的影响。

人们所从事的活动的内容影响着人对时间的估计。当活动内容丰富有趣，而人们又全神贯注于所从事的活动中时，就会觉得时间过得快，而把这段时间估计得短些；相反，如果活动内容贫乏，单调枯燥，使人不感兴趣，就会觉得时间过得慢，对这段时间的估计就要长些。所以也就有了“光阴似箭”、“日月如梭”、“分秒难熬”、“度日如年”等说法。

情绪和态度也影响着人对时间的估计。心情愉快，欢乐的时候，觉得时间过得快，时间被估计得短些；在烦闷和厌倦的时候，觉得时间过得慢，时间被估计得长些，用古人的话说就是“欢娱嫌夜短，寂寞恨更长”（“更”，相当于今天我们说“夜里的钟点”）。同样一段时间，对将要发生的事件或活动，如果是盼望、期待或喜爱的事件，希望早点来，会感到时间过得慢；相反，如果是厌恶的事件，会感到来得快。

在一个时间周期内，时间知觉还会表现出前慢后快的心理现象。一个星期，前几天相对于后几天，感觉要慢一些，过了星期三，一晃便到了星期天了。假期里，前半段时间相对后半段显得长些，过了一半时间，想到假期马上要到期了，便觉得一天天过得特别快。所以有人说“年怕中秋日怕午，星期就怕礼拜三”。

人们的知识经验也会影响对时间的估计。人对事物的感知总是受着过去经验的影响，时间知觉也不例外。儿童与成年人在时间估计的准确性方面就有很大差异。某些实践活动要求精确的知觉时间的能力，所以不同职业和不同生活经验的人对时间的估计也存在着差异。有经验的球员，即使在剧烈的比赛中，也能根据剩余的比赛时间掌握战术节奏。

由于上述因素的影响，人们对时间的知觉产生了“快”与“慢”的差异。实际上，客观时间并不会因人的主观知觉而变快或变慢。不过，人们可以利用这种时间错觉使其在某些实践活动中产生预期的心理效应。

为什么死记硬背记不牢?

人们常常发现经自己整理过的材料记忆的效果好。例如，自己把需要记忆的材料列出提纲、绘图、制表后，就容易记得牢固。而单纯地死记硬背却记不牢，而且难以回忆，这是为什么呢?

对客观事物的记忆是从识记开始的。识记是获得知识经验和巩固知识经验的过程，它需要依靠事物之间的联系。如果主要是依靠事物的外部联系、表面特征、非本质的联系，采取简单重复的方法进行识记，便叫做机械识记，也就是死记硬背。如果主要依靠事物之间的内部联系，在反复领会、理解的基础上进行识记，这种识记叫意义识记。实践证明死记硬背记不牢，理解了的东西记得牢。

因为机械识记是依靠多次的简单重复为基础，而不是依靠理解其中的意义来进行的，在识记的过程中缺乏已有知识经验的支持，是孤立地建立新的联系，所以既费时间又记不牢固。例如，人们常常对历史年代、外语单词、某些统计数字、科学术语、电话号码等材料发生混淆和遗忘的现象，就是因为这些材料本身缺乏意义联系，只是靠简单重复来进行记忆的，容易遗忘。但是如果我们能采用一些办法给一些本来无意义联系的材料“附加”一种人为的意义，将信息重新编码，就会提高记忆的效果。例如，有人把“17596”记成“一去我就溜”，把“149162536496481”这样一组数字记成“$1^2 2^2 3^2 \cdots\cdots 9^2$”，就不会忘记了。所以，在识记材料时，人们应该进行积极的思维活动，在对材料的意义理解的基础上进行识记才能记得牢固而准确。

为什么被迫去做的事情总做不好?

被迫去做一件事时,当事人内心本不喜欢做这件事,肯定没什么干劲,只是硬着头皮去做,结果总是事倍功半。

人们做任何事情都是由动机引起的。根据动机的动力来源,可以分为内部动机与外部动机。

内部动机是指对活动本身的兴趣引起的动机。动机的满足在活动之内,不在活动之外。也就是说,当个体把活动或行为本身作为目的时,产生的就是内部动机。个体从事某种活动是因为自己愿意,一个人做的事恰恰是他自己愿意去干的事,那么,就会有自由的感觉。比如,儿童做游戏、成人从事自己喜欢的活动,有的同学对学习活动本身感到有兴趣,学习活动本身就能使他的需要获得满足,就是一种报偿,无需外力而自愿学习,这时表现出来的动机就是内部动机。

外部动机是由外部诱因引起的动机。诱因是指对人们有意义的东西。外部动机的满足不在活动之内,而在活动之外。也就是说,当个体把活动或行为看成是达到某一外部目标的手段时,产生的是外部动机。硬着头皮去做一件事显然是外部动机,例如获得经济利益或其他奖赏。这时,从事活动时有一种被约束、被强制的感觉,不得不去做,做这件事情是不符合本意的,所以硬着头皮去做一件事是不会有干劲的。

外部动机是不稳定的,力量也不能持久,较短暂。外部动机使人容易感到疲劳,觉得比较紧张。内部动机才是真正的动力,它是稳定的、强烈的、持久的。同样从事一种活动,内部动机会使人觉得轻松自如,乐在其中。看看许多科学家在科学研究中废寝忘食,敝屣名利,就可以知道内部动机的强烈作用了。

当然,内、外动机是可以转化的。外部动机可以转化为内部动机,人们在做一件自己不太喜欢的事情的过程中,刚开始可能是处于外部动机,随着对所从事的活动的意义的了解、认识,也就会逐渐产生兴趣，就能把外部动机转化成内部动机，形成自觉的愿望，这样对活动就能产生巨大而持久的推动力量。

为什么在学校里学习效果要比在家里好?

儿童一到入学的年龄就都要进入学校去接受学校教育。人们普遍认识到，儿童在学校里的学习效果要比在家里好，这是为什么呢?

首先，学校教育是根据一定社会的要求和儿童身心发展的规律，按照一定的教育目标，安排特定的场所和专门的教师，选择合适的教学内容，采取有效的教学方法，对儿童施行的一种有目的、有计划、有组织、有系统的影响过程。这无疑比那些自发的、偶然的、无计划的环境因素的影响要更有力。班级授课制的集体学习形式与家庭中的个别学习有很大的不同。

其次，这种集体学习的形式符合儿童渴望和别人交往、想扩大自己的生活范围、好合群的心理需要，对儿童有很大的吸引力，儿童愿意与同龄人一起活动、学习。在这种环境里学习，儿童感到心情愉快，有兴趣。

社会心理学的实验研究表明，个人在团体中的行为反应和个人在单独情况下的行为反应往往有很大差别。心理学家迈耶观察了学生在家里和学校做作业的情况，发现在学校集体中做作业的学生比在家庭单独做作业时效率高。对此，有专家解释说，有别人在场对于行为者是一种刺激，这种刺激能引起一种普遍而特定化的驱力，这种驱力对简单的或熟悉的行为能够产生促进作用。还有专家提出动机的作用，一般人们在工作中都有盼望成功的动机，希望在工作中发挥自己的才能和潜力。个人在团体中工作学习时，求成的动机表现为竞赛的动机，这种动机对个人的活动会产生巨大的推动作用，会激励自己去获得好成绩；而在个人单独工作的情况下，缺乏较量的对手，也不容易看出差距。集体学习中还有合作学习，合作学习对儿童能够产生更为积极的影响，在合作学习中，儿童获得了关心、支持、鼓励、帮助，可以激发儿童的学习积极性，增强学习的信心。因此可以说，学校的集体学习形式强化了儿童的学习动机，使儿童在学习中表现出较强的主动性。此外，适宜的心理气氛也是在学校学习效率高的重要原因之一，人们都愿意到学习气氛、秩序良好的图书馆去看书学习，因为在图书馆的学习效率比个人在家里学习高得多。

为什么有的学生上课时思想总爱“开小差”？

有的学生在上课时，虽然眼睛看着老师，手中也没有做小动作，但是思想却早已“溜号”了。如果这时老师问他“讲到什么地方了？”一类的问题，他一定是答非所问。这种现象在心理学上叫做注意的分散，也就是思想开小差，走神、分心了，是指学生不能长时间地把注意力集中在应该集中的对象上。如果经常出现这种情况，就会大大影响学习的效率。那么，为什么会出现思想“开小差”的现象呢？

心理学的研究认为引起“开小差”的原因很多，主要有下列几种：(1)无关刺激过多。从个体发展史来看，注意的稳定性有一个发展的过程，心理学的研究表明，5～7岁的儿童注意保持的时间是15分钟，7～10岁是20分钟，10～12岁是25分钟，12岁以上可达30分钟。可见注意的稳定也是相对的，有限度的。当然，除了一般心理发展的规律，注意的稳定性存在着个体差异。总的说来，中小学生的有意注意正在发展过程中，在这个年龄段还存在着大量的无意注意，如果这时周围的无关刺激过多，学生就会被新异的、多变的、强烈的刺激所吸引。(2)疲劳。一个人如果长时间处于紧张状态或从事单调的活动，便会产生疲劳，注意力易涣散。(3)注意不善于转移。学生不善于依据要求主动地调整自己的注意。因受到某些事情的影响，以至注意力难以迅速地转移到新的活动上去，例如，上语文课时还想着体育课的一些事情。

针对以上情况，教师在教学过程中，应采取适当措施组织教学，防止注意的分散，使学生专心听讲。

首先,要防止无关刺激的干扰。教室周围的环境应安静,室内布置要适当。其次,教师要有意识地培养良好的注意品质,指导学生用坚强的意志与干扰作斗争。再次,作为教师,了解不同年龄阶段的儿童注意所能维持的时间,以便灵活地交互运用无意注意和有意注意。最后教师还应注意不断改进教学方法。例如,在教学过程中向学生提出明确的活动目的和任务,合理地组织活动,把智力活动和实际操作结合起来,授课语言应生动形象,重要的内容可作必要的重复等。

脑袋大智商就高吗?

人脑同宇宙空间、基本粒子的问题被称为当代三大宇宙之谜,人类正在逐渐揭开它们的奥秘。其中人脑和我们的关系更密切一些。有人常问:脑袋的大小与智力水平的高低有关系吗? 鲸鱼、大象的脑袋都比人的大,它们是否比人聪明呢?

要想回答这个问题,得从大脑的演化过程谈起。大脑是动物长期进化的产物。科学家的研究表明,从动物进化的总趋势看,脑重与智慧有关,动物进化的阶梯越高,它的大脑的相对重量就越大。例如,猩猩的脑重是 400 克,猿的脑重可达到 850 克,而人类的平均脑重是 1400 克。第二,从脑的重量与整个身体重量的比例来看,比例越高,智慧也越高。例如,象脑比人脑大两倍,但人脑等于人的身体的 1/40,而象脑只等于象的身体的 1/440。第三,动物发展程度越高,皮质表面占整个大脑的面积越大。这与皮质表面沟回的多少和深浅有关。沟回越多、越深,皮质表面的面积越大,动物的智慧也越高。人的大脑皮质总面积约等于 2200 平方厘米,其中有 2/3 是位于沟回的底和壁上。第四,动物发展程度越高,额叶面积占整个皮质面积的百分比就越大。例如,狗的额叶面积占其皮质面积的 7%,猿占 16%,而人类要占 29% 左右。在大脑进化过程中,额叶是最晚才发展起来的,而且额叶与语言、思维等许多重要心理活动有密切的关系。

这些情况说明,从进化的过程看,特别是在由猿到人的转变过程中,脑量是不断增加的。脑重的增加给智慧的发展提供了一定的物质基础。

科学家的研究还表明,智人以后脑量的增加几乎停顿,已转为向结构复杂方面演变。所以,对人类来说,就不能仅仅根据脑的大小来判断智力水平的高低了,脑的大小也不能完全成为智力发展水平的标志。有人曾统计了一些名人的脑重,著名作家屠格涅夫的脑重为2012克,而哲学家康德和生理学家巴甫洛夫的脑重才有1650克左右,而作家法朗士的脑重只有1017克。人类的智慧并不是简单地表现在脑的大小上,更主要是与脑的内部结构的精细程度、完善程度有密切关系。最近有些科学家提出,人的智慧是否与大脑皮层神经细胞的突出有关系。据统计,老鼠脑中有3立方毫米的神经组织保证着几十亿联系组合;而人的140亿大脑皮质细胞,所保证的联系数可达10^{10000}。

天才是“天生之才”吗?

众所周知,人与人之间在智力水平方面是有一些差异的,人们把天资突出、智力发展水平较高、在某些方面表现出优异才能的人叫天才。心理学的研究认为智商在90~110之间属于智力正常,智商在140以上者称为智力超常,即所说的天才。天才约占人群中总数的3‰。

在人类历史发展的长河中,天才屡见不鲜。在我国历史上,初唐诗人王勃6岁善文辞,9岁读《汉书》,13岁时写了著名的《滕王阁序》,留下了“落霞与孤鹜齐飞,秋水共长天一色”的佳句。李贺7岁能辞章,白居易5岁就能写诗。这样的天才人物在世界上也不乏其人。高斯9岁能解级数求和问题,牛顿23岁创立微积分等等。人们常常要问,这些人为什么会具有非凡的智力,是天生如此吗?

心理学的研究认为,天才的形成和发展,是许多因素共同起作用而实现的。天才虽然大多都获得了优秀的遗传素质,以致使他们在某些方面表现出一种天赋,但更多的事实说明最重要的还是天才在后天的生活中都受到了及时的良好的教育。具有音乐绘画素质的人,长大不一定就是音乐家和美术家。因为遗传素质本身并不是智力,它只是智力发展的自然前提,它只是为发展智力提供了可能性。遗传素质不能单纯地决定一个人智力的发展,知识、才能等后天习得的东西是不能遗传的,没有先天的科学家、艺术家。只有后天的环境和教育才能把遗传素质提供的可能性转变为现实性,甚至先天造成的遗传素质的差异,也可以通过后天的教育得以改变。人的智力发展依赖于后天的教育,一个人的智力朝什么方向发展,发展水平的高低,速度的快慢,主要取决于后天的教育条件。有的人虽然天资聪颖,但由于没有受到良好的教育,结果是“10 岁神童,15 才子,20 凡人”。如大家熟知的宋朝的方仲永 5 岁就能作诗,但他的父亲每天只领着仲永到处去做客,以图接受别人的馈赠,而没有让仲永进一步学习,到了十二三岁,仲永写出的诗已不怎么好了,到了 20 岁时,写的诗和一般人差不多了。后人称“江郎才尽”!

法国著名的思想家爱尔维修早在两百多年以前就曾经说过:“即使是普通的孩子,只要教育得法,也会成为不平凡的人。”日本著名教育家木村久一先生说:“纵观有史以来的伟人和天才,他们大都有着这样或那样的缺点。倘若能给他们以再高明一些的教育,那他们就一定会更伟大、更健康、更和善、更宽大、更出色、更聪明、更正直、更博学、更谦虚、更坚强。”这充分说明天才不是天生的,也不是后天自发形成的,而是教育的结果。

什么是 EQ?

EQ 就是“情商”,它是 Emotional Quotient 的英文缩写,这是美国的一些心理学家在 20 世纪 90 年代提出的一个重要概念。心理学家为什么要提出 EQ 这个概念呢?

EQ 实际上是比照 IQ 提出来的,IQ 是智商 Intelligent Quotient 的英文缩写。EQ 与 IQ 是不同的,IQ 高的人,不一定 EQ 也高。有的心理学家提出,在使人成功的因素中,智商的作用只占20%,而情感的作用则为80%。当然这只是理论推断,并不是统计学上的计算结果。就像爱迪生说的成功等于99%的汗水+1%的灵感。有的心理学家甚至提出,在使人的成功因素中,“情感是唯一的变量”。情商是“木桶效应”(木桶里所盛的水有多高,以制作木桶最短的那一条木条为准)中“最短的那一块板”。情商作为一种非智力因素,对人的学习、工作、人际交往等有广泛的影响。我们常常看到有些人上学时学习成绩顶呱呱,但参加工作后与周围环境格格不入,无法与同事和睦相处,经常与人闹矛盾,结果是“聪明反被聪明误”,无法发挥自己的聪明才智,不能成为对社会有所贡献的真正人才。倒是一些学习成绩平平,但态度乐观、积极,会为人处世的人更容易取得事业上的成功。所以,心理学家认为一个人的情感比智力更重要。

情商概念一经提出,就在全世界得到了广泛的传播,有一些大企业大公司还以情商高低作为招聘人才的重要标准,施行以后获得成功。在当今美国社会流传着两句话,叫做“靠智商得以录用,靠情商得以提升”。

情商有哪些作用?

首先,EQ有助于自我认识。每个人的个性中都有缺陷,有些甚至是屡识屡犯的盲点,只有时时自省,才能减少失误,增强自信。EQ高的人自我认识的能力比别人强。

其次,EQ有助于调节、控制情绪的状态。不良情绪对从事任何行业的人都是大忌,容易愤怒、沮丧、嫉恨、狂热的人也就是容易失败的人。EQ高的人头脑比别人冷静,可以及时控制、化解消极的情绪。

再次,EQ有助于加强自我动力机制。被父母逼着念书的孩子,也许会取得好成绩,但也随时有“滑坡”的危险。对事业有成者的观察和统计,发现他们通常不轻言放弃,善于找事做和把事做完,这也是EQ高的人的一个重要特征。

同时,EQ 有助于建立良好的人际关系。EQ 高的人善于了解别人的心态,觉察他人的需要与内心感受,能设身处地为他人着想,尊重别人的想法,由此获得和谐的工作环境和发展的机会。

为什么有的人能急中生智?

在出乎意料的紧迫情况下,人们表现出的应变能力是大不相同的。有的人是慌作一团,不知所措,呆若木鸡;而有的人则是临危不惧,镇定自若,能急中生智,化险为夷。

这表现了人们的应激能力的差异。在心理学上,把人们遇到突然出现的事件或意外发生时所引起的急速而高度紧张的情绪状态叫做应激。为了应付这类瞬息万变的紧急情境,人们就得果断地采取决定,迅速地作出反应,而应激正是在这种情境中产生的一种内心体验。

实验证实,处于应激状态时,大脑皮层发出信号,分泌促肾上激素释放因子(CRF),又激发脑垂体分泌促肾上腺皮质激素,使身体处于充分动员的状态,心率、血压、体温、肌肉紧张度、代谢水平等发生显著变化,特别是加强心脏搏动的能量,增进肌肉的供氧和营养物质,增加活动力量,于是就会提高进行高度紧张的工作能力。这也就是人们为什么在遇到危险时,时常能做出奇迹般的反应的奥秘。

从积极的方面来说,应激状态是一种行为保护机制,能使机体具有特殊防御、排险机能;能够使精力旺盛,激化活动;使人的活动更积极、迅猛,思维特别清楚、精确,动作机敏、准确;使人更加机智勇敢,集中全身精力应付危急局面,推动人急中生智,化险为夷,转危为安,及时摆脱困境。

当然,在特别紧张的条件下,人们有时会出现一些行为紊乱的现象,这些应激状态的消极表现是可以调节的。在日常生活中,有意识地锻炼和训练,增强责任感和献身的精神,培养应变能力,就能逐渐提高应激水平,防止差错,提高活动的效率。

为什么一首诗的开头和结尾最容易记住?

生活中我们都有这样的体会,就是不管是阅读一份较长的名单,还是阅读一篇较长的文章或背诵一首诗歌,一般来说,首尾两端的内容容易记住,而中间部分的内容记不住,也容易遗忘,这是为什么呢?

研究记忆的心理学家提出了一种假说,叫做“干扰说”,认为遗忘是因为在学习和回忆之间受到其他刺激干扰而产生抑制的结果。记忆的痕迹本身不会变化,它之所以不能恢复活动,是由于存在着干扰,干扰一旦被排除,记忆就能恢复。干扰说的直接证明来自前摄抑制和倒摄抑制的实验。

前摄抑制是指先学习的材料对后学习的材料的干扰作用。例如,先学英语后学德语,英语就会对德语产生干扰。

倒摄抑制是指后学习的材料对先前学习材料的干扰作用。旧信息的储存往往要受到新输入信息的影响。美国心理学家缪勒报告说,被试如果刚学习一种材料之后,要他们马上学习另一种材料,会忘记前面所学材料。例如,在汉字学习中,对某些形状相似的字,学生容易记住后来学的那个。

这也就是说,识记材料的序列位置不同,遗忘的情况就不同。前摄抑制与倒摄抑制一般是在学习两种不同的、但又彼此类似的材料时产生。而且,前摄抑制与倒摄抑制干扰有时可能是同时存在的。一般情况下,材料的首尾部分所受的干扰较少。比如,发榜名单上榜首的名字,只受到倒摄抑制的干扰,而榜尾的名字只受到前摄抑制的干扰,所以容易记住。而中间部分,既受前摄抑制干扰,也受倒摄抑制的干扰,受到的干扰较多,容易遗忘。

为免除前摄抑制的干扰,有人提出早晨识记效果好。为免除倒摄抑制的影响,也有人提出晚上临睡之前识记效果好。

为什么刚学到的东西要“趁热打铁”,及时复习?

人们有时为了临时应付考试而背一些东西,刚刚记住就去考试,结果考试后发现,背的东西马上忘掉了很多。心理学的原理告诉人们要想真正掌握所学知识,就要“趁热打铁”,及时复习。这是为什么呢?

德国心理学家艾宾浩斯是最早对遗忘现象进行系统研究的专家。他在19世纪末的研究结果表明,人们在学习新知识后,遗忘的数量是随时间延续而递减的,刚刚记住的学习材料,在最初一段时间内遗忘的速度较快,过了较长时间间隔后,遗忘速度会逐渐缓慢下来,也就是说遗忘有先快后慢的规律。自艾宾浩斯之后,又有许多心理学家对遗忘与记忆作了进一步的实验研究,发现遗忘的趋势是一致的,进一步证实了艾宾浩斯的研究结果。

为了巩固所学的知识,最大限度地减少遗忘的程度,就要“趁热打铁”,及时复习。

所谓“及时”,就是要在学习之后而遗忘还没有开始之前就进行复习,防止遗忘于未然。好比一个建筑物,知道它不牢固,就要及早加固,否则,等它开始倒塌之后再加固,费力太大。

有的心理学家提出,可以采取试图回忆与反复阅读相结合的方式,促进记忆效果的提高。试图回忆是指在记忆时不要单纯一遍遍地反复阅读,可在材料还没有完全记住前就积极地企图回忆,边想边忆,回忆不起来再阅读,这样容易记住,保持时间也长。因为试图回忆是一种比识记更为积极的过程,它能够提供更多的线索,及时反馈,有利于记忆;同时,它又是一种自我检查的过程,可以使你集中精力掌握难点,改进回忆中的错误,专记那些没有记下来的东西,缩小包围圈;每次回忆效果的改善,还可以增强学习的兴趣和自信心。

为什么压力太大时,学习效率不高?

压力与学习效率有密切的关系。人们常认为,没有压力使人轻飘飘,不能激发学习的劲头;而压力的强度越高,学习积极性会越高,学习效率就越好。而心理学家的研究表明,并非如此。

研究表明,压力与学习效率的关系并不是线性关系,而是呈倒U型关系。也就是说,在一定范围内,压力增强,学习效率随之增加,直至达到最高点。超过这一点,压力强度的提高,反而会造成学习效率的降低。这也就是说,压力过强或过弱都不利于学习效率的提高,压力强度有一个最佳水平,即压力水平适中时学习效率最高。

根据脑的认知活动生理规律,当面临较大压力时,一方面,在情绪状态上,人处于紧张焦虑状态,容易激动、忙乱;另一方面大脑皮层将产生强烈的兴奋状态。这种兴奋状态高度集中的结果,便产生负诱导作用,抑制了皮层兴奋中心周围其他的区域。在心理上极大地限制了人的思路范围,使思维处于僵化、过于呆板、不活跃的状态,思路越来越窄,使人不能回忆起所学的知识,妨碍问题的顺利解决,反而降低学习效率。甚至发展到在考试中连比较容易解的题目也解答不了而导致整个考试失败。

反之,在充满信心的状态主导下,压力适中,大脑兴奋中心处于较活跃的适宜兴奋状态,能够在较大的皮层范围内活动,因而使本来记忆较差的皮层部位,也被解除了抑制,使人的潜能充分发挥,从而发挥最佳学习水平提高学习效率。

了解了这一点,以后我们在学习过程中,应及时调整自己的心理压力状态,如果发现没什么紧迫感,就可以适当地给自己加压;如果感到压力太大时,就要及时给自己舒解,以使心理压力处于一个有利于发挥最佳学习效果的状态。

为什么婴儿一出生就熟悉母亲的声音?

对于做过母亲的人来说,都会发现婴儿一出生就对母亲的声音有所反应,甚至还能对不同强度的声音做出不同的反应。也就是说,婴儿不仅能听到声音,而且还能对声音的差别有所辨别,这标志着婴儿有了一定的听觉能力。这是一种奇怪的现象吗？科学家们的回答是毫不奇怪。

根据实验研究表明，胎儿的听觉器官在出生以前就已经发育完备，孕育中的胎儿听到的有关声音的印象是特别丰富的。美国波士顿儿童医院医疗中心的儿科专家 T. B. 布雷泽尔顿认为，胎儿在孕期 6 个月时就已经具备敏锐的感觉。当孕妇进入光线强烈、有刺耳声音的房间，胎儿就会惊跳；反之，柔和的光线和声音对胎儿具有吸引力。还有实验也表明，在胎儿期的最后两个月里，听觉刺激通常使胎儿的活动有所增强。孕妇们都有这样的体验，在她们听音乐或听到强烈声音时，都能感到胎儿剧烈的颤动。不仅是外界的声音，胎儿还可以听到母亲心脏的跳动。科学家们认为，这是因为液体传递声波的能力比空气大得多，因此凡是能透过人体组织的声音，胎儿都可以听到。胎儿可以听到母亲发出的笑声、歌声、谈话声及哭声。

婴儿出生后，感觉就更加发达敏锐。即使是很小的婴儿也能辨别声音的差别，甚至音调的差别。有科学观察表明婴儿能辨别母亲和儿科男医生的声音。如果用 100、85、75 和 55 分贝的声音对婴儿做听觉试验，发现声音强度越大，婴儿的心率和心脏跳动也就越快，而且婴儿能用哭声对强烈的声音及噪音做出反应。如果房门砰地一响，或铃声猛然大作，婴儿就会吓得一哆嗦，或者停止活动，显出一副好像倾听的样子。婴儿讨厌噪音，喜欢有节奏的韵律，喜欢听音乐，而且对人发出的各种声音也具有分化的反应。婴儿喜欢听人的谈话声，尤其喜欢听母亲的讲话，对母亲的声音更加熟悉。婴儿从一生下来，就能对母亲的声音做出反应。因为胎儿是在母体内逐渐成熟的，可以说婴儿与母亲不仅有一种天然的生理联系，而且还有一种特殊的心理联系。

正因为如此，有些儿童心理学家认为“胎教”是有重要意义的。如果孕妇能积极地将语音传给胎儿，可以促进胎儿的听觉发育，使其能接受人类言语频率范围内的声音。

为什么刚孵出的小鸭会把其他动物当成自己的“妈妈”？

奥地利动物学家劳伦兹在 1937 年发现，小鸡小鸭孵出后对母鸡母鸭或其他第一个遇到的对象都会产生一种依恋偏好和跟随追逐的行为，而不管这个生物是否是它们的同类。以后再遇到这个对象或类似的对象时，都容易引起追随。小鸡小鸭就是这样认识自己的母亲和同伴的。如果小鸭孵出后，不让它看到自己的鸭妈妈，而是让另一种动物或一个人出现在它们面前，那么刚孵出的小鸭也会将其认作自己的“妈妈”而紧追不舍。劳伦兹本人就曾经充当过这种“鸭妈妈”。他像鸭子那样边叫边摇摇摆摆地出现在新孵化出来的小鸭面前，那么小鸭子就会“像爱母鸭一样地爱他”。在鸭子幼小的时候，会跟在他身旁，即使长大以后也追随着劳伦兹。到了性成熟期，它甚至会向人而不是向自己的同类求爱。在其他鸟类以及在哺乳动物中也有这种现象，劳伦兹称这种现象为“印刻”。

印刻是一种天生的、本能的、迅速的学习方式。印刻只在出生的一个特定时期内出现，这个特定时期称为“关键期”。雏鸡“追逐母鸡的能力”的关键期是在孵出后 4 天左右。如果在雏鸡孵出后 4 天内与母鸡隔离，那么雏鸡将不会发生追逐母鸡的印刻。小狗获得印刻的关键期是在出生后 3 ~ 7 周。可见，印刻只有在出生后最初的一段时间内才会发生，如果错过这个时期，不仅不再会有印刻和依恋，幼禽的成长也会受到严重影响，体质衰弱，甚至会导致死亡。

那么，人类是否也存在印刻现象呢？虽然我们不能完全根据动物行为的研究结果来简单地推断人类的行为，而且目前尚未得到令人信服的实验证明。但是印刻现象对于探索人的个体发展很有启发意义。研究表明，婴儿出生后确实会对周围的人们产生一种依恋行为，尤其对母亲的依恋之情更是深刻地铭记。婴儿能否获得母亲温暖的抚爱，也会影响身心的正常发育。人的心理发展在早期也同样存在着“关键期”。例如，2 ~ 3 岁是儿童口语发展的重要时期，4 ~ 5 岁是儿童书面语言发展的重要时期。

为什么婴儿爱哭?

婴儿出生后,做的第一件事就是啼哭,哭是很重要的,它是生命的标志。但有时人们对婴儿的啼哭往往感到烦恼、束手无策,却很少去想一想,婴儿为什么哭。

哭是一种呼唤,哭就是婴儿的"语言",是婴儿表示需求的唯一手段,是表示有某种需要的最直接的信号。婴儿的啼哭总是有原因的,而且不同的啼哭代表着不同的意义。有经验的父母往往能根据不同的啼哭区别原因,识别婴儿有什么需要。有时的啼哭是在说,我饿了、我渴了、我冷了……此时,父母应细心观察,确定原因,探明婴儿的需要,并设法满足这种需要。也有时啼哭是在说,我疼、我难受、我不舒服了……可能是某些疾病的早期反应。这时,家长应立即带婴儿去医院,查明病因,及时治疗。

哭还是一种探索,婴儿用哭和外界进行积极的反应和交流。婴儿被过度的刺激、高声的尖叫、刺眼的光亮等引起惊吓和恐惧时要哭;缺少身体的接触想让别人抱时要哭;缺乏处理可怕情景的能力,摔倒了要哭;来到陌生的环境要哭;因为得不到帮助要哭;为了引起注意,寻求与成人的接近要哭;甚至由于情绪的感染,看见别的小孩子哭,他也要哭,如此等等。这时的啼哭可能是在说,我害怕、我孤独、我寂寞、我无助……对于因为这些心理因素引起的啼哭,父母应该积极地有所反应,而不应漠然视之,甚至采取故意不理会或斥责的态度,也不能因为担心,每一次听到婴儿哭就去抱抱他,将来会惯出毛病来。父母应更耐心、更细心地体察孩子,帮助婴儿解除不良的刺激,多多地给予精神的安慰,给婴儿创造一个有充分安全感和友情的环境,以满足孩子正常的心理需要。

为什么幼儿在计数时常常数手指头?

有些五六岁的幼儿,或是刚上小学一年级的儿童计数时总是要依靠摆弄手指头或实物,一旦离开了数手指和实物,就茫然不知所措了。遇到这种情况,有些家长就强硬地制止,如果幼儿算不出来,还斥责他笨。这种做法对吗?应该如何认识这种现象?

这种做法是不对的,成年人应该多了解一些儿童心理发展的特点。数字是一种比实物概念更抽象的概念,因而掌握数字总是迟于实物概念。幼儿心理学的研究表明,幼儿数字概念的发展是有一定顺序的。最初,从对实物的感知来认识数;其后,凭借实物的表象来认识数;最后,才开始能在抽象概念的水平上真正掌握数的概念。当幼儿从对实物的感知来认识数时,幼儿还没有掌握一定的数的概念,也就是说幼儿还没有掌握数的实际意义、数的顺序和数的组成。所以幼儿在计数时,只能逐个计数(也就是加 1 法),幼儿还没有产生最简单的数群(分解组合)的表象,故不能按群计数。

幼儿对数概念的掌握,最初是在日常生活中从模仿计数的活动开始的。例如,像顺口溜似的“唱数”,这时唱出的数并不代表实际数量,可以说只是一种声音的顺序,这从幼儿点数实物时,口和手的不一致就可证明。只有在点数中能做到口手一致,且以数到的最后数词表示已数过的实物总数,才算是从实际数量相同的事物中,抽象概括出它们在数量上的共同特性。也就是说,这时才叫做在抽象概念的水平上掌握数的概念。如果幼儿对数概念的掌握不能达到这个水平,他就要借助于手指头或其他实物来进行计数了。

幼儿的思维发展是处于直觉行动思维向具体形象思维过渡的阶段。直觉行动思维是一种依靠直接感知和实际动作来进行的思维。处于这一过渡阶段的幼儿在进行计数时,往往要以直观的物体作为支柱,以实际动作作为解决问题的方式,思维是受动作支配的。幼儿只有在摆弄物体时才能进行思维,如果离开了动作和实物,思维也就停止了,那么计数活动也就中断了。也有的幼儿能够脱离实际动作,但需要依靠事物的表象来进行计数。例如幼儿虽能对 3 +2 进行计算,但实际上并不是对抽象数字进行分析综合,而是依靠头脑中再现的实物表象,如 3 个苹果加 2 个苹果才能算出来。这属于实物演算阶段,也就是说此时儿童只能根据实物运动及具体形象进行演算活动。

直觉行动思维阶段在儿童的智力发展过程中是不可逾越的,家长和教师应该使幼儿在这种思维充分发展的基础上,引导幼儿逐步进入到以抽象概括性为主导的思维形式。若想揠苗助长,只能导致事与愿违的结果。

我们为什么会做梦?

梦是一种非常奇妙、非常复杂的精神现象,每个人都会做梦。数千年来,人类对梦的存在一直困惑不解,不管是巫师、圣人,还是科学家,都试图开启这扇“隐秘之门”。人为什么会做梦呢? 有人甚至想到能不能制造一台“录梦机”,窥探做梦的奥秘?

原始社会的时候,人们深信梦与超自然的存在有密切的关系。认为一切梦均来自他们所信仰的鬼神所降的启示,还通过梦来预卜未来凶吉祸福;在我国古书《周礼·春官》中就有关于专司占梦的记述;《黄帝内经》中也有“日有所思,夜有所梦”的说法;在《旧约》中也有关于“启示梦”的记载。

巴甫洛夫做出的解释是,人在睡眠时,大脑皮层处于一种弥漫性的抑制状态。如果抑制扩散到整个皮层,则人处于熟睡状态;如果抑制不平衡,有支配运动的神经细胞仍处于兴奋状态,仍进行一定的活动,人便会做梦。梦是大脑皮层暂时神经联系的活跃与改组。

著名心理学家弗洛伊德在《梦的解析》一书中提出,梦是愿望的满足,或企图达到愿望的满足。

1953 年,美国科学家通过脑电技术及其他生理技术对睡眠的研究表明,人的睡眠有快波睡眠与慢波睡眠之分,它们在一个晚上交替进行四五次。当眼珠快速转动时,在脑电图中显示为快波睡眠,反之为慢波睡眠。做梦绝大部分发生在快波睡眠阶段,在快波睡眠开始时,把人叫醒,只有7%的人说在做梦,如在快波睡眠的末尾把人叫醒,则有80%的人说在做梦。在这一阶段醒来,人往往会记得所做的梦。

也有专家认为梦的产生不仅有感情、心理方面的原因,而且有生理、病理方面的原因。比如,睡觉时听到了钟声、铃声容易做关于音乐方面的梦;屋子里温度低,脚伸在外面会做冰块或凉水的梦;想撒尿时会做找厕所的梦;手压在胸口上睡觉,会梦见重物压身。

从这些解释看来,睡觉时做梦是很正常的事情,甚至科学家、发明家、诗人的创造性思维有些曾从梦中汲取灵感。比如,德国著名化学家凯克伦先生在梦境中见到两条盘在一起的蛇,好像一个轮子,凯克伦先生便从中得到了有关苯核结构的启示,提出了苯核的化学构造原理。俄国著名的化学家门捷列夫在梦中创建了化学元素周期表。美国化学家古德伊尔在梦中发明了橡胶硫化法。难怪现在有人在研究如何使梦增加促发创造性思维的机会。

为什么有的模范教师教育不好自己的孩子?

模范教师在教书育人方面是很有经验,很有办法的。但是,有的模范教师对自己孩子的教育却显得无能为力。笔者曾听到这样一件事:有位老教师曾因自己的儿子作恶多端,气愤至极,丧失了理智,竟把儿子杀死了。说来也许你不相信,可这是千真万确的事实。对这种情况,人们常常感到不解,他们成功地教育了无数的学生,可是在自己孩子的教育上为什么却失败了呢?

社会心理学家认为,人类社会好比是一个天然的大舞台,人类社会上的种种活动也犹如一幕幕社会剧。每个人都在“社会剧”中扮演着一定的角色,而且在不同的时间和场合中,人们扮演的不是一种角色,而是多种角色。在工作单位,他可能是个经理;到商场购买东西时,他是个顾客;回到家里,他可能既是丈夫,又是父亲。角色不同,社会地位、行为规范都不同。

人们要想扮演好自己担当的角色,就得要按照社会规定的角色行为模式去行事;根据自己的角色位置去思考,去行动。随着时间和环境的变化做好角色的转换,以求恰如其分地扮演好不同的社会角色。而恰恰是在这一点上,有的模范教师没有做好角色的调控。一方面表现在对自己本人的角色心理的失控上。有的模范教师没有认识到家庭教育和学校教育毕竟不是一回事,常常忘记了自己在家里所扮的主要角色不是老师,而是父亲或母亲。在家里也摆出一副"好为人师"的姿态,把家庭变成了学校,把在学校里的一套做法照搬到家里。另一方面表现在对自己孩子的角色心理的失控上,有的教师在谈论教育问题时没有避开孩子。如果教师经常当着自己孩子的面,毫无顾忌地评论某些学生和教师,使他们知道了教师工作的全部细节,知道了教育的意图、策略以至艺术,这就会给教育自己子女的工作带来很多副作用。在此情况下,即便是再有经验、再有才智的模范教师,也会失掉对自己孩子的权威,从而导致教育的失败。

为什么老师对学生的直觉并不都准确?

老师在黑板上板书时,突然回过头来,一眼就看见了班长小明和不太守纪律的小伟在说话,老师马上指责小伟,"你怎么又说话?"同样是两个学生在课堂上说话,教师为什么怀疑是小伟先说话呢?老师对学生的直觉判断为什么会出错呢?

人们在生活中相互认识了解时往往会发生偏差,即偏见。偏差发生在许多方面,上面这个例子讲的是"光环效应"对老师了解学生时产生的影响。

光环效应也叫晕轮效应,它是指在观察某个人时,对于他的某种品质或特征有清晰鲜明的知觉,由于这一特征或品质从观察者的角度看来非常突出,从而掩盖了对这个人的其他特征和品质的知觉。换言之,这一突出的特征或品质像耀目的光环一样笼罩着他,使观察者看不到他的其他品质,从而由这一点做出有关这个人的整个面貌的判断,也就是"一好百好"、"一错全错"的意思。

光环效应实际上是观察者对他人形成的一种心理定势,它表现在一个人已有的态度会直接影响到对他人的认识和评价。人们把从外部获得的信息按已形成的定势加以分类、归属、推导,加到已形成的关于他人的印象上去,并以此成为以后交往的依据。其次是中心性质的扩张化。所谓中心性质,是指对形成印象有决定意义的特殊信息。如人的外表、行为、道德品质等,就是决定人际认知的中心性质。人一旦获得这些信息,就会"爱屋及乌",使这些特征扩张化,即产生具有弥漫性的、造成对他人认知具有很大程度的主观臆断色彩。

光环效应是一种明显的从已知推及未知,由片面看全面的人际认知现象,这种推理肯定不能符合实际情况。如果教师凭主观印象出发,对学生做出的评价就会以偏概全,与学生的实际情况不相符合,缺乏公正。比如,一个学生的学习成绩好,有的教师就会认为他样样都好;反之,一个学生的学习成绩差,则这个学生一无是处,即使做了好事,老师甚至怀疑他的动机。偏见不仅影响教师对学生的期望与评价,而且会损伤学生的自尊心,阻碍和谐师生关系的建立。因此,教师应该了解和克服人际知觉过程中易出现的种种偏见,切忌一叶障目。

为什么"数子十过,不如奖子一功"?

表扬是对成功的一种褒奖或对某种行为的肯定,作为一种积极的"强化",使受表扬者明确自己的优点和长处,并进一步巩固和发扬优点。心理学家认为表扬的效果优于批评。

表扬能满足人们喜欢成功的心理需要。在生活中,人人都希望得到别人的赏识和承认,表扬能够最直接和最迅速地影响人们的心理,受到赞扬后的行为,要比挨了训斥后的行为更为合理,更为有效。在承认自己、赞扬自己的人面前,谁都会更加乐于作出努力,以得到对方进一步的承认。赞扬确实能释放出人类的某种能量、潜能,特别是一个人以不太引人注目的优点受到赞扬时,他会感到格外高兴。你所钦佩的人表扬你,也会让你特别感到鼓舞,例如,学生重视老师对自己的评价,喜欢受到教师的表扬。哪怕仅仅是一个赞许的目光,满意的点头,善意的微笑,都能使学生满心欢喜,受到很大的鼓励。难怪古人说:"数子十过,不如奖子一功。"

受到鼓励、表扬的人在心理上会体验到一种成功感。表扬有助于中小学生形成积极的自我意识。学生往往从教师的表扬中来认识自我,看到自己的优点,表扬带来的是自尊心、自信心的增强,而自尊心和自信心又是激发人们进取向上的动力,是一种可贵的心理品质。它不但巩固了良好的思想和行为,而且可以激发出追求新的目标和新的成功的强烈要求和愿望,使学生的道德行为动机更强烈。

因此,无论是在人与人的交往中,还是教师对学生的教育中,都应该坚持以表扬为主,并且还要及时给予表扬。当然,坚持以表扬为主并不是事事夸奖,一味称赞。表扬是手段,而不是目的,而且在进行表扬的同时还应指出其不足,并提出更高的目标,使受表扬者既受到激励,又明确进一步努力的方向,不断向新的目标进取。

为什么过多的奖励反而会消退人的创造精神?

奖励是在行为发生后为维持和增强其行为倾向给予的一种报酬。奖励有很多积极作用,它能满足人的心理需要,使人产生愉快的情绪体验,感受到成功的喜悦,感到他人对自己的爱护、器重,由此产生信赖的情感,使人自尊、自信、积极向上;奖励还可以产生深远的心理影响,激发人的潜力,成为良好行为的导向,使人继续追求新目标。

但过多的奖励是不恰当的,它反而会消退人的创造精神,甚至弄巧成拙,产生负面的心理效应。许多发明家、艺术家、文学家的情况说明了这一点。英国著名诗人艾略特(T. S. EIiot)获得诺贝尔奖后,就曾对朋友的祝贺沮丧地说"诺贝尔奖是一个人为自己拿到通向丧礼的车票,就我所知,凡获得此奖的人,以后再也没有什么成就"。为什么呢?

原因有二。

一是奖励对创造动机的消退作用。创造本不是为了获得奖励,奖励也不是创造的目的,创造也不是获得奖励的手段;而一旦进行奖励之后,奖励的意义就发生了变化,奖励成了创造的结果,好像创造是为了得到奖励,创造的原发性动机消失了。诺贝尔奖金获得者至今已达三百多人,其中不少人获奖后继续创新的能力便明显降低。一个很重要的原因,就是有些人把获奖本身视为最高目标,心安理得地自满起来,养尊处优,奖励使人的创造力消失了。

许多心理学家已经注意到这样一个事实:原来具有内在兴趣的活动是不需要什么外在奖励的。如果允诺给以外在的奖励反而会抑制人们从事这一活动的内在兴趣,外加的奖励损害了内在的动机。因为它促使人们期望把早先在无任何奖励的情况下所从事的活动变成仅仅是为了要得到奖励。一旦奖励没有了,人们也就不愿意从事这个活动了。

二是奖励的束缚作用。奖励体现了社会的一种承认,创造者成名之后,为了符合身份,就不好意思违反社会习俗与规范了,开始循规蹈矩地工作,被奖励所左右,而社会、他人往往也是这样要求成功者的,比如人们常说"你都是先进了,你应该如何如何"。而创造是要摆脱规范,向权威挑战的。成名的艺术家反为盛名所拘束,所以他们早期的作品往往是最好的。作家曹禺在创作了《日出》《雷雨》之后,晚年曾多次感慨自己写不出东西了,其实就是社会承认在束缚着他。

为什么常常"逆境出人才"?

我们谁都愿自己万事顺遂,然而,要有所成就,挫折是不可避免的,能不能战胜巨大的挫折,成了区分强者和弱者的分水岭。巴尔扎克说得好:"苦难对于天才是一块垫脚石,对于能干的人是一笔财富,对于弱者很可能成为走向毁灭的一个万丈深渊。"

虽然人人都期待着舒适的生活环境与顺利的工作条件能给自己

带来成功，但事实并非完全如此。中外历史上倒是有历经坎坷磨难、饱尝艰辛困苦的人屡屡在逆境中崛起，在逆境中显示了卓著的才华，取得了杰出的成就，走上了成功之路，这正是“宝剑锋从磨砺出，梅花香自苦寒来”。中国最伟大的历史学家司马迁曾经做过这样的总结：“文王拘而演《周易》；仲尼厄而作《春秋》；屈原放逐，乃赋《离骚》；左丘失明，厥有《国语》；孙子膑脚，兵法修行；不韦迁蜀，世传《吕览》；韩非囚秦，《说难》、《孤愤》、《诗》三百篇，大抵圣贤发愤之所为作也。”周文王、孔夫子、左丘明、吕不韦，这些人都在历史上大有作为，而他们却也都曾经历过巨大的困苦。司马迁既是总结历史，也是自励，因为他本人也曾经历过非人的痛苦的宫刑。

逆境对人有激发作用，可以激起人更积极的创造精神。人的生命似洪水奔流，不遇上岛屿和暗礁，难以激起美丽的浪花！许多诗人、思想家、科学家正是由于挫折与痛苦激发了创造的动机和精神，迸发出了思想与真理的火花。

逆境可以磨炼人的意志，使人在困难与挫折面前变得更加坚强。在遭遇挫折、战胜挫折后，有人常常表示，应该感谢生活，它为我们提供了一个锻炼提高的机会。一生没有经过巨大挫折的人，永远不会成为一个坚强的超人。英国心理学家布朗说：“一个人如果没有任何障碍，则将永远保持其满足和平庸的状态，既愚蠢又糊涂，像母牛一样怡然自得。”只有经历痛苦才能体验人生，才会产生震撼心灵的欢乐。爱迪生甚至说：“我始终不愿抛弃我的奋斗的生活，我极端重视由奋斗得来的经验，尤其是战胜困难后所得到的愉快。”当年曾有人取笑爱迪生：“先生，你已经失败了 1200 次了。”爱迪生回驳道：“我的成就是发现了 1200 种材料不适合做灯丝。”这正像恩格斯所说的：“无论从哪方面学习，都不如从自己所犯错误的后果中学习来得快。”

为什么把初中阶段称为“心理断乳”期?

心理学家认为在一个人成长的过程中，有两次“断乳”。第一次断乳出现在1岁左右时,一般的儿童这时就不吃母乳了,这是生理上的断乳。1岁的儿童大多能独立行走,不用父母抱着、扶着、拽着了,第一次断乳得到的是身体上的独立。儿童在十四五岁左右出现第二次"断乳",叫"心理断乳",心理学家用这个词形容青少年发展到这个时期时,心理上产生了强烈的独立意识。

这种心理断乳或者说是独立意识主要表现在两个方面。一个是"成人感"的出现。很多初中生的个子长得与成人差不多高了,与成人说话时不用"仰视"了,"平视"就行,目光的交流是在同一条水平线上,甚至有些个子长得高的同学还可以用"俯视"的目光与成人交谈了。这种生理发育方面的变化也使他们的心理产生了微妙的变化。他们感到自己不再是儿童,已经进入了成人世界。自己要享受与成人同等的地位和权利,热衷于掌握成人的行为标准和行为方式,渴望加入成人行列,特别忌讳别人像对待小孩子那样照顾自己。

另一个表现就是初中生的自我意识有了很大的发展。很多初中生感到自己已是一个独立的人,要摆脱父母的束缚,去摸索自我的确立。通过心理上的断乳,实现精神上的独立,初中生与父母的人际关系也开始发生变化。面对父母的关心嘱咐等他们的口头禅是"行了行了,别说了别说了,知道了知道了",认为劝告是多余的,是对自己的束缚、干涉;自己与父母之间应该是一种平等的关系,遇事喜好自己做主,认为自己的想法和主张是正确的,如果父母的意见与自己不同,也敢于"反抗"了;甚至为了表现出自己的独立性,"故意"地和父母、老师做对,"顶牛"。

独立并不是一个简单的过程。中学生还不能凭自己的力量去解决一切问题,在许多方面还缺乏社会生活经验,因而影响考虑问题的全面性。情绪还不够成熟和稳定,遇到问题容易冲动,不能理智地处理问题。因此还需要成人的帮助,遇到事情还应多听听成人的意见,还需要接受成人的指导。这样做,与独立并不矛盾,反而有助于独立意识的形成。

为什么中学生喜欢与同龄人交朋友?

中学生正处在“心理断乳”的时期,心理需要发生了变化,产生了强烈的独立自主的意识。很多同学上中学以后,就不愿意跟家长一起出去玩了,而愿意自己找同学玩,渴望与同龄人交朋友。

小学生特别重视老师的评价,但到了中学,同龄人变得越来越重要,多数中学生都特别关注同龄人对一些事情的看法,特别看重同龄人的认同。同学之间,年龄相仿,关系平等,每天参加几乎同样的学习活动、体育活动,有许多相似的爱好和经历,彼此之间容易理解、沟通。不能告诉父母和老师的秘密、烦恼都可以告诉同学。同学之间,可以无拘无束,不加掩饰,坦诚诉说,彼此都会感受到相互真诚、平等的亲切感。

与同龄人交朋友可以获得安全感与归属感,得到同龄人的关注和友谊。如果有几个好朋友在一起,会感到特别开心、快乐,心情舒畅;如果没有好朋友,会觉得十分孤独。在中学生的烦恼中,因为朋友问题产生的烦恼也占有很大的比重。有一项心理调查表明,有70%以上的同学均提出下面类似的问题:我最痛苦没有朋友,我最害怕同学不理我。甚至如果不能介入朋友们的谈话,也会带来烦恼。所以,有的同学会为了自己能参加同学的交谈而特意去观看某些自己并不十分感兴趣的电视节目。

为什么有的同学喜欢“恶作剧”?

有的同学常常喜欢无缘无故地跟别人逗着玩,戏弄别人。比如,上课起立时,把前边同学的椅子拿开,以使他们“坐空”,摔个“屁股蹲儿”;别人从自己的位子旁边路过时,把一只脚伸出去,绊倒别人;在教室门上放一个黑板擦,老师推门而入时,板擦正好掉在老师头上,吓老师一跳;这样做,他们觉得很好玩,很开心。为什么这些同学喜欢“恶作剧”呢?

在生活中,每个人都希望得到他人的关心和注意,以获得自尊与满足。年龄越小这种需要表现得越明显,越直接。例如,幼儿园的小朋友可能经常说“老师你看我蹦得多高!”老师如果不看,那个小朋友不但非常不高兴,而且也就不蹦了。中学生的年龄也还是比较小,也有想得到老师和同学关注的需要,这种需要越得不到满足,它就越强烈。有的同学学习较差,不能像好同学那样,通过积极举手发言、考试取得好成绩,而得到老师表扬,受到老师的重视,得到同学的关注;在课堂上,老师可能会忽视他们的存在,甚至会有意冷落他们。唯有“恶作剧”时,受到关注、受到重视的心理需要才能得到满足,所以他们就会采用这种不当的方式,以骚扰别人为乐趣,来获得老师另一种方式的关注。

在生活中,我们每个人还有另外一种既重要又普遍的需要,这就是寻求成功的需要。比如,无论大人还是小孩都喜欢“逞能”,就是想满足这种需要的表现。有的同学觉得“恶作剧”捉弄了别人,可以使别人处于一种非常尴尬的局面,让所有的同学哈哈大笑,于是似乎满足了一种病态的成功感,似乎感到自己“真行”“聪明”,也算是个“英雄”。

可是恶作剧会使老师和同学当众出丑,使他们难为情,也使他们的自尊心受到伤害。恶作剧的结果会引起老师、同学的反感,影响同学之间、师生之间的友好关系,交往的需要并不会真正得到满足。有时候恶作剧还可能引发意想不到的事故,本来只是想开个玩笑、取个乐,可是结果却酿成终生的遗憾。

为什么很多同学一到考试就会紧张?

有的同学虽然平时学习成绩不错,但一听说要考试了,就开始紧张,提心吊胆,被一种莫明其妙的恐惧纠缠,在考场上紧张得就更厉害了:拿到卷子就心慌、出汗、头晕,看着试题,脑子里空空荡荡,什么也想不起来,好像道道题都是难题。这是为什么呢?

第一是有的同学缺乏对考试的意义的正确认识。考试是学校教学过程中必不可少的重要一环。通过考试,学生掌握的知识、技能等得到了检查,学习质量得到评价,并激励学生奋发向上。考试是进行集中检查,全面检查,因此让我们感到有些难度,其实它并没有什么可怕的。

第二是有的同学是受以前没考好的影响,心理负担太重。没有必要把考试看得过重。考试具有偶然性,仅凭一次考试的成绩很难说明一个人的真实水平。

还有的同学的自我调节能力差一些,缺乏必胜的信心,担心考不好没有脸面。要相信自己能够通过考试,只要把自己的最佳水平发挥出来就是成功,把精力投入到考试中去,才能取得好的成绩。许多运动员就是因为善于调整自己的心态,从而在重大比赛中超水平发挥,取得优异的成绩。

事实上,大多数人在参加考试时都会比较紧张,这是一个带有普遍性的问题。大约有75%以上的同学,因为各种各样的原因在临考前都会有不同程度的紧张、焦虑,平时学习成绩很好的同学也会有这样的感觉。正常的紧张焦虑在生活中是必要的、不可缺少的,它是适应环境的正常行为表现,它引起人们对某些事情的足够的注意,增强觉醒的强度,在大脑皮层上形成“警戒点”,有利于人们克服所遇到的挫折和困难。考试前有些紧张,不但不会影响考试成绩,而且可以使我们“急中生智”,调动全身的精力投入考试,有利于回答问题。面对重大的事件,有反应是正常的,如果一个人对什么事情都不感到焦急,没有丝毫的紧张,倒是不正常的,这样的人恐怕也很难适应社会。一般说来,紧张的情绪是会过去的,人们能很快恢复正常的状态。但过分的紧张和焦虑,就是不必要的了,如果不能及时排除,就会影响我们所具有的知识水平的正常发挥,影响好的学习成绩的获得。

动物有没有“意志”？

要回答这个问题，先要搞清楚什么是意志。心理学家认为意志就是人自觉地确定目的，并根据目的调节和支配自己的行动，克服困难去实现预定目的的心理过程。这也就是说意志行动是有自觉目的的行动。所谓目的，就是对自己行动的正确性和重要性有充分的认识。那为什么说动物没有“意志行动”呢？

动物的活动是无意识的活动。动物在适应环境的过程中也作用于周围环境，但是它对环境的作用与人对环境的作用，有着本质的区别。动物只是随自然环境的改变而缓慢地演进。正如马克思所说，蜘蛛的活动与织工的活动相似，蜜蜂“建筑”蜂房的本领使人间许多建筑师感到惭愧，但是最蹩脚的建筑师从一开始就比最灵巧的蜜蜂高明的地方是，他用蜂蜡建筑蜂房以前，已经在自己的头脑中把它筑成了。动物的行为无论如何精巧，它也不能意识到自己的行为的目的与后果，也就是说动物的行为不能达到自觉意识的水平，它的动作是盲目的，是无意发生的，这是动物行为区别于人的行为的根本标志。

人类的活动，是有意识、有目的、有计划、自觉的行动，并且“人离开动物愈远，他们对自然界的作用就愈带有经过思考的、有计划的、向着一定的和事先知道的目标前进的特征”。人在行动前，行动的结果已经作为行动的目的而以观念的形式存在于人的头脑之中，并以这个目的去调节支配自己的行动，使他的意志服从这个目的。这就决定了人在自己的活动过程中总是有自觉的追求的，人的行动是以自觉目的为特征的意志行动。而动物绝对做不到这一点。所以说，动物没有“意志行动”。

为什么人要有理想？

每个人生活在世界上，都要树立起远大的人生理想。

说到理想，人们很容易把它与“假大空”联系起来。那是因为过去我们对理想的理解仅仅限定在政治范围内。其实，理想是我们人类特有的精神追求，每个人实际上都有自己的理想。

人生理想即是人生的奋斗目标或生活目标，是人们对未来社会生活的形象化构想。一个人要想成就一番事业，就必须有确定不移的奋斗目标，有了目标才知道自己应该干什么。否则糊里糊涂，就像汪洋大海中的无舵之舟，随风逐波。明确的奋斗目标，远大的人生理想作为一种心理力量，作为一种精神支柱，对人生的积极作用是巨大的，尤其是当目标和理想与社会需要紧密结合的时候，其积极作用更大，它会使人产生一种坚强的意志力，顽强的拼搏精神和无私的奉献情怀。

列夫·托尔斯泰说：“人要有生活目标，一辈子的目标，一段时期的目标，一个阶段的目标，一年的目标，一个星期的目标，一天的目标，一个小时的目标，一分钟的目标，还得为大目标牺牲小目标。”

这也就是说每个人在每天的生活中，都需要有生活的目标。有了目标，你就会发现自己的活动有了方向、有了重心，注意力就不会散漫。每当我们完成一件工作，达到了一个目标，一种轻松喜悦之感就会油然而生，克服困难越多，工作成绩越好，这种感觉就越强烈。工作可以使人发觉自己的价值，并获得社会和团体的承认，产生成就感。有了成就感，就会觉得生活有意义，也就比较看得起自己，肯定了自己的价值。

人是有理性的社会动物。因此，人的生活中不能不充满着对未来五光十色的憧憬和希望，否则，人类就很难生存下去。一个人的生活目标，可以是丰富多彩的，是多层次的。人们可以有自己的生活目标、职业目标、事业目标、人格完善的目标，以及对未来社会发展的理想。

为什么说“性格即命运”？

人人都有不同的性格特征，不同的性格对事业是否取得成功起到很大的作用。

翻开史书，确有才能，但因性格的缺陷而得不到充分发挥，甚至招致失败的事例数不胜数。战国时，魏国名将庞涓，曾经战功卓著，堪称将才。然而，他心胸狭窄，嫉贤妒能，最后为孙膑所败，落得个不光彩的结局。楚霸王项羽，“力拔山兮气盖世”，本事很大，可他骄矜轻狂，霸气十足，兼之轻信多疑，优柔寡断，虽然起兵之初雄极一时，结果也落个兵困垓下、自刎乌江的下场。智勇兼备的关羽，死于骄傲轻狂。勇猛过人的张飞，死于急躁鲁莽。司马懿统兵十多万，追诸葛亮于西城，却由于性格上的多疑，中了诸葛亮的空城计，使到手的胜利不翼而飞。上述诸人，论本事、论能力堪称英雄，但性格上的缺陷却使他们吃了大亏。

相反，曹操的豁达大度，李世民的从谏如流，拿破仑的坚强果断，这些良好的性格对于保证他们事业成功，都起了不可忽视的作用。

现代许多科学家认为，只要充分发挥才能的潜力，大部分人本来都有可能成为科学家和发明家。然而，事实上，在日常生活中，因性格的缺陷而导致才能被压抑的人和事，相当普遍地存在着。对此，不少优秀科学家都曾有过精辟的论述。

居里夫人说：“人要有毅力，否则将一事无成。”法国生物学家巴斯德说：“告诉你使我达到目标的奥秘吧，我唯一的力量就是我的坚持精神。”鲁迅也说：“弄文学的人，只要(一)坚忍，(二)认真，(三)韧长，就可以了。”有人曾对美国大发明家爱迪生说：“要做一个伟大的发明家，必须有惊人的天才。”爱迪生却回答说：“要做一个发明家，天才只占百分之一，百分之九十九是决定于勤奋和汗水。”英国生物学家达尔文也说他自己“所完成的任何科学工作，都是经过长期的考虑、忍耐和勤奋得来的”。这说明顽强的意志和毅力，刻苦、勤奋，这些良好的性格是使才能潜力得以发挥的重要条件。

凡是在科学上有所创造，智力、才能得到充分发挥的人，都有其一定的性格方面的条件。如果我们忽视性格的修养，让许多不良性格支配自己，即使有较高的智力和才能，也会被不良性格所压抑而发挥不出来。

为什么人会自卑?

中国有一句古话叫做“人贵有自知之明”。苏格拉底也说过“认识自己是最大的聪明”。但实际上人们对自我的认识并不那么恰如其分,有的人过分肯定自己,偏于自负;有的人过分否定自己,偏于自卑。心理学家认为自卑是与他人比较,不如别人,而对自己能力和品质作出偏低的评价,伴有自怨自艾的消极情绪体验。心理学家阿德勒认为,自卑就是“认为别人什么都比自己强,并始终以这个观点支配自己的整个生活,而不承认自己的价值”。

自卑是如何产生的呢?

自卑首先来自生理方面的原因。有的女生会因为长得不够漂亮而自卑,男生会因为身材不够伟岸而自卑;先天的一些生理缺欠,更容易造成自卑。因“自惭形秽”而不满意自己,不喜欢自己,不接纳自己,自己否定自己。

个人生活及家庭背景是构成自我的一个重要部分,因此出生的地方是城市还是农村,父母从事的职业,家庭的经济收入,都可能使人产生自卑。有的人不敢认可与自己有关的一些不好的事情,自己看不起自己。

以往的失败经历、现在的社会地位也是产生自卑的重要原因。屡受挫折的人容易导致怀疑自己的能力,自愧无能而丧失自信,自我感觉在一切方面都不如人,在别人面前抬不起头来,忽视自己的优点,自觉在社会上毫无价值,对前途产生渺茫之感,甚至对那些稍加努力就可以完成的任务,也往往因自叹无能而轻易放弃。

有的人对自己的评价过于依赖别人,容易把他人的一些不恰当的消极评价不由自主地转化为自我否定的评价,特别是一些“重要人物”的评价对人们的自我评价产生的影响较大,从而失去自信,产生自卑。

其实,人人都有缺点,没有十全十美的人生,人们的潜意识中都有自卑感存在,差别只在于每个人解决自卑的方式不同。我们应该正视自己的缺陷，以积极的态度消除自卑感带来的不安与痛苦，扬长避短，建立积极的自我概念，实现人生的美好追求。

为什么过分谦虚并不好？

中国人不喜欢自吹自擂，推崇谦虚，久而久之谦虚成了中国人的一种美德。但是，过分谦虚就不好了，比如一个人尽管有渊博的知识，但为表示“谦虚”，免得锋芒太露，招来非议，非得说自己“才疏学浅”；明明可以“毛遂自荐”，但非得深藏不露，“三顾茅庐”后才“出山”；特别是当一个人做出一些突出的成绩、受到奖励表扬时，人们更是不敢大胆接受自己的优点与成功，常说自己没什么能力，都是大家帮助的结果。

谦虚与自尊本来并不矛盾，而过分谦虚的人实际上把谦虚与自尊对立起来了，好像为表示“谦虚”就得自我贬低，就要过低评价自己，以为这样才显君子风度，其实并非如此。

过分谦虚不是实事求是的态度，久而久之，会使人们不善于、不敢于表达自己的想法与要求，以至过分温驯，在行为上缺乏独立自主性，变得没棱没角，不敢说“不”，不敢于拒绝，怕得罪了别人。其实，如果一个人老是迁就别人，唯唯诺诺，别人就会认为你是靠不住的。

过分谦虚使人对自己的各种情感不够开放，不能够真实地体验一切存在的情绪或态度，很可能压抑或掩饰某些体验，隐藏或伪装自己的情感。

过分谦虚使人过于束缚自己，使人疲累，影响行为的自然、坦诚，总要费心地去想应该怎样反应，或是应该说什么话，久而久之思想与行为会发生矛盾。

所以，过分“谦虚”并不好，真正的谦虚是自尊的，是有独立人格的，并不是贬低自己。

情绪会影响身体健康吗?

医学临床观察表明,50% ~80% 的疾病与不良心境、恶劣情绪有关,常见的心血管等心因性疾病都与长期情绪紧张有密切关系,不少肿瘤患者在发病前都有经历精神创伤的历史。不健康的情绪对人的神经系统、内分泌系统及心血管系统、消化系统、免疫系统都有明显的影响。在战地医院中,获胜方士兵的伤口比失败方士兵的伤口愈合速度快。这说明良好的情绪、情感状态有利于保持身心健康;不良的情绪、情感状态,则可以损害人的身心健康。

情绪状态是一种隐性的积累,到一定程度时就反映到身体的疾病方面。一个人如果长期处于过度的焦虑、紧张、气愤、忧愁的情绪状态,超出人体生理调节的临界点,就会引发生理上的异常或病变,会使人体交感神经亢奋并释放大量导致疾病的活性物质,如血液中淋巴细胞数量减少,焦虑、烦躁时释放的大量肾上腺素,恐惧、紧张时释放的大量去甲肾上腺素,这些物质会使身体发抖,肌肉收缩、僵硬,语无伦次,动作失调,消化停滞,心跳过速,血压不稳,心肌耗氧增加,心脏负担加重,冠状动脉痉挛造成心肌缺血缺氧,失眠多梦……其结果必然降低人体抵抗细菌和其他引发疾病因素的能力,从而导致高血压、神经官能症、偏头痛、胃病等,对人的身心健康造成损伤。

中医所说的“百病生于气”,“怒伤肝,忧伤肺,思伤脾,恐伤肾”和人们常说的“病从心生”就是这个道理。

反过来,愉快、欢乐、适度平和的情绪状态能使中枢神经活动处于最佳状态,保证体内各系统活动的协调一致,充分发挥机体的潜能;能激活人的免疫系统,提高人的免疫能力,增强对疾病的抵抗力,使人有效地抵抗疾病的侵袭,从而促进身体健康。

我国古代就有心理养生的思想。如果情绪是健康的,即使身体有了疾病,也会较快地治愈。有的癌症患者正是因为以积极进取、乐观向上的态度对待人生,积极治疗,从而战胜疾病,有的甚至出现了奇迹。

为什么“A 型”的人容易得心脏病?

近一个时期,一些科学家提出个体具有的性格特点与心脏病密切相关。他们从心理特征方面把人分成 A、B 两种类型。这两种不同类型的性格特征在影响身心健康方面起了重要作用,

A 型人性急,争强好胜,好攻击,缺乏耐心,易动肝火,易受懊丧情绪纠缠,缺乏泰然自若的态度,不善于适应环境,经常处在紧张状态之中等等。而 B 型的人与 A 型正相反。通过比较研究,许多科学家认为,A 型的这些心理特征恰恰是引起心脏病的重要因素。据调查,具有这些特征的人患心脏病的比例高达 98% 以上。尸检中也发现 A 型性格的人动脉病变更为明显。因此,A 型性格被称为冠心病易患性格,是比较独立的冠心病危险因素。这也就是说,性子急的人容易得心脏病,这是为什么呢?

初看起来,工作紧张、着急上火这些因素似乎离着心脏很远,和冠心病没有什么关系,然而,不要忘记,人体是一个由神经内分泌系统联系起来的复杂而精密的网络体系,精神因素正是这个网络的一个重要纽结,它通过神经内分泌系统作用于心血管。

当人精神紧张或激动、发怒时,会使垂体—肾上腺系统紧张度上升,血液中的儿茶酚胺和皮质激素水平升高并产生如下效应:

(1)儿茶酚胺直接作用于心脏,使心跳加快,收缩力加强,心肌耗氧量增加。当冠状动脉已有狭窄时,可造成心肌缺血、缺氧加剧,引发心绞痛,甚至心肌梗死。

(2)作用于外周血管引起小动脉收缩,使外周阻力升高,血压上升。在反复长期的精神紧张因素的影响下,小动脉可持续收缩,造成动脉壁变性增厚,管腔狭窄,血压持久性升高。小血管的强烈收缩和儿茶酚胺本身都可损伤血管内皮细胞。血液中的胆固醇便可乘虚而入,沉积于动脉壁内,促使动脉粥样硬化。

(3)长期紧张可以造成高脂血症,同时改变血流动力学状态,使血

黏稠度升高,血小板亦被激活,释放血小板原生长因子,促使平滑肌细胞增殖,并且容易形成血栓。所有这些因素共同促进动脉粥样硬化的发生。

所以说,为了避免心脏病的发生,我们还是应该加强自己的性格修养。遇事当急则急,不当急时且缓。

为什么要重视心理健康?

随着人们物质生活水平的日益提高,文明意识的不断增强,人们开始越来越关注心理健康。健康的意义拓宽了,健康不仅是身体健康,还要心理健康,要有愉快的精神生活。一个人是否具有健康的心理,是否能充满信心地去生活,成为一个很重要的问题。

据世界卫生组织的估计,目前世界上有20% ~30%的人有不同程度的行为异常的表现。据有关调查表明,世界上抑郁症、精神分裂症、老年痴呆症等已侵害4亿多人,抑郁症成为丧失劳动力的第二位原因。到2020年,抑郁症将成为仅次于心血管疾病的危害人类健康的第二大疾病,精神病患病率在21世纪将继续呈上升趋势。人类已经从“传染病时代”、“躯体疾病时代”进入“精神病时代”。

人们越来越意识到激烈的竞争、新思潮的冲击与压力是不可逃避的,每个人都可能有心理问题,就像每个人都可能得感冒,所以及时维护心理健康是很重要的。

心理健康能使人愉快地生活,能提高学习和工作的效率。心理健康水平较高就会使人在智力、情感、意志和个性等方面都得到正常的健康的发展,以形成健全的人格,使心理倾向和行为与社会现实的要求之间关系协调,其学习、工作的效率必然优于心理不健康的人。

原来人们提及健康时,多只注意生理方面的健康,例如人们在通信时,在信的末尾用得较多的词是:祝你身体健康,几乎很少有人说祝你心理健康,今后我们写信或发E－mail时应该说:祝你身体健康,更祝你心理健康!

为什么吃不着葡萄会说葡萄是酸的?

《伊索寓言》里有一个“狐狸和葡萄”的故事,说从前有一只狐狸走进葡萄园中,看到架子上长满了葡萄,馋涎欲滴的狐狸想吃。因葡萄架子太高了,狐狸跳了半天也够不着。狐狸吃不到葡萄,心里很不高兴,就说葡萄是酸的,一点儿也不好吃,它不想吃了。葡萄本来是甜的,狐狸自欺欺人,让人觉得很可笑。

心理学家把这种心理现象叫做“酸葡萄心理”,它是指当自己所追求的东西因自己的能力达不到时,就贬抑打击这个东西。与“酸葡萄”相对的是“甜柠檬”心理,它是指对不好的东西反而说好。那只狐狸后来走到柠檬树旁,因肚子太饿了,只得吃柠檬充饥,柠檬明明酸得不得了,可狐狸为了安慰自己,只好说柠檬是甜的。

后来心理学家就把这种具有文饰作用的酸葡萄心理和甜柠檬心理叫做“合理化”的心理机制。它是指当个体的动机未能实现时,尽量搜集一些合乎自己内心需要的理由,给自己作为一个“合理”的解释,解释自己不能改变的事实,以掩饰自己的过失或不能接受的东西,安慰自己。它被认为是应用得最多的一种心理防御机制。

在日常生活中,人经常像这只狐狸一样,通过酸葡萄和甜柠檬来减少失望与痛苦,维护自尊。反正不管你怎么想,事情都是那么回事,何不往宽处想想?比如,一个身体比较胖的同学体育成绩较差,就说,四肢发达、头脑简单的人才喜欢体育;考试成绩不理想,就说考题出纲了,判卷太严;球输了就说这场球不重要,只是练练兵,或者说场地不好,运气不好,裁判不公。

不过,合理化并非最终解决问题的办法,虽然它有时有可以达到缓解心理冲突、使心理平衡的积极作用。

人为什么怕孤独?

大家一定听说过被劫掠到日本的中国劳工刘连仁的故事,他因不堪忍受非人的折磨，在人迹罕至的深山穴居 13 年，当他被发现时，不仅情感麻木了，也几乎不会说话了。这件事足以说明，人是社会性的动物，是有感情的动物，害怕孤独，有交往的需要。交往动机是人类在社会劳动中形成的一种基本动机。不管是物质空间上的分离，还是精神心理上的分离，都可能给人带来心理的变态。

心理学家设计了几间无声、无光甚至连空气的流动和温度都保持不变的实验室，在这几间与世隔绝、非常安静的实验室里，分别放置一张舒适的床和足量的美味佳肴，先后请一些大学生来受试。条件是只要他们能单独在这种吃喝完全“自由”的房间里生活 4 天，便可以得到一笔数目不小的酬金。结果是，所有受试者半小时后，听觉变得异常敏锐，针掉在地上，像听到铁锤的敲击声。1 小时后，开始感到恐惧；3 小时后，逐渐失去理智；差不多在不到两天的时间里，都变得烦躁不安起来，纷纷敲打墙壁，要求出来。这个科学实验告诉人们，长期独处“绝对安静”的环境中是不能生存下去的。

科学家的调查也表明“社会活动活跃”的人的寿命长于“与社会疏离”的人。积极参加社会交往活动，不但能使人在心理上得到安全感和愉快感，而且，与人交谈可以起到“思维共振”的作用。正如萧伯纳所说，倘若两个人各有一个苹果，互相交换之后，每个人仍只有一个苹果；可是，如果这两个人各有一个主意，互相交换以后，每个人将会有两个主意，甚至是三个或更多的主意。社会交往还能密切与他人的关系，促进对自己的认识，扩展自己的生活经验，不断补充心理营养。如果一个人总是躲避接触社会现实，躲避与人交往，那么，他的心灵一定会逐渐枯寂、萎缩，最终由于缺乏对社会的适应能力而发生障碍，出现种种疾病的症状。

我们为什么会恐惧？

从来都不曾惧怕、对什么都不惧怕的人几乎是没有的；人人都会惧怕，而且每个人都有他特别惧怕的事物，诸如怕蛇、怕狗、怕黑暗、怕登高、怕水之类,这是因为惧怕是属于正常的保护性的心理现象。

但有些人的胆子似乎特别小,对害怕的事物不光远远避开,而且谈“虎”色变,浑身发抖。一位怕蛇的妇女一见到蛇,哪怕是电视中的图像,也会吓晕过去,听到别人谈论蛇也会惊恐万状。她明知这种恐惧毫无道理,可就是无法摆脱,结果产生强烈的焦虑。这是为什么呢?

缺乏必要的知识是产生惧怕的一个主要原因。人们害怕的对象绝大部分是自己不知道、不理解、不知如何对待的东西。人们对于不了解的东西容易产生戒备心理以至逃避。比如原始人因不认识宇宙,不了解雷电、彗星、日食、月食等天文现象,就把它们的出现看做是灾难临头的恶兆。他们还因为惧怕大自然的力量和凶猛的动物而产生了图腾崇拜。马戏团里的驯兽员整天与凶猛的老虎狮子等动物打交道,了解了这些动物的习性,就一点儿也不害怕。

环境的不确定性也是产生恐惧的一个原因。所以,多数人愿意生活在稳定的环境中,害怕事物的改变。有的儿童怕黑,就是因为在光亮的环境中,周围事物一目了然,但黑暗却使得世界蕴含了许多不确定的成分。心理学家发现,人对某一事件的焦虑程度与该事件的不确定性成正相关:事件的不确定性增加,人的焦虑情绪也增加。这一原理的最好的具体事例就是抽奖活动。如果中奖率很低,抽奖者总抱着不中的态度随便试试;如果中奖率很高,接近90%,抽奖者也无什么焦虑可言;但若中奖率为30%左右,抽奖者的焦虑程度就特别高。

也有很多害怕是后天习得的,是不良暗示的结果。心理学家曾做过观察研究,发现1岁的婴儿“胆子”是很大的,即使看到活生生的毒蛇也毫不变色,只是看到成年人对蛇的恐惧反应后,他自己以后见到蛇才会做出逃避反应。还有些大人喜欢在晚上讲些妖魔鬼怪的故事,以后,孩子处于黑暗的环境中,就会想起这些鬼怪来。当小孩子独处黑暗时,这些凶恶又不可捉摸的鬼怪又会充满儿童的内心世界。

个体生活史上曾遭受过某种事物的恐吓和伤害也会导致恐惧。

人为什么会嫉妒?

在现实生活中,人们其实总是在比较中生活的,每时每刻都在进行比较,而且人们倾向于和那些与自己在各个方面条件相似的人比较,倾向于和那些在同一个范围内生活的熟人进行比较,比如,和同学、同事、邻居、朋友、兄弟姐妹比较。发现别人在某些方面,比如,相貌、才华、成就、财产、地位等方面高于自己时,会产生两种心理反应:一种是羡慕,就是看见别人好,想自己也好;另一种就叫嫉妒,它是看见别人好,而自己不好时,希望别人也不好的一种很复杂的情感体验,往往由羞愧、恼怒、怨恨等掺杂在一起。

嫉妒的人往往不能充分认识自己的价值所在。人与人的不同、差异,这本是很正常的事,如果看到别人比自己占优势,就心里不平衡,就产生自卑感,为了心理平衡,就试图诋毁或排挤占优势的人。但如果能意识到虽然在这方面自己比对方差,但在另一方面却比对方强,就会减轻或消除嫉妒。与其看到别人的长处而愤然,倒不如想一下自己的优势是什么,所谓扬长避短。

缺乏自信或自卑心理很强的人容易产生嫉妒心理。缺乏自信的人虽然不愿意接受别人比自己强的事实,但又没有信心赶上或超过别人,只好嫉妒;相反,如果一个人很自信,发现别人在某些方面强于自己,就会把更多的时间、精力放在改进自己上。他会发挥自己的优势,去埋头努力争取更大的进步,从而胜过比自己出色的人,找到自己的成功之路,改变自己的价值,真正自信的人没有功夫去嫉妒别人。

有的人太争强好胜,也容易产生嫉妒。他虽然并不一定自卑,但希望自己事事在人前,别人哪怕只在一个方面强于自己,他也会产生嫉妒。

不切合实际的"平等意识"也会造成嫉妒。人的天赋条件和后天所得,本来不可能完全平等。如果在思想上认为别人有的,我也得有,就难免觉得世态不公,嫉妒那些比自己幸运的人。

人或多或少都有嫉妒心理。聪明的人把嫉妒转化为自强。如果让嫉妒发展下去,则于人于己都没有益处,有时还会造成很严重的后果,甚至导致伤害事件的发生。

什么叫“异性效应”?

“异性效应”是社会活动中普遍存在的一种心理现象。其表现是有男女两性共同参加的活动,比只有同性参加的活动,参加者一般会感到心情更愉快,干得也更起劲、更出色。这是因为有异性参加活动时,异性间心理接近的需要和追求异性敬慕的心理能得到满足。因而与异性在一起时,人们会激发起更大的内在的积极性和创造力,人们也会更注意自己的言行举止,异性交往和相处会使人变得更积极、更高尚。

异性效应开始得很早。男女生同在教室的时候,有的女生不知不觉地就提高了嗓门,以显示自己悦耳的嗓音;男生爱在女生面前逞能、不服输,用带有冒险的“英雄行为”,显示自己的力量;女生好打扮自己,希望引起男生的注意;这些都是为了使异性产生好感,希望自己在异性面前表现好一点,给异性留下一个深刻的印象。在学校召开的体育运动会的比赛中,来自异性的加油声会给运动员带来更大的鼓舞和力量,只不过很多同学并没有意识到这一点。

这种现象甚至在我们人类征服宇宙的过程中也有发生。在宇宙飞行中,有60.6%的宇航员会产生“航天综合征”,如头痛、眩晕、失眠、烦躁、恶心、情绪低沉等症状,而且一切药物均无济于事。几年前,在南极考察的澳大利亚科研人员也得了这种怪病,晚上失眠,白天昏昏沉沉,用了许多方法,均无法治愈。

经过有关调查研究,得出的结论竟是“没有男女搭配,是性别比例失调严重导致异性气味匮乏的结果”。因此,美国著名医学博士哈里教授向美国宇航局提出建议,在每次宇航飞行中,挑选一位健康貌美的女性参加。结果,就这么一个简单的办法,竟使困扰人类征服宇宙的难题迎刃而解。在对现实生活的研究中,心理学家还发现,在一个只有男性或女性的工作环境中,尽管条件优越,卫生符合要求,自动化程度很高,然而,不论男女,都容易产生疲劳,工作效率不高。而男性和女性一起做事,处理问题都会显得比较顺利。

其实,老百姓早就知道这种异性效应,有句俗话说"男女搭配,干活不累",说的就是这种异性效应。

为什么中学生不适宜谈恋爱?

青少年在中学时期开始性成熟。男孩子开始有了胡须,声音变粗,喉结突起,出现了遗精;女孩子声音变尖,乳房变大,脂肪增厚,出现了月经初潮。虽然进入了青春期,但是中学生仍不到谈恋爱的时候。

人的精力是有限的,"早恋"会使你精神恍惚,不能集中精力学习,从而影响毕业升学,进而影响终生。中学生是长身体、长知识的黄金时期,为了使自己的人生有更好的更长远的发展,中学生必须把全部精力投入到学习活动中去。所以,中学生还不宜谈"恋爱"。

中学生的年龄离国家法律规定的最低结婚年龄相差也很远,心理上还不完全成熟,生活上、经济上也还没有完全独立,还不能对自己的行为及他人承担责任。所以中学生不能谈恋爱。

中学生开始注意异性的变化,喜欢议论异性的问题,关心来自异性的眼光,注意异性的说话、表情和动作;还喜欢阅读爱情题材的小说和故事,喜欢抄写描绘爱情的诗句,喜欢哼唱爱情歌曲。这种渴求关注异性,接近异性,向往异性的心理是青春期的正常心理反应。但这并不是恋爱,这种感情带有很多幻想成分和暂时性,产生这些想法并不可怕,也不可耻,但不可因此误认为自己真的开始"恋爱"了。

为什么有的人容易上当受骗?

透过媒体,我们常常听到、看到一些上当受骗的事情,骗中奖换汇、骗身世遭遇、骗秘方治病、骗恋爱结婚。事后那些受骗人后悔不迭，旁观者也觉得十分可笑。骗子的手段并不高明，漏洞百出，当初，怎么就那么容易上当受骗了呢？

骗局是五花八门，应有尽有，但仔细分析一下，就不难看出，受骗大致有下面五大原因：

有的人信奉“撞大运”的人生信条，急于发大财，幻想着“馅饼”从天而降，正好砸在自己的脑袋上，有这种心理的人往往会轻而易举地掉到了骗子的“陷阱”里。

有的人爱占“小便宜”，使自己丧失了应有的警惕性，中了骗子的圈套。

有的人思维不清楚，即使骗子说的事情根本不合乎逻辑，但经骗子的一番花言巧语，这样的人便犯糊涂了。

也有的人缺乏知识，在缺乏可靠信息的情况下，听信谎言，以至遭受欺骗。

还有的人是自己在生活过程中暂时遇到了一些困难、挫折，比如身体有病，久治不愈；突发事件的袭击；家庭出现变故；命运多舛等等。此时心理较脆弱，渴望有好心人来同情与帮助，骗子则乘人之危，“巧妙”地抓住时机，以行善入手，大行其骗。

骗子正是抓住了人们的这些弱点，而“大获全胜”的。

为什么理解能帮助记忆？

以理解为基础的记忆，无论是记忆的全面性、速度、精确性、牢固性都比死记硬背好得多。

这是因为只有得到理解的知识才是自己将来真正能够运用的知识。经过理解所记忆的东西，虽然可能不是书中的原字原句，但却是书中的精神实质。如果只是要求逐字逐句去死记书中字句，那么机械地经过多次的背诵，也可以记下来，可是这样呆读死记下来的，自己并不理解的东西，对于我们的实际生活又有什么用呢？

所谓理解，就是把记忆的材料进行加工、整理、改造，使之分门别类,有组织、有系统、有逻辑地纳入存放到我们的头脑中。假如你有一个柜子,柜子有五个抽屉,现在你要存放帽子、上衣、裤子、袜子和鞋,你认为怎样存放最好呢?

a.	b.	c.	d.
帽子	鞋	上衣	裤子 袜子
上衣	袜子	帽子	上衣 鞋
裤子	裤子	袜子	帽子 上衣
袜子	上衣	鞋	袜子 鞋
鞋	帽子	裤子	裤子 帽子

……

显然,第一种方法最好。因为它先对存放的东西进行了分类,而且存放是有规律的,是按照从上到下的顺序存放的,当你需要某种东西时非常好找。其实记忆也是如此。我们的大脑就像一个有许多抽屉的智慧的仓库,外来的信息经过分类编码后,依次被装入适当的抽屉里。如果我们加强了对记忆材料的理解,就会把脑中的抽屉装得井井有条;相反,没有对记忆材料进行加工整理分类,就会在抽屉里乱塞很多不相干的东西,回忆起来就像在乱七八糟的杂物堆里找东西,这里也找不到,那里也找不到。比如我们学习物理时,可能经常感到一种金属的比重或电阻值很难准确地记住,但当你把许多金属的比重和电阻值按大小排列一下,思考一下它们的规律,就容易记住了。

加强记忆的理解性使我们对要记忆的材料进行逻辑思考,然后比较异同,归纳总结,分类存放,有利于回忆。在回忆所需材料时,我们可以通过联想寻找线索,通过推理进行筛选,通过辨别确定正误,逐步接近所要回忆的东西。

为什么弱智人竟能指挥交响乐团?

交响音乐是阳春白雪的东西,而中国有一位大名鼎鼎的智障青年舟舟,大名胡忆舟,已多次成功地指挥了许多著名的交响乐团演奏的交响音乐会。大家一定会奇怪,为什么一个智障人竟能指挥交响乐团呢?

其实舟舟这种现象并不稀奇,人类历史上曾产生过许多类似的“白痴天才”。例如,曾有一位白痴学者是数学奇才叫雷蒙,他能快速心算多位数字或做令人惊奇的数学难题,然而却不善于与人交往,语言能力低下,并缺乏对自我的了解。

美国哈佛大学的心理学教授加德纳提出的著名的多元智能理论认为,人们有七种智能:语言智能、数学逻辑智能、空间智能、音乐智能、身体运动智能、人际关系智能、自我认识智能。这七种智能在不同的人身上有不同的组合,有些是强项,有些是弱项。在一些特殊人群如白痴学者的身上会表现出参差不齐的认知能力,在很多领域里他们会表现得可悲的无能,但在某些领域又有可能十分出色,在他们身上能观察到独立的单一智能。

舟舟虽然自幼患有重度先天愚型病症,智商很低,不识乐谱也不懂乐器,但他头脑中确实有音乐的潜能,有着相当的音乐悟性和独特感人的表演能力,也就是说音乐智能是他的强项。

舟舟具有的音乐智能与他所处的环境、成长的经历也有很大关系。舟舟从 3 岁起就紧紧跟随在武汉交响乐团工作的父亲,每天去排练场聆听交响音乐,20 年的排演场的音乐环境成了舟舟成长的学堂,强烈的音乐艺术氛围使舟舟受到洗礼,耳濡目染,大大激活了他的音乐潜能,使他的音乐感觉、音乐记忆、音乐表现力都超越常人,最终使他成为一个音乐奇人。其实,不只是智障人有潜能、有强项,智力正常的人也有很多潜能有待很好地开发。

为什么看图片能显人格?

每个人都想知道自己是什么样的人。心理学家运用很多方法来分析人的人格特征,其中有一种是投射测验,即通过看图片来了解一个人的人格特点。

投射测验假定人的思想、态度、情感、愿望等特征会不自觉地投射到外界事物上。因此,投射测验以一些意义模棱两可、甚至本身可能毫无意义的图形或墨迹为投射物,让受测者对这些图片进行自由反应,测验者通过分析这些反应便可了解他的人格特征。

投射测验有三种反应方式:(1)联想法:受测者根据图片说出自己自由联想到的内容;(2)构造法:受测者根据图片自由编出一段有关图中的人或物的故事;(3)表达法:受测者可以用非言语方式自由地表达,如画画,捏泥塑,用玩具或图片构造一些情境,或是扮演一个社会角色等。

罗夏克墨渍测验是一种经典的投射测验,由瑞士精神医学家罗夏克设计,共包括 10 张墨迹卡片。测验时,每次按顺序给受测者呈现一张卡片,同时问:"你看到了什么?""这可能是什么东西?"或"这使你想到了什么?"等。

主题统觉测验是另一种常用的投射测验,由美国心理学家莫瑞创编。全套测验由 30 张模棱两可的图片构成,另有一张空白图片。测验时,每次给受测者一张图片,让他根据所看到的内容编出一个故事。

投射法的测验目的有很大的隐蔽性,因此受测者的反应能够比较真实地反映出他的人格特点。

然而,由于受测者的反应相当自由随意,没有标准的反应可言,对测验结果的分析十分困难。因此,投射测验在很大程度上依赖于测验者的技术、经验和对测验结果的解释能力。

为什么使用心理测验?

世界上没有完全相同的两个人,就像没有完全相同的两片树叶一样。心理测验可以帮助我们了解人与人之间的差异,增进对自己和他人的理解,以接纳和宽容的态度对待自己和他人,从而改善生活质量和人际关系、提高心理健康水平。这是使用心理测验的第一个原因。

其次,从心理测验中获得的信息可以帮助我们作出预测,从而以更理智的方式做决定。例如:我擅长什么工作? 求职者适合做哪项工作? 在大学我应该学什么专业? 哪些儿童需要补救性的教育? 如何才能改善我的人际交往技能? 如此等等。现代社会生活提供了各种机遇和选择,面临两种或两种以上的情境时,我们想知道哪种情形下会产生最好结果。对于雇主,所希望的是雇佣最适合的应聘者;对于大学生,希望选择最合适的主修专业;对于学校,要保障需要补救性教育的儿童能受到这类教育。这些决定是现代社会生活中不可避免的一部分,心理测验相对而言能提供准确的信息。

此外,心理测验提供了标准化的测验程序和评估技术,比较客观,对人们更为公平。如果仅仅根据主观印象做出判断,容易产生偏见和歧视。

为什么有的人能"一目十行"?

人的记忆分为三个系统:感觉记忆、短时记忆和长时记忆。其中,短时记忆是记忆系统中最活跃的部分。在我们日常生活中的对话、阅读、听讲等活动中,短时记忆对感觉记忆捕捉到的信息进行有效处理,然后将其输入到记忆仓库——长时记忆中去。因此,短时记忆又叫工作记忆。

美国心理学家米勒发表了《神秘的 7 ±2》,表明一般成人的短时记忆容量是有限的,多则 9 个单元,少则 5 个单元,平均是 7 个单元。

从此,7 个单元成了关于短期记忆容量的基本共识。所谓“7 个单元”,可以是 7 个数字,如电话号码;可以是 7 个人名;可以是 7 个国名;也可以是 7 件事。7 个单元之间不能有任何关系,以免产生联想或推理而影响了短期记忆。

所谓 7 ±2 的原则,是根据记忆者主观的单元数量计算的,不是根据记忆材料本身的客观特征计算的,因为经验可以改变单元本身容量的大小。同样的信息,对不同经验的人而言,单元的大小是不同的。例如:下面排列的 8 个英文字母,UOYKNAHT,对一般人来说,是 8 个单元,因为字母间彼此无关。如果将这 8 个字母的顺序颠倒书写,变为 THANK YOU,对懂英文的人来说,就成了两个单元。因为,英语学习者会把它们当做两个记忆单元来处理。

由上可知,尽管短时记忆的容量有限,但运用策略可以扩充每个记忆单元的容量,从而提高记忆效率。扩充记忆单元容量能力强的人就能做到“一目十行”。

为什么有时话在舌尖儿却说不出来?

我们常会遇到如下的情况:明知是一个常用的单字,应急时到了笔下就是写不出来;有时遇见熟悉的朋友,话到嘴边,居然忘了对方的名字;考试时,回忆不出有关知识,一出考场立刻想起等等。类似此种尴尬经验,称为舌尖现象。

心理学家对舌尖现象的解释是,一个人对信息进行编码处理时,会同时将该信息编成代表其形象的形码、代表其名称的声码和代表其意义的意码,文字如此,人物也是如此。人会将三种代码置于记忆中的不同部位,分别加以贮存。当我们回忆该信息时,要进行对形码、声码和意码的解码工作(编码与解码是两个相反的过程)。如果解码顺利,三种代码一起从记忆的不同部位提取出来,就能同时回忆出事物的形象、名称和意义三方面。如果当时三个代码联结困难,只能解出形码与意码,而无法解出声码,自然就叫不出对方的姓名了。

还有一种解释认为舌尖现象是一种暂时性遗忘,已经存储到长时记忆中的信息一时不能被提取,但在适宜条件下还可恢复。

为什么我们有时会觉得“只能意会,不可言传”?

人们在生活中,往往会感受到一种“只能意会,难以言传”的情形。

这是由于大脑左右半球有着功能上的差异。20 世纪 60 年代,美国著名心理生物学家罗杰·斯佩里博士和他的学生进行了历史性的裂脑研究。他们发现,人脑的两半球用完全不同的方式进行思维。左脑易于用语词思维,支配着言语表达、数学运算和逻辑推理等功能。而右脑善用表象思维,侧重于“视觉—空间”全方位、直觉式和情绪性特征的无语的功能,在图形认知、触摸觉、绘画、雕刻等艺术活动方面占有优势,更多地支配情绪和梦。简言之,左脑以言语功能为主,右脑以非言语功能为主。人脑的两半球具有分工协作的关系。

说话和逻辑是进行思维的有力工具。在以它们作为工具的任务中,无疑左脑超过右脑。但右脑有它自己的事情,而这些事情却难以转换成话语或用逻辑步骤来理解——有些事物你只能对它产生一种感受。我们所说的“意会”,实际上是一种“内感受”,而这正是右脑发挥作用的结果,“言传”则是左脑的功能。所谓“只能意会,难以言传”的心境,即是当右脑已有感受或反应时,而左脑尚未产生相应反应的一种心理状态。

为什么没有女爱因斯坦?

据报道,迄今共有 643 人获得了诺贝尔奖,其中女性仅为 28 人,占 4.35%,而且她们还都主要是因为在文化和争取和平方面做出的卓越贡献才获奖的。女性从政的人数比例也很小,在当今世界上,各国女议员平均只有 10%,在政府中担任职位的女性只有 6%。总之,女科学家、女作家、女医生、女宇航员人数都比男性少得多。格外引人注目的是，迄今为止，还不曾有一位妇女是站在整整一个时代的巅峰的绝顶天才，如像爱因斯坦、达·芬奇、牛顿、贝多芬、柏拉图这样的男人。为什么没有女爱因斯坦？是不是女性没有男性聪明呢？

其实，目前的研究表明男女两性在整体智力发展水平上并没有明显的差异，然而，男女两性在智力的构成上却有明显区别。让我们先看看男女之间一个明显的生物学上的差异，就是他们的成熟速度。

女性胎儿的发育在受孕后第五个月就比男性胎儿早熟两周左右。在分娩时，女婴的发育要比男婴早四周。女孩比男孩说话要早，走路要早，达到性成熟和最大限度的发育，女孩则比男孩早两三年。这种成熟度上的差异，导致了男女之间在大脑两半球功能分化上的差异。男性由于成熟缓慢，因此大脑左、右半球的功能分化进行得从容不迫，分化比较完全。而女性由于早熟，使得左右脑功能分化程度较低，相当一些功能在左右脑有重叠。

大脑功能分化完全的极端情况——全单侧化，就像是两位专家之间的合作：一位专家擅长于言语的和逻辑的思维；而另一位专家以非言语的、全方位的思维为专长。当两位专家着手解决一个问题时，一位专家由于超出了它的领域发挥不了作用，而另一位专家却具有解决这个问题的优异的能力。

大脑功能分化的相反的极端——无单侧化，更像两位普通人之间的合作：他们对一般类型的问题，各自都同等熟练，以致两位合作者能够互相帮助，防止彼此在工作中的失误。而对于高难度的问题，两个普通人则都有些心有余而力不足了。

由于男女大脑两半球的功能分化程度不同，女性的大脑，就像两人一组的普通人那样工作，而男性的大脑却更像是两人一组的专家组成。在解决一般性的难题中，两个头脑胜过一个头脑，女性们在速度、流畅性和精确性方面占有相当优势。而在高度专业化和需要高度创造力的领域中，有某种优势的“专家”们的尖端操作使得男性的表现优于女性。

我们平常也能注意到男女两性的智力特点。比如，女性听觉能力较强,男性的视觉能力较强,特别是视觉的空间知觉能力明显优于女性。女性机械记忆和形象记忆较强,学外语比较容易,男性的理解记忆与抽象记忆较强。女性的心理感受性较高,男性喜欢思考和探索问题,他们的思维具有广泛性、灵活性、创造性,这些是在智力发展成分上存在的差异,而不是水平的差异。

让我们看看爱因斯坦有个怎样的大脑。众所周知,与一般人比较,爱因斯坦相当晚熟。由此分析,他的左右脑功能分化进展缓慢,因而也分化得非常彻底,形成了两个思维模式完全不同、但都异常出色的“专家”。在他思考问题的开始,利用右脑的想象力和直觉,形成心灵中的“映像”;接下来,则用左脑进行逻辑思维和语言表达。正是这种高度的脑功能分化造就了爱因斯坦。

当然,一个人是否能够成才,智力只是一个因素,此外还受到社会历史条件的制约。从社会历史的角度看,女性是长期受歧视的,女性的活动范围长期被局限在一室之内,在阅历、受教育和参加社会活动方面遭到种种排斥。比如,我国的传统社会便提倡“女子无才便是德”,妇女不得参与政治,不得参加科举。女子“大门不出,二门不迈”,自然很难成才。在资本主义社会,女性也往往被当做社会生活的附属品和装饰品。现在,社会虽然向前发展了,但旧时代重男轻女的陋习还严重存在,一些持有旧观念的人(包括一些女性自身)仍对女性不抱大的期望,微妙的性别偏见充斥着社会生活的各个方面。这些都妨碍了女性才能的充分发挥和显现,所以女性成才的人数确实少一些。

尽管如此,使我们感到骄傲的是,还是有不少的女性顽强地表现了自身的才干,杰出的女科学家、女作家、女艺术家、女政治家、女宇航员也是不乏其人的。像连续两次获得诺贝尔奖、发明镭的女科学家居里夫人、物理学家吴健雄、半导体专家谢希德、微循环专家修瑞娟、医学家林巧稚等,其贡献和荣誉都达到了现代科学的顶峰,只是人数较少罢了。

为什么不能迷信心理测验?

心理测验能帮助我们了解一个人的智力水平、人格特点、情绪状况、兴趣和态度以及人与人之间的差异等等,在教育、职业选择、人才选拔、临床诊断等领域有广泛的用途。时下人们热衷于心理测验,进行心理测试似乎成为一种时髦,报纸、杂志、小册子出版物上泛滥着各种游戏式心理测验或庸俗心理测验。实际上,人们对心理测验知之甚少,这样盲目迷信心理测验是非常危险的。

首先,心理测验的分数有"寿命"。测验分数的有效性随时间的推移而降低。测验的时间间隔越长,第一次测验的分数与第二次测验的分数相关越低。由于测验内容以及个人内部的变化或环境的变化,测验稳定性是不同的。对于大多数测验,孩子们的分数比成人的分数变化更快。

就一般经验来说,测验结果的"寿命"应该不超过 1 年。也就是说,超过 12 个月的测验结果应该不再适用于对个人做决策。对孩子们或年轻人而言,个人的测验成绩可能由于某些原因会有相当大的变化。比如,测验前没有进行恰当的准备,饥饿、困倦、情绪不良等影响了测验分数,或者缺乏相关的教育经历,或者测验前进行了相关的训练,这对教育测验影响更大。因此,即使间隔 6 个月,测验成绩可能就会有变化。

其次,心理测验是有局限性的。第一,它不能测量个人独特的特点,只能测量许多人共有的特质;其次,它几乎不能反映一个人的成长发展过程,也不能解释为什么这个人现在是这样;第三,心理测验不能提供个人的生活背景或情境资料;此外,智力、人格、能力和兴趣是不稳定的,测验不能说明它们是否可能随时间而变化,可能如何变化。这些局限性是测验本身所固有的。因此,心理测验只能提供我们需要的一部分真实信息,而不是全部。

由此可见,心理测验也并非无所不能、无所不晓。如果我们不能正确地看待心理测验的功用,就会陷于一叶障目的危险境地。我们会忽视了一些生活中真实的信息,反而盲目相信测验的机械解释。这都并非是编制测验者之初衷。

为什么好学生进入社会却不一定能成功?

许多人在学校时是成绩出色的学生,然而他们在走出校门之后的职业生涯中却一直表现平平。有一种“第 10 名现象”同样说明了这个问题,即学习最好的学生不一定是日后工作最出色的人,而成绩排名在第 10 名左右的学生,可能会在工作中游刃有余。这涉及了成功智力的问题。

成功智力是美国心理学家斯腾伯格提出的,它与传统智力测验中所测量的学业智力有本质的区别。斯滕博格将学业智力称之为“呆滞智力”,它仅仅代表出色的测验分数并对学生在学业成绩作出部分预测,而与现实生活中的成败关系不大。那些能对书本知识倒背如流,甚至还会用这些知识进行推理的人,却并不一定知道如何运用这些知识去解决生活中的问题。

成功智力包括分析性智力、创造性智力和实践性智力三个方面。分析性智力涉及解决问题,强调比较、判断、评估等分析思维能力;创造性智力涉及发现、创造、想象和假设等创造性思维的能力;实践性智力涉及解决实际生活中问题的能力,包括应用知识的能力。

成功智力是一个有机整体,用分析性智力发现好的解决办法,用创造性智力找对问题,用实践性智力来解决实际问题,只有这三个方面协调、平衡时才最为有效。一个聪明的人知道什么时候以何种方式来运用成功智力的三个方面。成功者是那些努力获取、发展并运用这一整套智慧技能的人,而绝不仅仅依靠学校中推崇的呆滞智力。

为什么会有飞行时差?

曾经坐飞机长途旅行的人都知道时差,从北京飞到纽约,纽约的当地时间是午夜了,可是你却毫无倦意,无法入睡。也许你赶上的是当地时间的中午,而你却哈欠连天,只想睡觉。

这是人体内的生理时钟在捣鬼。一天 24 小时内,个体在生活上呈现周期性的活动:何时睡眠,何时进食,何时工作,何时排泄,几乎都有一定的顺序,而这个顺序是由个体生理上的运作所决定。这种决定个体周期性活动的生理作用,称为生理时钟。生理时钟之所以形成,除了个体的生活习惯因素(如经常上夜班者的生理时钟与一般人不同)之外,主要受一天 24 小时的变化决定。例如:一天之内的温度有显著的变化,人类身体的体温在一天内也有显著的变化,在环境温度降低而人的体温也降低的情况之下,个体就会产生睡眠的需求。每天气温的变化规律,大致是午夜至凌晨 5 时左右的一段时间最低,人类的体温,也正好是在这个时段降至最低。因此,对绝大多数的人来说,晚上 11 点钟至翌晨 6 点钟,是睡眠时间。故而生理时钟也称为日节律。

对动物的生活而言,日节律具有极大的支配力。因此,候鸟或鱼类的迁徙,多在地球上的南北相同经度内移动,借以维持其周期性的生理时钟。人类祖先的活动,本来也像其他动物一样,日出而作,日落而息。由于现代交通工具快捷,飞机的飞行,使地球东西两对面的距离,变为朝发夕至。从北京飞到纽约,正好晨昏颠倒,使人遇到了睡眠适应困难的问题,这一现象称为飞行时差。飞行时差的一般征候是:身心疲倦,食欲不振,睡眠暂时失常。飞行时差的困扰程度,因飞行方向而异。顺太阳方向(西行去欧洲)飞行时,飞行时差的困扰较少;逆太阳方向(东行去美洲)飞行时飞行时差的困扰较大。飞行时差形成的睡眠困扰,一般在三天至一周内即可自行消失,从而在新环境内重新建立起个人生理时钟。

为什么职业选拔时常常要做人格测验?

哲学家霍兰德发现不同的人在职业选择上有很大差异,当人格特征与职业特征相匹配时,人会发挥出其优势。他依据社会形态的不同

把人格分成六种类型,这六种人格类型及其特征分别如下:

现实型。重视物质、实际利益,遵守规则,喜欢安定,不爱社交,感情不丰富,缺乏洞察力。喜欢从事有明确要求的程序化操作,如机械、电工等。

研究型。好奇心强,重分析,好内省,比较慎重。喜欢从事有观察、有科学分析的创造性活动;如自然科学研究、天文观测与研究等。

社会型。乐于助人,喜欢社交,善于合作,注重友谊,责任感强。喜欢选择教育、医疗、社会工作等。

企业型。支配性强,富有冒险精神,自信,精力旺盛,爱抒发个人见解。愿意从事组织、领导工作,如厂长、经理等。

艺术型。想象力丰富,热情冲动,好创作。喜欢从事非系统化的、自由度大的活动,如表演、绘画等艺术工作。

常规型。易顺从,自制力强,想象力差,喜欢稳定、有秩序的环境。愿意从事重复性、习惯化工作,如出纳员、资料管理员等。

一个人只有适合并喜欢自己的工作,才能激发出工作热情,高效率地工作,这正是企业管理者所希望的。因此,进行职业选拔时常常测查应聘者的人格类型,以此作为选拔的一项依据,为招聘岗位找到最佳人选。

为什么孩子天生爱玩?

一个两三岁的幼儿,除了睡眠和进食外,每天大部分的时间都在游戏中度过。只要他们有兴趣,不用成年人在旁边指导,都会主动地进行游戏。在游戏中,他们可以自由地表达自己的内心,发挥想象力和创造力,显露个人的潜在能力。

美国著名教育家杜威认为游戏是幼儿生活的一部分。他提出,对幼儿来说,“生活即游戏,游戏即生活”。游戏给幼儿多方面的体验,从而影响到他们的身体、智能、情绪、社会性等方面的发展。

游戏对幼儿的体能发展和各方面的协调有着很大的影响。在跑跳、攀爬等大肌肉活动的游戏中,他们的体力得到增强,他们会更结实和更健康。当幼儿进行拼图、玩沙等需要小肌肉的活动中,手指的灵活性、手与眼的协调性等得到锻炼。在与外界环境的接触中,幼儿接受了更多的刺激,因此能迅速地做出反应,从而变得更加敏捷。

游戏具有很大的教育意义。游戏时,幼儿会不断地移动、触摸、聆听、观察,这些感官刺激有助于培养幼儿的注意力、观察力和判断力。游戏也能推动幼儿去思考和创造,例如堆积木、绘图或做手工。此外,在游戏中幼儿无形中会学到许多概念,例如空间、高低、大小、形状等。如果几个幼儿一起游戏,他们之间的相互交谈还能提高社交能力和语言能力。

游戏使幼儿获得情绪平衡的机会。幼儿可以在游戏中发泄剩余的精力,尽情地表达个人的感受和情绪,从而忘掉烦恼。这有助于幼儿的心理健康。

幼儿通过游戏可以接触到其他不同年龄、不同性格的幼儿,从别人的说话和行为中增强自我了解。幼儿一起游戏时,学习到顾及他人的需要,学会如何与人分工合作和适应群体生活。在游戏中,幼儿还可以学会分享、公正、自律、诚实等良好的道德行为和态度。

总之,游戏不但给幼儿带来乐趣,而且也是开发幼儿智力、培养健康人格的一种方法。

聋儿能学会说话吗?

没有语言,一个人就无法与其他人进行正常交流。一个没有语言的世界也是一个没有思想的世界。因为即使是最简单的日常活动中的思维也离不开语言。

婴儿的语言发展从咿呀学语开始。对于大多数婴儿来说,咿呀学语自发地产生于出生后 4 ~ 6 个月之间。在这一阶段,婴儿开始不断地发出许多令人快乐的声音,这些声音是一种发声练习。

当婴儿意识到他们在咿呀学语期间所发出的声音与其他人发出

的语音建立了相应的联系时，他们开始保持和重复这些语音，并排除掉他们没有听到的语音。在咿呀学语阶段，他们可以识别任何一种语言的语音，并非常准确地发出这些语音。大约在10个月左右，语言学习开始替代咿呀学语，而一旦他们开始从全部的语音技能中排除某种没听过的语音，他们今后再识别这些语音就变得困难了。因此，如果以后我们要求儿童学习一种其语音曾被排除在外的语言时，则他或她很难再很好地掌握它们。

如果婴儿生下来是聋的，尽管他们也经历了咿呀学语期，但由于他们听不到周围的任何声音，则会逐渐变得不声不响。因此，对这样的儿童做出尽早的诊断是非常重要的。如果他们只是听力非常微弱，而我们能有效地将语音放大，那么聋儿的咿呀学语可能发展为正常语言。错过了在咿呀学语期听到语言的机会，聋儿日后再要获得任何语音都将是非常困难的事。

智商是固定不变的吗?

智力是遗传与环境因素共同作用的结果。一个人成熟之后智力水平是比较稳定的，但在智力发展的早期，即婴幼儿期、学龄期，高质量的早期教育确实能有效地开发儿童的智力潜能，尤其是帮助落后儿童更多地实现其智力潜能，提高IQ水平。

心理学家认为，有着相同遗传基础的儿童，如果分别在教育良好或教育不利的情况下成长，当他们成熟时IQ分数可能会存在25分的差异。比如，一个儿童4岁时IQ为95分，如果在学校中他接受了适宜的教育，当他毕业时IQ可以达到100~105的范围。而如果没有这种教育环境，他的智力水平就会下降到80~85的范围。

学校、家庭和一些社会服务机构能帮助儿童达到他们智力范围的较高一端。心理学家设计了许多学前教育层次的干预计划，来帮助那些教育处境不利的儿童。这些干预计划不能完全补偿儿童早期被剥夺的经验，但确实能改善他们的智力状况。

我们来看看国外一项干预计划所取得的成效。在这项计划里，干预对象是4岁的环境不利儿童。实施计划第一年后，被干预儿童的IQ分数提高了27分，而未被干预儿童的IQ分数只提高了4分。被干预儿童在10岁时仍比未被干预儿童的平均分高9分。在15岁时他们不仅有明显的低犯罪率，还与父母保持较好的亲子关系和具备良好的社会适应性。

因此，一个母亲不必为自己的孩子IQ分数只有85而过分忧心，不如更多地想想应该给孩子提供哪些教育上的指导和帮助。

为什么早期智力开发很重要？

一百多年前，科学家达尔文与一位年轻母亲有过一次对话。年轻母亲问："先生，我的孩子应该何时开始教育？"达尔文反问道："你的孩子多大了？"年轻母亲说："她才两岁半。"达尔文惋惜地回答："夫人，你已经迟了两年半了。"达尔文的意思是明确的：从孩子0岁就应该开始教育。

人类智力的发展速度有时快、有时慢，在某一个时期，对外界刺激特别敏感，容易接受特定刺激的影响而获得某种智力，这个时期就是智力发展的关键期或敏感期。许多研究表明，人的智力发展关键期是在4、5岁以前。美国著名心理学家、教育家布鲁纳认为，5岁前是人的智力发展最为迅速的时期。瑞士心理学家皮亚杰认为，从出生到4岁，是人类智力发展的决定性时期。如果把17岁所达到的普通水平看做100%，那么从出生到4岁就获得50%的智力；4~8岁可获得30%，最后的20%的智力则在8~17岁时获得。

不同的能力，其关键期也不同：口语发展在2~5岁，书面语言在4~5岁，数概念在5~5岁半，词汇能力在5~6岁。如果这些能力在关键期得不到发展，就会使智力的发展受到阻碍。

国内外大量的研究材料证明：早期智力开发对婴儿的智力和心理发展有重要的促进作用。从生理上讲，人的脑神经细胞大约有140亿个,其中70%是在3岁以前形成的。婴儿出生后,原来相互之间几乎没有联系的大脑各部分的神经细胞,急剧地生长出具有许多树状分支的突起,彼此间发生联系,大脑开始工作。而大脑的健全工作全靠来自外部的刺激:丰富的环境和合理的教育。从功能上看,自呱呱坠地的那一刻起,婴儿就开始对周围的环境进行积极的探索。他们有着惊人的学习能力。他们从只会哭喊和吮吸,到会爬、站立、行走,这都是对周围环境探索学习的结果。

环境的限制和婴儿期缺乏刺激,对未来的智力发展有着消极的、永久的影响。此外,对智力落后儿童的训练也表明,早期的教育效果比较好,有助于改善他们的智力状况。

为什么母乳喂养好?

人类和其他哺乳动物一样,以母乳喂养初生的婴儿。直到一岁以后,婴儿长出牙齿能吃固体食物后,才逐渐断乳。由于妇女就业以及其他一些原因,不少妈妈用奶粉哺乳婴儿,即瓶乳代替母乳。然而,近年来儿童管教困难,尤其青少年行为问题严重,引发了母乳与瓶乳孰优的争议。就最近心理学家们研究的结果来看,母乳育婴的效果,确实优于瓶乳;母乳喂养不但使婴儿身体比较健康,而且对其以后的心理适应,也有较好的影响。

心理学家曾经以100个健康婴儿为对象,分别观察测量他们在睡眠与清醒时的身心反应。在这100个初生婴儿中,有61个是吃母乳的,另39个是喂瓶乳。结果显示两大差异:其一,吃母乳的婴儿心脏律动较稳定,脉搏较低,这显示吃母乳婴儿的生理功能较佳。其二,吃母乳婴儿对外界刺激较易兴奋,较易引起反应,这显示吃母乳的婴儿感觉较为敏锐,其心理功能较佳。

母乳与瓶乳对婴儿身心发展的差别影响,其关键不在于乳汁本身营养的高低,而在于母亲授乳期间,母子之间的互动作用增加了一层情感的接触。婴儿在母亲怀中,温暖与安适将满足婴儿的安全需求和爱的需要,因而有助于儿童日后的心理健康。

为什么家庭对孩子的成长很重要?

孩子从诞生之日起,就受到来自家庭环境的影响。俗话说:“有其父必有其子”,父母的人格、家庭教育方式与家庭心理气氛对子女的人格形成具有潜移默化的作用。一个人的信任感、语言能力、交往能力、情绪的稳定性和攻击性、爱的表达能力及自我认同感等,都与家庭环境有密切关系。

心理学家把家庭教育方式分成三种,不同教育方式会造就不同人格特征的孩子。专制型的父母对子女过于支配,孩子的一切由父母来控制,有的父母性格比较急躁,动辄以打骂方式管教子女,这种教育方式容易造成子女的敌对行为。放纵型的父母对孩子过于溺爱,让孩子随心所欲,父母对孩子的教育甚至达到失控状态。民主型的父母尊重孩子,给孩子一定的自主权,通过说理来引导孩子,经常表扬子女的良好表现,其子女往往具有较强的独立性和自信心,人际关系和谐,有自尊心,较少过失行为。心理学家认为,过分苛求、粗暴打骂或放纵溺爱的教养方式都会对儿童的人格发展产生不良影响。理想的家庭教育模式是父母对孩子有高标准的要求,同时又给孩子相对的自主性。

家庭的心理气氛对孩子的人格形成也具有重大影响。冷漠、缺少关爱、充满冲突和争吵的家庭容易使孩子产生严重的焦虑、多疑或神经质,甚至引发人格障碍。很多品德不良少年来自不完整家庭。在孤儿院长大的孩子由于从小缺少家庭的温暖,往往比正常家庭长大的孩子性格更孤僻,缺乏对社会的信任感。

为什么不该“自寻烦恼”?

生活中的诸多问题,小至同学反目、朋友误会、恋人吵架、家人间发生矛盾冲突,大至杀人、自杀,都表明当事人的认知系统都有或多或少的不合理之处。所谓认知就是人们看待事物的方式，它包括一个人的思想观点、阐释事物的思维模式、评价是非的标准、对人对事的基本信念等。我们的所知决定我们的所感，我们的所感决定我们的所行。

心理不健康者的情感和行为大部分取决于其本人对周围世界的解释、想法。如：抑郁症的人总觉得自己无能，对前途悲观，自我轻贱；躁狂症患者通常夸大自己的能力，对前途持过分乐观的态度；焦虑的人觉得自己的身心会受到威胁；偏执患者则对人持有偏见，把别人的各种态度都视为敌对行为；强迫症的认知特征是总不放心、总怕不合适，内心有不安全感。

我们都知道“塞翁失马”的故事，塞翁是一个心理健康的人，因为他能从积极的角度看待不好的事情，始终保持一种乐观的认知态度，而不是自怨自怜。我们也很熟悉“渔夫的故事”，渔夫的老太婆心理就不太健康，她总是看到生活中不如意的地方，自己还没有得到哪些东西，所以她不快乐，她的贪得无厌最终让她失去了一切。

蒙田说过：“世上最令人愉快的，莫过于令人愉快的想法，生命最伟大的艺术，就是尽量要有这样的想法。”因此，改变不良的认知方式是摆脱烦恼、让心情愉快的关键。

坎伯曾经写道：“不用改变世界，只要转变观点，便能远离苦难；生命总是痛苦的，我们无法改变它，但是我们可以改变自己对它的态度。”

为什么“文武之道一张一弛”？

西方有句谚语：“最后一棵草会压垮骆驼背。”在人的一生中，没有什么东西比压力更煎熬我们脆弱的心灵了。压力不像灾难那样迅猛地击倒我们，也不像病痛那样赤裸裸地折磨着我们。压力像小火煮东西那样慢慢地吞噬着我们的精力，持续地消耗着我们的情感。压力是无形的鞭子催赶我们上路，又是潜意识中的主人奴役人们去干活。压力是人类适应的动力，又是人类适应的天敌。对于人类需要恬静的本性来说,压力是使千里之堤毁于一旦的白蚁。

烦心的生活琐事,日积月累之后也会给人造成生活压力。普通人的许多时光都是在压力中度过的:如升学考试、毕业分配、生孩子、走上讲坛、写文章、每天准时上班等都会造成压力。哪里有行动,哪里就会有程度不同的压力。压力伴随人的一生,没有压力的生活平淡如水,而压力过重的生活又使人精力耗尽。

许多专门的研究表明,生活压力的持续存在会引起人的消极情绪,大量消耗人的身心资源,它是形成心理障碍与躯体疾病的重要原因之一。压力对人的躯体健康的影响,一是造成胃溃疡、高血压、心脏病一类的身心疾病;二是损害人的免疫系统,降低身体抵抗入侵细菌与病毒的能力。研究发现,司机、飞行员、外科医生、机场地面调度人员等,由于在工作中承受过高的压力,容易患冠心病而死亡。

我国古语讲,"文武之道,一张一弛"、"过犹不及",这些都是无数经验的概括,对于调节压力、维持心理对环境的适应,都是大有裨益的至理名言。

为什么知足者常乐?

欲望与生俱来,并随着生命的成长而发展。人不能没有欲望,适度的欲望是一种动力,推动人们去寻求发展,挖掘自身潜力。如果欲望太强,则会把人推进苦恼的漩涡,使人精疲力尽,从而引起失望、沮丧情绪,使人失去信心。

过强的欲望,常常起因于不合理的攀比,所谓"这山望着那山高"。实际上,每个人所处的地位都是"比上不足,比下有余",欲望强的人只习惯于"比上"而不愿意"比下",于是不满足感就产生了,烦恼就来了。

欲望强的人回首过去时,不去庆幸自己已得到的,而只去盘算自己想要却没能得到的,对这些"亏欠"耿耿于怀。他们在展望未来时,往往不顾客观条件,设立不切实际的目标。这种过于宏大的抱负水平使之感到力不从心，最终使行动受到挫败，使自信心受到打击。大量事实和心理学研究表明，长期的挫败感伴随着无能、无趣、无聊等不健康的心理因素会形成消极的生活态度。所以，在物欲横流的现实面前，我们要学会放松，要懂得“人生有涯欲望无涯”的道理。

如果不切实际地追求无法满足的欲望，就必然会在实践中碰壁。有一个公式 W = D/B 就说明了这样的道理。W 代表烦恼；D 代表欲望；B 代表满足欲望的有效行为。烦恼与欲望成正比，与满足欲望的有效行为成反比。不切实际的欲望越多、越强，而满足欲望的实际行动越少、越无效，所遭受的挫折感、失败感就越大，由此引发不尽的烦恼，这种不健康的心理会严重影响生活质量。

因此，驾驭欲望，学会知足是心理健康的重要策略。

通向人生的幸福之路就是：确立一个合适的良好愿望，并为愿望的实现积极行动，直到好梦成真。在这个过程中，会体验到知足之乐。快乐就在你心里。

人会自己“学习失败”吗？

持续存在的生活压力会让人产生焦虑、愤怒、恐惧、淡漠和抑郁等消极情绪，从而对人的心理健康造成不良影响。一个人的人格特点、生活态度、生活经历、对自己命运的把握、解决问题的技能、有无支持性的社会联系等，都会影响他调节压力的方式。

有些人在面临压力时，形成一种绝望心态，即使脱离苦难的机会摆在面前，也鼓不起勇气去尝试解除困难。这叫“习得性无助感”。个体在面对不可控的压力情境时，习得性无助感很容易导致抑郁症。

这种现象开始是由心理学家塞利格曼在动物实验时发现的。将一只狗放进开闭箱中，然后给它以一连串的疼痛电击，它就会四处乱跑，直到偶然地越过障碍逃离了电击。这样几次试验之后，这只狗很快学会了逃避电击。而如果将一只狗放进开闭箱中，然后给它一连串的疼痛电击，狗无论作何种反应，它都不能逃脱电击，这只狗作几次尝试之后,便躺下来静静地呜咽。此时,即使实验者打开箱门让狗逃离,它似乎也放弃了此种企图而被动地接受电击。

另外一项对学生的研究,证实了习得性无助感在人类身上也可能发生。研究者先让学生相信以某种方式按弹簧钮可以终止恼人的噪音。然后将学生分为 A、B 两组。A 组学生在按压四次弹簧钮后终止噪音;而 B 组学生无论如何行动都无法终止噪音。以后让两组学生猜一系列字谜,结果 B 组被试猜出谜语的数量、速度都明显地不如 A 组。这是因为 B 组学生在完成第一项任务时的失败经历,造成了一种无能为力、自暴自弃的自我感觉,从而干扰了对第二项任务的完成。

我们为什么不该过分自责?

一个学生考试不及格,他自己会想"我为什么这次考试不及格呢?"回答可能是"我太笨"、"我不努力"、"我最近身体不好"等等。这个解释行为原因的过程叫做"归因"。

事件的因果解释有三个维度:第一个维度是内控—外控,事件的原因来自个人的内部因素(如努力、能力、情绪、健康状况等),还是个人之外的外在因素(运气、任务难度、他人干扰、教师等);第二个维度是稳定性,指事件原因是稳定不变的(智力、任务难度、家庭条件等),还是不稳定、可变的(努力、心情、运气等);第三个维度是可控性,指造成事件的原因是自己可以控制的(努力等),还是不可控的(运气、健康、能力等)。

对事情成败的解释会影响一个人以后的行为。当一个人把成功归于内在原因时(如努力),会使人产生胜任感、自信感;如果把失败归因于内部原因(如智力),则产生一种内疚感、无奈感。把结果归于不稳定因素的人,会把一次的得失看成是暂时的,人们就会思变、进取。当一个人遇到不幸时,认为不幸的原因是不可控的(如天灾人祸),他就会听天由命。

一般人在解释事情时,常常以维持自尊的方式,也就是往往以自身优点来说明成功的原因,而用外部因素去解释失败。患有心理问题的人却表现出一种反向偏差,习惯性地把坏事以非常有损自尊的方式归因于自身的消极内部因素,从而陷入深深的苦恼中。

例如,某人在社交场合显得笨拙,他把这种笨拙归因于自己社交能力低下,这样会使他在以后的情境里更加焦虑和笨拙。容易抑郁的人用一种悲观的方式解释发生的"坏事",比如一个失恋的男子会认为"我没有魅力",而不是"她无情";我是一个无能的男人,而不是"在谈恋爱方面我有些困难"。"不行","无能","不够可爱","不够聪明","没有魅力"等等,自我贬损性的字眼时常萦绕在心中,会使人丧失自信心,甚至导致心理不健康。

为什么"笑一笑,十年少;愁一愁,白了头"?

情绪直接影响人的身心健康。我们的古人很早就注意到了各种情绪状态对身体的影响:"笑一笑,十年少;愁一愁,白了头","怒伤肝,忧伤肺,思伤脾,恐伤肾"。

现代医学研究发现,人类疾病中,由心理因素、身心失调引起的疾病占 50% ~80% 。紧张、悲哀、抑郁等不良情绪,会激活体内有害物质,击溃机体保护机制,破坏人体免疫功能,因此致病。有调查表明:在 250 名被调查的癌症患者中,有 156 人受过重大精神打击。此外,经常生气、发怒、攻击性很强的人以及非常压抑的人,其机体的免疫力下降,容易罹患癌症。

美国生理学家爱尔马曾经设计过一个实验,将个体在不同情绪状态下呼出的气体收集在玻璃试管中,用低温冷却变成液体,结果发现:当一个人心平气和时,他呼出的气变成的水澄清透明,无杂色;悲痛时呼出的气变成的水,有白色沉淀;生气时呼出的气变成的水,有紫色沉淀。接着他将人生气时呼出的"生气水"注射到大白鼠身上,几分钟后大白鼠死亡。因此,他得出结论,人在生气时,生理反应非常剧烈,会分泌出许多具有毒性的物质。因此,动辄生气的人很难健康。由于这个原因,母亲切勿在刚生完气时给孩子喂奶。

情绪既能导致身体疾病,也能治疗身体疾病。世界上有一剂减轻百病的药——快乐。乐观、开朗、稳定而适度的愉快情绪是治病的良方。有调查表明,战争结束后,胜利者的伤口愈合比失败者快。乐观和开朗甚至能使癌症患者战胜疾病,起死回生。

我们为什么会形成“刻板印象”?

一提到某一籍贯的人,人们往往会想到江浙人聪明伶俐、灵活多变,山东人豪爽正直……这是一些很早沿袭下来的看法。社会上很多人都有这种看法,这就是社会刻板印象。尽管可能有一定根据,但肯定失之笼统。

刻板印象是社会上对于某一类事物或人产生的一种比较固定、概括而笼统的看法。

在生活中,刻板印象的现象是不胜枚举的。对不同国家的人,人们也有一种刻板印象。曾经有两则笑话流传至今。一个笑话是说某一公寓杂居着犹太人、法国人、中国人,一天,公寓失火,大家纷纷进屋去抢自己房里的东西。犹太人忙于抢自己的钱财,法国人急于抢救自己的情人,而中国人则一心抢救自己的母亲。这则笑话反映的刻板印象是:犹太人贪财,法国人浪漫,中国人讲孝道。另一个笑话说的是某学校有来自不同国家的学生,一天,老师出了一道以大象为范围的作文题,让学生自己定题。结果,德国学生自定的题目为《大象的思维》,法国学生自定的题目为《大象的爱情》,而俄国学生自定的题目则是《俄罗斯的大象是世界最伟大的大象》。这则笑话说明的刻板印象是:德国人爱思辨,法国人浪漫,俄国人往往是大国沙文主义者。

刻板印象可能是根据某些集体特性形成的,例如国籍、民族、性别、身体特征和职业,比如对职业就有一种刻板印象:认为无商不奸,农民纯朴,教授都有学问,演员追求时髦,等等。由于刻板印象的存在,人们认为女人比男人更会养育子女、照料他人而且温柔顺从。

刻板印象也可能依据其他的特征,例如年龄、社会地位,甚至态度和爱好。我们可以看到女人在许多广告和节目里扮演性感迷人的角色,而更多地看到男人扮演有权有势的人物。甚至对人的体型、身高也有一种刻板印象,认为高个傻(傻大个),矮个有心眼,体胖者不动脑子(心宽体胖),戴眼镜的人都有学问等等。

为什么群体决定往往比个人决定更极端?

心理学家研究发现,当一个人单独抉择时,倾向于保守和平稳;可是,当他参加团体抉择时,就会倾向于极端化:要么过于冒险,要么过于保守。

团体决策确实具有极端化倾向,而且极端化的方向不只限于比较冒险激进的一端,而是也可能出现在过分谨慎保守的一端。如果一个团体的成员较多属于冒险激进者,他们所做的团体决策就会比个人决策更为冒险激进,这现象称为冒险偏移。如团体成员较多属于谨慎保守者,他们所做成的团体决策就会比个人决策更为谨慎保守,这一现象称为谨慎偏移。像这种团体决策向两极端偏移的现象,称为“团体极化”。

这种现象具有强烈的反直观性。为什么会产生团体极化效应呢?对这一问题,心理学家们提出如下几种不同的解释:

1. 从众。当你单独做抉择时,你既不会太谨慎,也不会太冒险,这样可以避免太过极端的选择。然而,当你参加团体讨论、发现别人有较极端的倾向时,你也会因从众而随之做出极端的选择。

2. 责任分散。当决策由团体制定时,如果这个决定做错了,其责任是由团体中的每个成员来承担的,而不是由某一个人来承担,这样责任便被分散了。责任分散的意识使有些人不再坚持自己的观点,而是附和团体去做出极化的决定。

3. 信息交换。开始时,你采取较为中庸的选择。但是,在团体讨论中,其他成员提出你未曾思考过的论证,不管该论证如何,由于你未曾考虑过,思想上尚无准备,所以它只需稍微有些说服力,就会说服你朝冒险或保守的一极改变。这就是说,新的信息使你改变了自己的决定。

我们为什么会"人云亦云"?

日本的某杂志发行初期,销售不甚理想,于是发行人想出了一个主意:让一些年轻女子们把该杂志夹在腋下,然后在东京有名的"年轻人之街"、"时尚之街"等街上走动。别的年轻女子看了就模仿,于是杂志销量直线上升,后来竟成为一股潮流,成为日本最畅销的刊物。日本索尼牌"随身听"新产品,在发行广告之前,先让带着"随身听"的男孩、女孩去"步行者天国"行走,等吸引了好奇的目光以后,再在报纸和电视上打出大量的广告,于是消费者趋之若鹜,终于成为世界性的热门商品。

日本的推销商是很聪明的,他们懂得利用从众心理来展开营销策略。从众行为在我们日常生活中是大量存在的。例如,在吃喝、穿戴、娱乐上赶时髦、追新潮,生活中随大流,人云亦云,随声附和;开会时要表决举手,看到别人都举,自己明明不想举,也不得不跟着举。

从众行为的实质,是舆论环境对人的思想、行为的影响甚至支配。只要有群体存在,这种对个体的影响和支配的情况,就必然存在。所以如此,有两方面的原因:

第一,群体信息对个体产生的压力。在通常情况下,多数人获得正确信息的概率要大于少数人或者个体,因此常常使人认为多数人的看法总是比较正确的,跟着多数人办事的保险系数比较大。

第二,群体规范对个体的压力。无论是成文的还是约定俗成的群体规范,都对群体成员的言行具有强制的约束性,从而对个体形成一种压力。每个人都有对群体的归属需要和人际间交往的需要,一般都害怕因为违反群体规范遭到群体的排斥,从而陷入孤立的境地。

为什么许多人相信"算命"?

每个人都有安全的需要。人们希望工作稳定、生活有保障、社会治安良好,还希望身体健康等等。此外,人们还需要心理上的安全感。

中国人过年吃年饭时,讲究要有一道鱼的菜,这是取"年年有余(鱼)"之意。过年打碎了东西,马上要说"岁岁(碎碎)平安"。这种对语言谐音的崇拜是心理安全需要的表现。

流传的忌讳也是一种心理安全需要的表现。日本人对 4 和 9 不感兴趣,因为在日本语言中,4 与死同音,9 与苦同音。西方人则忌讳 13,认为 13 是不祥的数字,因而许多饭店没有 13 层楼,每层楼没有 13 号房间。

还有一种心理安全需要的表现就是对数字的崇拜。"8"不过是个抽象的阿拉伯数字,如今却身价百倍,"8",广东人念"发",意即"发财",谁不希望"发"呢?

至于找人算命、看相、讲迷信更是心理安全需要的表现。甚至我们生活中习以为常的一些行为,也往往带有心理安全的需要。例如,现在,许多人过生日都要吹蜡烛。这一古老的欧洲风俗与一个神话有关。据说,很久以前,丹麦有位贵族生了一个儿子,在孩子出生那天,三位命运女神正好光临贵族府第。当时,前来祝贺的人很多,大家熙熙攘攘,把其中一位女神挤得没有座位。那位女神生了气,指着一段正在燃烧的蜡烛头说,让那刚出生的孩子的寿命像这蜡烛一样长,蜡烛燃尽,孩子的生命就结束。命运女神说的话是绝对灵验的,眼看这孩子就要死了,这时,另一位命运女神过来把蜡烛吹灭,并告诉孩子的父母把蜡烛藏好,再不要点燃,只要蜡烛没有燃尽,孩子就将永远活着。于是,开始是丹麦人,以后是所有的欧洲人,在过生日时都要吹灭蜡烛,以祈求长寿。从这个生日仪式的由来中,我们看出吹生日蛋糕上的蜡烛,实际上是一种心理安全需要的表现。

为什么说“远亲不如近邻”?

俗话说“远亲不如近邻”,表明人际交往受到时空接近原则的支配。如果其他条件相同,人们倾向于喜欢邻近的人。

由于人与人彼此接近,因而有助于人际关系的建立,这是一种最自然的现象。邻居、同学、同办公室、同车上下班等,都是使人接近的机会。因接近机会多而相识,因相识而彼此吸引,进而建立友谊,甚至彼此相爱,也是最寻常的事。

在大学生宿舍里,谁和谁关系好与他们房间的距离有关,距离近的同学关系好的概率是最高的。心理学家曾以已婚学生为对象,研究他们之间的友谊与空间远近的关系。结果发现,这些学生所交的新朋友,都具有接近性的特征:(1)是他们的近邻;(2)是他们同楼层的人;(3)是他们信箱靠近的人;(4)是走同一个楼梯的人。

由此看来,经常见面是友谊形成的一个重要因素。比较近的人使对方高兴或者愉快的机会比较多,由于在一起的时间多,所以一起体验这种愉悦心情的时间也多,也就更容易彼此喜欢。

当然,人与人空间上彼此接近,未必一定彼此吸引。“接近性”是把双刃剑,接近久也可能彼此生厌。只能说“近水楼台先得月”,却不能说“近水楼台必得月”。

在接近的条件下要想进一步与人建立良好的人际关系,彼此互相接纳,无疑是另一个重要因素。只有在接近的条件上彼此接纳,才会继续来往沟通,才会彼此相知,才会成为心意相契的莫逆之交。

为什么性格互补的人容易相互欣赏?

有时我们会喜欢跟自己性格不同的人。内向的人往往喜欢活泼开朗的人,性子急的人常被稳重的人吸引;独立性较强的人,往往喜欢和依赖性较强的人在一起;爱听的和爱说的成了朋友。

这种不同人之间相互补充对方不足的倾向叫“互补性”。就是说，当双方的需要正好呈互补关系时，就会产生强烈的吸引力。各人的特点正好适合对方的需要，各得其所。

这种“刚柔相济”的关系往往发生在感情较深的个人之间，特别是异性朋友或夫妻之间。心理学家研究了已建立恋爱关系的大学生，结果发现，对短期的伴侣来说，推动吸引的动力主要是相似的价值观念，而对长期伴侣来说，发展更密切关系的动力主要是互补。

为什么性格互补的人容易相互吸引呢？除了两性之间刚柔相济的自然互补之外，在兴趣、专业、特殊才能等方面，多数人都有一种希望自己所缺乏的由别人补足的心理倾向。因为人在成长过程中，不可能掌握到所有的机会，顾此失彼的遗憾总是难免。因此，遇到自己所缺而对方所擅长的某种特征时，就会不由自主地对之表示好感。例如：学理工的人，可能爱好文艺但失去学习的机会，如果在人际关系中遇到擅长文艺的朋友，分享其在文艺方面的心得与快乐，就可使他的缺憾得到弥补。

为什么很多人喜欢养宠物？

法国人疯狂地喜欢动物，日本人也染上了养宠物的嗜好。随着生活水平的提高，我们发现身边越来越多的人也养了狗、猫或其他动物作为宠物。

在养宠物的人当中，有些是富裕的单身贵族和没有儿女的老人，他们不惜巨额花费，以求得精神上的慰藉，排除孤独感。还有一些是由于对夫妻感情的失望，从而将感情寄托在动物身上。这说明，宠物在某种程度上满足了人们的情感需求。美国曾进行一项调查，发现狗和猫能给孤寡老人带来生活乐趣，家兔有利于培养孩子的社会品德，鹦鹉可以为被子女遗忘的父母排忧解愁……一个人在团体中最怕的是孤立，老人最怕孤独，小孩最怕没人和他玩，没有孩子的夫妇总想领养一个孩子，这都是爱的需要。

人不仅希望被爱，人同时也需要去爱。情感需要的满足带来的是人的精神上的满足。情感需要得不到满足，不仅影响人的心理健康，而且影响到人的生理健康，严重时使人患病、死亡。医生证实，这些小动物有助于治疗由于精神负担和过度疲劳而引起的某些疾病。《美国医学协会杂志》曾发表两个调研报告，报告说如果患有心脏病的人没有配偶，或没有知心朋友和家庭，他们在五年之内便可能发生心力衰竭而死去。

为什么不少球迷爱闹事?

足球是全世界的人们都爱好的运动，伴随着足球比赛的新闻，我们也常常听到、见到球迷闹事的场景，轻则伤人，重则导致死亡。球迷为什么这么爱闹事呢？其中一个主要的原因是“集群效应”或“团体极化”。心理学家研究发现，当一个人单独抉择时，倾向于保守和平稳，而当他参加到团伙之中，就会倾向于极端化。学生起哄、球迷闹事、团伙斗殴，这些都是常见的例子。

不仅在突发事件中如此，在商讨对策、做出决定的过程中也常出现集群效应。团体决策具有极端化倾向，而且，极端化的方向不只限于比较冒险激进的一端，有时也可能倾向于过分谨慎。如果一个团体的成员较多属于冒险激进者，他们所做的团体决策就会比个人决策更为冒险激进，这现象称为冒险偏移。如团体成员较多属于谨慎者，他们所做的团体决策就会比个人决策更为谨慎，这现象称为谨慎偏移。

这种现象具有强烈的反直观性。为什么会产生团体极化效应呢？心理学家们提出如下几种原因。

从众心理。每个人的知识都是有限的，当你单独做抉择时，经常并不清楚哪种决定更好，这时你会趋向于折中，不会太冒险，这样可以避免太过极端的选择。然而，当你参加团体决定的时候，如果发现大多数人有较极端的倾向，你会不由自主地认为众人对事情更加了解，出于这种不自觉的信任而随大多数人做出极端的选择。尤其出现了以下的情况:在团体讨论中其他成员提供了你从前不知道的信息,提出了你从前未曾思考过的论证,由于你思想上尚无准备,所以它只需稍微有些说服力,就会说服你接受多数人的决定。

匿名因素。由于匿名,使人难以辨认个体的真实姓名和身份。当群体成员认为自己是群体中的匿名者,谁也不知道他是谁以及他在干什么时,他就很可能任意行动,为所欲为,不受规范的约束。

责任分散因素。一个学生砸碎体操房的玻璃,若被发现了,受惩罚与赔偿都是一个人的事,这是所谓“一人做事一人当”。但如果是五个学生一起砸,那么责任完全由一个人承担的可能性就相当小,因为责任、错误人人有份,大家都要承担,个体甚至可以把责任推给别人,这就是所谓“法不责众”。这种责任分散的心态若再加上匿名情境,就可能使一些不谙世事的青少年做出一些破坏性的错事。

群体的压力或群体意识会削弱个人的自我导向功能,这时处于群体中的人会做出一些个人单独活动时不会出现的行为,这就是“去个性化”。一个人自我意识水平的高低,是决定去个性化行为会不会发生的关键因素。当一个人能清楚地意识到自己的角色,意识到对自己、对他人、对社会的责任,他就不会赞赏或加入带有破坏性的去个性化行为的行列。反之,一个人自我意识水平低,很容易被外界的去个性化诱因所左右,而跟着别人起哄、滋事。

为什么“患难之交”特别牢靠?

对一个人的好恶,除了受彼此的个性特点的影响以外,还与两人在一起时所处的情境有关,不同的情境会引起不同的感情。在紧张不安的情境下,如果能与对方共同分担、相互慰藉的话,有时反而会喜欢上对方。

“患难之交”、“生死之交”,都表明在个人最重要的需要得不到满足的紧急时刻,对方提供条件使自己这一需要得以满足,从而建立起双方极为亲密、真挚的关系。

美国心理学家曾进行过一项实验，在晚会开得最热闹的时候突然停电，让屋内变得漆黑一片，在这种情况下，与会男女此后开始交往的比例比不停电的晚会要多，这与因停电而引起的不安情感有关。

我们因为不安而产生消极的感情，然后就想排除这种感情。消除不安有各种各样的方法，但最有效的方法还是身边有个人可以沟通。不安的情绪因此减轻，进而可能变得安心而愉悦，而这种积极的感情有时会迁移到对方身上。如果是异性的话，也许会产生恋情。游乐园中的过山车、鬼屋以及看恐怖电影之所以成为约会的好“节目”，也与这种心理机制有关。

因此，在危难之际，两个人相互扶助最容易增进彼此的情感。“英雄救美”成就姻缘也是基于相同的道理吧。

为什么要请名人做广告?

改变态度最重要的方法是说服。说服可以通过信息传播或沟通的方式来进行。公开、直率地表明观点是一种说服，如学校教育。以间接、隐蔽的观点进行宣传也是一种说服，如报刊杂志、电影、电视、广播等方式。

一个人能否改变态度与说服者有无说服力有很大关系，可信赖的人说服力强。什么样的说服者是可信的呢?

首先，此人要有权威。关于这一点，我们在实际生活中都有体会。对一种新药的评价如果出自一位名医之口，就会比普通人更有说服力。因此，广告公司总是请权威性高的人来赞誉某种产品，增加其可信度，以达到较好地改变消费者态度的目的。

其次，劝说者要公正客观。一个说服者即使是专家、权威，一旦人们发现他发表某种见解的动机是基于私利，或常有偏袒性甚至属于偏见，那么其影响力就会下降。

除了可信度以外，说服者是否受到听众或他人的喜欢，与对方的态度改变颇有联系。由于人们试图认同于一位自己喜欢的说服者，进而采取那个人的态度、爱好、行为方式和服装样式，所以喜欢能引起态度改变。换句话说，一个人喜欢劝说者，就会接受其影响；若讨厌劝说者，就会拒绝和反感其劝说。所以，广告中经常出现明星，也体现了商家对顾客心理的费尽心机的揣摩。

人为什么会害羞？

有的人容易害羞，尽可能避免和别人交往，不得不参加社会交往的时候，会觉得苦恼、焦虑，把人际交往当做一种沉重的负担。

对孩子来说，害羞是一场可怕的梦魇，它剥夺了孩子与他人一起玩耍的乐趣，妨碍了孩子通过与他人交往学到新的技能，也妨碍了孩子学会更好地表达自己的意见。孩子需要成长，而害羞却是成长的枷锁。害羞的孩子犹如一颗璀璨的珍珠，紧紧地封闭在“自我”的壳里，纵然他有美丽的生命，也很难闪出亮丽的光芒。

害羞的孩子表面上过于自尊，心里却感到自卑，通常自我价值感很低，缺乏安全感。这不但阻碍了他更好地发挥自己原有的能力，也影响了他日后身心健康的发展。

是什么造成了害羞？婴儿在出生后第一周，情感就有明显的差别，有的婴儿常哭，易于悲愁；有的孩子天生比较敏感，必须小心地亲近他们。由此可见，遗传是害羞的原因之一。

但遗传只是间接的、非决定性的因素，害羞主要来自童年的经验。如果父母总是以专制的、挑剔的态度对待孩子，孩子就会渐渐失去表达意见的勇气，养成凡事都羞于开口的习性。如果父母对孩子的期望过高，只接纳孩子好的表现，那么孩子每次遇到失败，他就会担心得不到父母的爱，过度地自贬自责。如果这种情形反复出现，孩子的信心反复受到打击，他就会越来越惧怕失败，尽可能躲开新环境、新任务，尽可能不和不大熟悉的人打交道。父母对孩子缺乏耐心，也会让孩子感到挫折，变得太容易害羞。

此外，缺乏社会经验也会促成害羞。

要克服害羞,首先需要建立自信,在最初的时候多和那些尊重别人、善解人意的朋友交往。增加交往可以减少害羞,减少了害羞可以扩大交往,这样就进入了良性循环。

为什么“人不可貌相”?

人的外貌各个不同,个子有高矮,体态有胖瘦,肤色有黑白,五官面孔更是千差万别。有的天生丽质,宛若天仙,有的……我们初见一个人,对他的经历和内心世界没什么了解,难免要从他的外表做出初步的判断:魁梧的人是勇敢的,五官端正的人是正直的……

然而,根据外貌对一个人的学识、品行做出判断,往往是错误的。这是因为人的外貌主要来自先天的遗传因素,来自父母的身材和相貌,而人的学识、品行更多是在后天的社会生活中逐渐形成的。外貌美不美与心灵美不美没有逻辑上的联系。

在社会历史上,在现实生活中,有很多外貌平平甚至是其貌不扬的人为人类做出了卓越的贡献,赢得了人们对他们的敬重。比如,被称为“乐圣”的音乐家贝多芬,长得矮小难看,后来耳朵还聋了,但他一生创造了许多不朽的乐曲。清朝时有个外号叫刘罗锅的宰相刘墉,罗锅当然不好看,可他的机智与才华得到皇帝的赏识和百姓的佩服。雨果笔下的卡西莫多更是其丑难当,但他的内心却极其善良。还是一句歌词唱得好“我很丑,可是我很温柔”。另一方面,我们也见过一些道貌岸然、仪表堂堂的伪君子,金玉其表,败絮其中。生活经验告诉我们,以貌取人是靠不住的。

不过,爱美之心,人皆有之。尽管人们都知道“人不可貌相,海水不可斗量”,但人们还是喜欢漂亮的人,更愿意和他们接近。青年人都希望自己有个漂亮的容貌、匀称的身材,这也是可以理解的。但一个人的外貌又是不能轻易改变的,所以对每个人来说,更重要的是培养良好的性格,增进知识和修养。在人与人的长期交往中,风度、气质和神采,机智、幽默和能力,才是个人的魅力的主要来源。只有缺乏人际交往经验的人才会一味地“以貌取人”。

为什么依据方向感可以推测性格?

我们会从很多方面来判断一个人的性格,但很少有人会想到性格与方向感有联系。

但心理学家却发现性格与方向感有密切的关系。著名的"斜屋—斜椅"实验证明了这一点。在实验室里,有一个可以旋转的大房子,称为斜屋,房子中有可以旋转的椅子,称为斜椅。实验时,受测者坐在椅子上,研究者要求他把自己调到与水平面垂直的位置。预想中,不同受测者的差异应该不是很大。可研究者发现实际上情况不是这样。有些人依据房屋的门、窗、地板等外在视觉线索来调节自己的位置,当房子倾斜时,受测者会把椅子调整到与房子的地面相垂直的位置,但与真正的水平面并不垂直。有的人则依据身体的平衡觉来调节,无论房子倾斜到什么角度,他都会把自己调整到真正的垂直状态。

心理学家把这种差异称为"场独立性"—"场依存性"。这里的"场"指的是外界环境。心理学家发现,这两种类型的人在性格上的差异很大。属于场依存型的人重视别人的意见,容易受外在环境和他人的影响,较易接受团体的决议;遇到暧昧情境时喜欢寻求社会支持,遭受挫折时更容易依赖别人;他们喜欢社交活动,能主动与人相处,容易动感情,社会敏感性和社会交往技能较高。属于场独立型的人较有主见,处事自信,较少受外界因素的暗示,耐挫折力较强;他们对社交活动兴趣较低,喜欢独来独往,不轻易动感情,他们的社会敏感性和社会交往技能则偏低,倾向于选择较少人事关系的职业。

什么叫"皮格马利翁现象"?

有一个神话故事,说的是在古代塞浦路斯岛上,有位名叫皮格马利翁的王子,他用象牙雕刻了一个美丽少女的雕像。在雕刻时,他倾注了自己全部的心血和感情,雕成后,又总是在雕像边上流连,用深情炽热的目光看她。有一天奇迹发生了,这个美女竟有了生命,成了活人。著名德国诗人席勒曾写到这个故事:“皮格马利翁紧紧拥抱他的雕像,直到她冰冷的身体开始温暖,开始呼吸。”后来,美国心理学家罗森塔尔就用“皮格马利翁”来命名一种心理效应,即由于尊重、信赖和热爱教育对象,加强了“人际期待”,从而造就教育对象出人意料的进步。

罗森塔尔本人的试验也说明了这个道理。1968 年,他和雅可布森在一所小学时里进行了一项有名的实验。他们在一年级至六年级各选三个班的学生进行所谓“发展预测”,开列了一份名单。他们告诉老师们,列入名单的孩子有优异的特殊资质,前途远大,并嘱老师保密。

其实,一切神秘气氛都是这两位心理学家故意制造的,这份名单完全是随意确定的,其中有些学生本来是受教师歧视的。有些老师本来对这种“预测”有所怀疑,但心理学家的权威作用还是让他们信以为真,从此对列入名单的学生抱以较高的期望和厚爱。8 个月后,两位心理学家再进行测验时,发现列入名单的孩子的成绩都有显著提高,这些学生也比较活泼、开朗,上进心强,而其他的孩子却平平常常。

这是什么道理呢?心理学告诉我们,人们往往是凭借着别人对自己的反应、评价作出自我判断的。学生的学习动力很大程度上取决于他人的期望。那些被暗示为“聪明的”、“有希望”的学生,在良好“期望”的鼓舞下,提高了自尊心,产生了自信和力量,会努力适应这种“人际期待”,结果就会取得出人意料的进步。可见,期望可以激发热情,可以变成力量。在决定成才的众多因素中,期望占有重要的地位。特别是对于青少年来说,他们的自我意识发展还不成熟,自我认识的水平有限,更容易把他人的期待转化为自我估计。如果你认为他是聪明的,就会增强他的自信,他就会要求照着聪明的样子去做。相反,如果他经常听到的是斥责,是这也不行那也不行,那么他就会悲观失望,长此以往也就失去自信心了。在日常生活中,教师和家长的一言一行都体现了对孩子的一种期待,所以,在青少年的教育中,家长和教师应当对孩子抱以良好的期待。

外部要求与青少年已有的心理水平之间的矛盾是他们心理发展的动力。外部要求的标准高,青少年的抱负水平就高;相反,外部要求的标准低,抱负水平也低。中国古代有一句话叫做“取法乎上,仅得其中,取法乎中,仅得其下”,说的就是这个意思。当然,不切实际的过高要求也不利于儿童、少年的心理发展。

现代人为什么容易焦虑?

弗洛姆(1900~1980年)在《逃避自由》这本著名著作中提出,资本主义生产方式一方面使人们摆脱了传统的出身、门第、地域、体制等束缚,使个人获得了前所未有的自由,另一方面,也必然会给人带来一种孤独、陌生和不安全的感受,造成心理上普遍的焦虑感。自由使人陷入焦虑,于是人们便设法逃避自由。逃避自由的方式,简而言之就是放弃小我,加入大我,例如加入某个强大的组织使自己变得强大。在和平时期,人们以大众为大我,以各式各样流行的东西作为自己的标准。在纳粹运动这种非常时期,逃避自由的结果很可能是参与集体暴行。弗洛姆认为,现代人的这种心理状态为极权主义的兴起提供了条件,给民主制度带来了深刻的危机。

很多现代思想家都对现代人的“焦虑”进行过探讨,对“现代性”问题有专门研究的当代思想家安东尼·吉登斯(1938~)曾将此种焦虑称之为“自我认同的焦虑”。在传统社会中,社会身份很少发生变化,而在现代社会中,人们却不得不随时考虑“我是谁”这样的问题(也即自我认同问题),人们常常觉得自己什么也不是,甚至连成功人士也很容易滋生这种令人沮丧的想法。

为什么第一印象很重要?

人们对初次相遇的陌生人所获得的印象叫第一印象。第一印象是通过观察他人的外貌、衣着打扮、谈吐风格、表情及外在的行为表现等获得的一种感性认识。第一印象对人际知觉有重要影响。这是为什么呢?

心理学的研究表明,当对一个人一无所知时,自然要特别留意其一切未知的信息。由于“先入为主”的原因,人们往往偏信第一印象。信息出现的顺序不同对人们形成的印象有不同的影响。当人们根据一系列信息去认识某一知觉对象时,最初得到的信息比以后得到的信息占有压倒的优势。人们会根据第一印象来解释新信息。当新信息与第一印象不一致时,甚至会否认新信息而屈从第一印象,这就容易造成人际认知的主观片面。

由于第一印象一般是在没有任何背景的情况下形成的,所以比较深刻、强烈。第一印象有可能变为“成见”,成为头脑中固有的心理模式,影响以后人们对事物的认识。初次见面时留下的第一印象,不论好坏都会影响人们以后对他人一系列行为的看法。第一印象好的人,以后他的一举一动似乎看着都顺眼;而第一印象差的人,以后他的一举一动似乎看着都不顺眼。

在现实生活中,人们常常根据这种第一印象的先入为主作用来决定自己第二次以至以后的交往行为。因为第一印象来自于表面的或偶然的,或者某种具体的情境的行为表现,因此第一印象很可能是一种比较浮浅或感性的认识,所以第一印象并不完全真实可靠,仅仅靠第一印象不可能正确地认识和理解他人。

虽然第一印象很重要,但第一印象并不是终极印象,并非是永远不会改变的。在生活中也常有这种情况,有的人给你的第一印象很好,但交往几次以后,你却讨厌他了;有的人给你的第一印象并不太好,但交往几次以后,你反而喜欢他了。

对于我们自己来说,要利用第一印象效应,加强自己良好形象的表现,力争留给他人良好的第一印象,为建立良好关系打下成功的基础。如果因为某些偶然因素给他人留下了不好的第一印象,是非常遗憾的,在以后的交往过程中,要付出几倍的努力去改变不好的印象。在看待他人时,要尽量避免受第一印象的影响,以免对他人产生错误的看法。

常言说得好:路遥知马力,日久见人心。第一印象固然很重要,但它只是“第一印象”,第一印象只是认识的起点,而不是终点。在人们交往的过程中,还会有“第二、第三……印象”。人们最初获得的印象也是会改变的。特别是从发展的眼光看,所有人都不会固定不变,总会不断向前发展变化。从辩证的观点看,更不可把人们在一时一事上的表现认定为是他的全部表现,人们往往在不同的情境下产生不同的行为反应,有时甚至是截然相反。

为什么音乐能调节人的心理状态?

很多人都体会到欣赏优美的音乐不但能给人带来各种美妙的感受,它还能减轻疲劳感,陶冶情操,调节人的心理状态,对人们的身心健康有许多益处,所以很多人喜欢聆听音乐。音乐为什么能调节人的心理状态呢?

音乐是听觉艺术,它首先是通过人的听觉系统对人产生作用。美妙动听的音乐通过人的听觉器官传入大脑后,可刺激神经系统,促使人体分泌释放一些有益于健康的生理活性物质与激素,使人体的能量被激发起来,从静态变为动态,起到调节血液流量和神经细胞兴奋的作用。经常聆听音乐可以使人血压正常、肌肉松弛、脉搏放慢,使人感到轻松愉快,精力充沛,消除紧张、压抑、忧虑和烦恼的情绪,从而促进人的身体健康,使人长命。

音乐是一种振波,通过听觉接受的信息还可以对人的身体产生谐振。音乐通过人的听觉器官和神经传入人体中,和机体的某些组织结构发生共鸣共振作用。音乐具有多种不同的节奏,人体也具有各种节奏,例如,人的呼吸、脉搏、心跳等也是有节奏的。它们有一个很大的特点,那就是人体的活动对音乐节奏有明显的跟随作用,它们趋向于和音乐的节奏同步同调。如果我们聆听每分钟 60 拍的缓慢乐章,那么我们的心跳也会放慢到每分钟 60 次,因此,音乐节奏的变化可以带动并且调节人的生理节奏。

音乐可以改变脑电波的活动,许多人们喜爱的曲子能诱导出一种使人陷入冥想状态的脑电波。所以,音乐能调节人的心理状态,具有心理治疗的作用。由于每首乐曲的节奏、速度、音调等都不尽相同,从而可以表现出不同的情绪调控效果,它唤起人们产生不同的情绪。随着音乐的旋律、节奏的调节,人的心与音乐交流,引起心弦上的共鸣,震撼心灵,从而使心灵升华到更崇高的境界。

当你感到烦躁的时候,可以听节奏平稳、旋律轻悠、音调幽雅的音乐,这类音乐能调节人的心律和呼吸,具有镇静、降压、松弛、镇痛和安定情绪的作用。它可以缓解精神紧张,使人心平气和,消除不安与烦躁,使人的心情宁静下来,产生轻松愉快的情绪,消除精神上的阻障,增加对生活意义的理解,有利于改变暴躁的脾气。

当你感到忧郁时,可以听听节奏比较鲜明、欢快、雄壮的曲目。这类音乐具有镇痛、兴奋、解除忧郁、调节情绪的作用。它能使人轻松愉快、舒适欢乐、精神开朗,变淡漠、消极的情绪为热情、兴奋、积极向上的情绪,促使你振奋精神,焕发斗志,增强信心。

贝多芬说:“音乐,有人将它比作花朵,因为它铺满在人生的道路上,散发出不绝的芬芳,把生活装饰得更美。”为了保持身心健康,让我们多听听音乐吧!

编 后 记

本书的各篇由以下几位撰写：清华大学陈岸瑛，北京教育学院高明书、齐建芳，北京大学刘畅、高健群。少数几篇是我自己撰写的。我审阅了全书，对大多数篇目做了程度不同的修改。不过，每一篇代表的仍然是原作者的见解。

陈嘉映

图书在版编目(CIP)数据

哲学美学宗教心理学问答录/陈嘉映主编.
－北京:华夏出版社,2011.1
ISBN 978－7－5080－6157－3

Ⅰ.①哲…　Ⅱ.①陈…　Ⅲ.①人文科学－问答　Ⅳ.①C－44

中国版本图书馆 CIP 数据核字(2010)第 240989 号

出版发行:华夏出版社
(北京市东直门外香河园北里 4 号　邮编:100028)
经　　销:新华书店
印　　刷:三河市李旗庄少明装订厂
装　　订:三河市李旗庄少明装订厂
版　　次:2011 年 1 月北京第 1 版
2011 年 1 月北京第 1 次印刷
开　　本:670×970　1/16 开
印　　张:19
字　　数:256 千字
插　　页:1
定　　价:39.00 元